初中数学专题突破

函 数

（修订版）

郭艳敏　温玉林

电子工业出版社
Publishing House of Electronics Industry
北京·BEIJING

未经许可，不得以任何方式复制或抄袭本书之部分或全部内容。

版权所有，侵权必究。

图书在版编目（CIP）数据

函数 / 郭艳敏，温玉林，鱼凌波编写. -- 修订版. -- 北京：电子工业出版社，2024. 6. --（初中数学专题突破）. -- ISBN 978-7-121-48088-1

Ⅰ. G634.603

中国国家版本馆 CIP 数据核字第 20241T2T90 号

责任编辑：孙清先

印　　刷：天津画中画印刷有限公司

装　　订：天津画中画印刷有限公司

出版发行：电子工业出版社

　　　　　北京市海淀区万寿路 173 信箱　邮编　100036

开　　本：720×1 000　1/16　印张：16.75　字数：321.6 千字

版　　次：2018 年 1 月第 1 版

　　　　　2024 年 6 月第 2 版

印　　次：2024 年 6 月第 1 次印刷

定　　价：56.00 元

凡所购买电子工业出版社图书有缺损问题，请向购买书店调换。若书店售缺，请与本社发行部联系，联系及邮购电话：(010) 88254888，88258888。

质量投诉请发邮件至 zlts@phei.com.cn，盗版侵权举报请发邮件至 dbqq@phei.com.cn。

本书咨询联系方式：(010) 88254442，yanghan@phei.com.cn。

前言

学习数学,从某种意义上说,就是掌握解题的技巧和方法,所以,每个学生都需要提高自己的解题能力,每个教师都需要掌握教学的科学方法。要正确发挥数学课程的教育功能,除了需要教师与学生的积极努力,还需要找到适当的辅导材料,我们编写本丛书的目的就是为教师和学生提供一点帮助。本丛书是针对初中生研究的一套提升型专题类教辅,书中的内容都是按照课程标准设计的,因此可以随着教学进度同步使用。另外,还可以帮助学生在中考复习中迅速掌握每个专题的全部知识体系,让学生的学习和复习效率倍增。

本丛书根据历年中考动向及教学改革动态变化,并参考教材使用情况和学生需求,打破教材、版本、年级的限制,在课程标准、考试大纲的基础上,以知识板块为核心进行编写。大家也许存在这样的疑问,知识被分割成许多分支,它们的关系是否松散了?我们认为,数学学科是一个不可分割的有机整体,它的生命力正是体现了各个分支之间的关系。尽管数学分支千差万别,但在学习过程中,要认清各分支知识之间横向、纵向的相互联系。

考虑到学生参加中考的现实需求,也照顾到培养学生探究、应用能力和素质提高的需要,本丛书把知识进行了分层,知识篇以数学知识点为中心,夯实学生的基础,方法篇培养学生的解题思维方法,提高能力。

本丛书对教材的知识点进行了系统归纳和梳理，剖析重点和难点，强调考试的必考点，用有代表性的考题全面展示解题思路及方法总结。主要特点如下：

（1）自主性选用。本丛书共8册，读者可以根据自己的需要选用每个专题；本丛书既可以作为教师的专题讲义，也可以作为学生的自主读物。

（2）指向明确。本丛书既可以作为平时同步练习、复习使用，也能在中考冲刺阶段作为查漏补缺使用。

（3）编排科学。本丛书以课程标准为编写依据，不受教材版本限制，按各分支知识内容编排，独立成册，不仅与教学要求相对应，而且体现了知识的完整性、系统性和科学性，具有很强的通用性。

由于编者能力和水平有限，本丛书能否达到我们想要的效果，还需要经过实践的检验，希望读者批评指正，帮助我们不断完善本丛书存在的不足。

编　者

知 识 篇

第 1 节　平面直角坐标系 ·· 002
第 2 节　变量与函数 ·· 010
第 3 节　一次函数的图象 ·· 021
第 4 节　一次函数图象的性质 ·· 030
第 5 节　一次函数解析式的确定 ·· 038
第 6 节　一次函数与方程（组）、不等式 ·· 049
第 7 节　一次函数的情境应用 ·· 059
第 8 节　反比例函数 ·· 073
第 9 节　反比例函数的图象与性质 ·· 080
第 10 节　反比例函数的应用 ··· 092
第 11 节　二次函数的概念 ··· 104
第 12 节　二次函数的图象 ··· 111
第 13 节　二次函数的性质 ··· 125
第 14 节　二次函数解析式的确定 ··· 133
第 15 节　二次函数与一元二次方程 ··· 142

第 16 节　二次函数的应用 …………………………………………………… 151

第 17 节　函数中的最值问题 ………………………………………………… 167

第 18 节　函数中的动点问题 ………………………………………………… 178

第 19 节　函数与几何综合 …………………………………………………… 194

第 20 节　以函数为载体的压轴题 …………………………………………… 213

方　法　篇

第 21 节　一次函数中 k、b 的作用 ………………………………………… 241

第 22 节　一次函数与二元一次方程组的几种题型 ………………………… 245

第 23 节　与反比例函数图象有关的面积问题 ……………………………… 249

第 24 节　系数符号确定法 …………………………………………………… 253

第 25 节　二次函数应用题 …………………………………………………… 257

知识篇

平面直角坐标系

名师语要 名师点拨，轻松掌握

> 平面直角坐标系是数轴由一维到二维的过渡，它将平面内的点与数组合起来，体现了数形结合的思想．运用平面直角坐标系解决问题时，要善于借助以形示数、以数解形、数形结合的思想．

知识全解 归纳知识，深刻认识

一、平面直角坐标系

（1）在平面内，两条互相垂直且有公共原点的数轴组成平面直角坐标系．表示点的有序实数对 (x,y) 叫作点的坐标，其中 x 叫作横坐标，y 叫作纵坐标，并且坐标平面内的点与有序实数对成一一对应关系．坐标轴把平面分成 4 个象限（见右图），4 个象限的坐标符号规律是：第一象限（＋,＋），第二象限（－,＋），第三象限（－,－），第四象限（＋,－）．

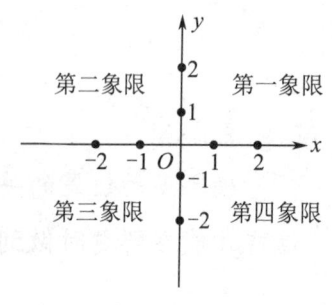

（2）x 轴上的点的纵坐标为 0；y 轴上的点的横坐标为 0；原点的坐标为 $(0,0)$．

（3）第一、第三象限角平分线上的点，其横、纵坐标相等；第二、第四象限角平分线上的点，其横、纵坐标互为相反数．

> **温馨提示**
>
> （1）在写一个点的坐标时，应该先写横坐标，再写纵坐标，简称"先横后纵".
>
> （2）两条坐标轴把一个平面分成四部分，先熟记第一象限的位置，其他三部分按逆时针方向依次叫作第二象限、第三象限、第四象限，坐标轴上的点不在任何象限内.
>
> （3）象限角平分线上的点，其横坐标与纵坐标的绝对值相等.

二、平面内点的坐标的特点

特殊点的坐标的特点如下表所示.

点的位置		横坐标符号	纵坐标符号
第一象限		＋	＋
第二象限		－	＋
第三象限		－	－
第四象限		＋	－
在 x 轴上	在正半轴上	＋	0
	在负半轴上	－	0
在 y 轴上	在正半轴上	0	＋
	在负半轴上	0	－
原点		0	0

> **温馨提示**
>
> 确定点的位置的关键是熟记每个象限内点的横、纵坐标的符号特征，这样才能在解题时做到快速而准确，还要特别注意 x 轴、y 轴上的点不属于任何象限.

三、平移与对称点的坐标

（1）点的平移规律：将点 $P(x,y)$ 向右（或向左）平移 a 个单位长度，对应点的坐标为$(x\pm a, y)$；将点$P(x,y)$向上（或向下）平移b个单位长度，对应点的坐标为$(x, y\pm b)$.

（2）对称点的规律：①点$P(a,b)$关于x轴对称的点的坐标为$(a,-b)$；②点$P(a,b)$关于y轴对称的点的坐标为$(-a,b)$；③点$P(a,b)$关于原点对称的点的坐标为$(-a,-b)$.

> **温馨提示**
>
> 口诀：谁对称谁不变，另一个变号，原点对称都变号.

四、点的坐标与点到坐标轴的距离关系

（1）点$P(a,b)$到x轴、y轴、原点的距离分别为$|b|$、$|a|$、$\sqrt{a^2+b^2}$.

（2）在x（或y）轴上的两点，它们之间的距离等于两点的横（或纵）坐标之差的绝对值.

> **温馨提示**
>
> （1）距离不等同于坐标.
>
> （2）任意一点$P(x,y)$到x轴的距离是$|y|$，与它的横坐标无关；到y轴的距离是$|x|$，与它的纵坐标无关；相互之间不能混淆.

学法指导 经典例题，点拨方法

类型1 判断点的位置

例1 若点$M(x,y)$满足$(x+y)^2=x^2+y^2-2$，则点M所在的象限是（　　）.

A．第一象限或第三象限　　B．第二象限或第四象限

C．第一象限或第二象限　　D．不能确定

【分析】先将条件$(x+y)^2=x^2+y^2-2$进行整理，然后依据结果确定

x、y 的符号.

【解答】将 $(x+y)^2 = x^2+y^2-2$ 去括号，得 $x^2+2xy+y^2=x^2+y^2-2$. 移项、合并同类项后，得 $2xy=-2$，即 $xy=-1$，所以 x 与 y 异号，所以点 M (x,y) 在第二象限或第四象限，故选 B.

【方法总结】解答这类问题的关键是明确各象限内点的坐标符号特征. 点横、纵坐标的符号的表现形式多种多样，要正确识别.

类型 2 探究点的坐标规律

例 2 如下图所示，四边形 $OABC_1$ 是正方形，曲线 $C_1C_2C_3C_4C_5\cdots$ 叫作"正方形的渐开线"，其中 $\overset{\frown}{C_1C_2}$，$\overset{\frown}{C_2C_3}$，$\overset{\frown}{C_3C_4}$，$\overset{\frown}{C_4C_5}\cdots$ 的圆心依次按 O，A，B，C_1 循环，当 $OA=1$ 时，点 C_{2023} 的坐标是（　　）.

　　A.（-1，-2022）　　　　B.（-2023，1）
　　C.（-1，-2023）　　　　D.（2022，0）

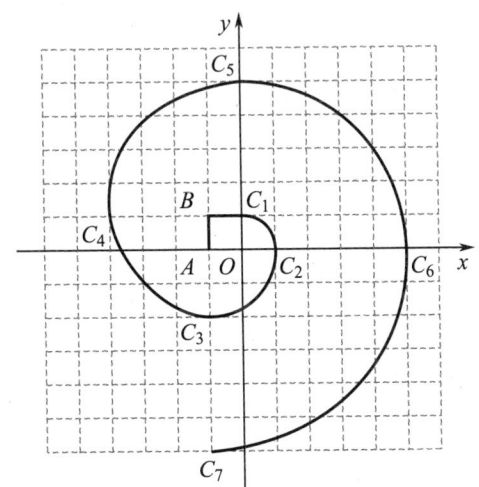

【分析】由题意得圆心的位置每 4 个一循环，经计算得出 C_{2023} 在第三象限，与 C_3，C_7，$C_{11}\cdots$ 符合同一规律，则探究出 C_3，C_7，$C_{11}\cdots$ 的规律即可.

【解答】由图得 C_1（0，1），C_2（1，0），C_3（-1，-2），C_4（-4，1），

$C_5(0,5)$，$C_6(5,0)$，$C_7(-1,-6)$…

∵ $2023 \div 4 = 505 \cdots\cdots 3$，

∴ C_{2023} 在第三象限，与 C_3，C_7，C_{11}…一样，符合规律 $(-1,-n+1)$，

∴ C_{2023} 的坐标为 $(-1,-2022)$．故选 A．

【方法总结】本题是以循环节为特征的规律探索性问题，解决此类问题应先观察图案的变化趋势，然后从第一个图形进行分析，运用从特殊到一般的探索方式，如果以 m 次为一个循环，那么第 n 次的情形与第 $n \div m$ 的余数次的情形是相同的，整除时与最后一次情形相同．

链接中考 真题演练，小试身手

考点1 确定点的坐标

例1 在平面直角坐标系中，点 $P(2,-3)$ 关于 x 轴对称的点 P' 的坐标是（　　）．

A．$(-2,-3)$　　B．$(-2,3)$　　C．$(2,-3)$　　D．$(2,3)$

【解析】根据关于 x 轴对称的点的坐标特点：横坐标不变，纵坐标互为相反数，即点 $P(x,y)$ 关于 x 轴对称的点 P' 的坐标是 $(x,-y)$．故点 $P(2,-3)$ 关于 x 轴对称的点 P' 的坐标是 $(2,3)$．故选 D．

【点评】此题主要考查关于 x 轴对称的点的性质，正确掌握关于 x 轴对称的点的坐标特点是解题的关键．

考点2 用坐标表示位置

例2 右图是中国象棋棋盘的一部分，建立如右图所示的平面直角坐标系，已知"車"所在位置的坐标为 $(-2,2)$，则"炮"所在位置的坐标为（　　）．

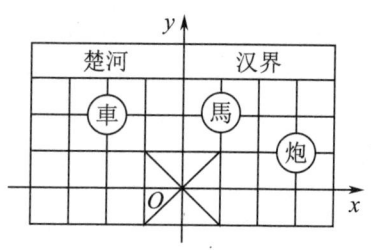

A.（3,1） B.（1,3）
C.（4,1） D.（3,2）

【解析】直接利用"車"位于点（-2,2），得出原点的位置，进而可知"炮"所在位置的坐标为（3,1）．故选 A．

【点评】此题主要考查了用坐标确定位置，正确得出原点的位置是解题的关键．

考点3 图形的变换与坐标变化

例3 如右图所示，已知点 $A(1,0)$，$B(4,m)$，若将线段 AB 平移至 CD，其中点 $C(-2,1)$，$D(a,n)$，则 $m-n$ 的值为（　　）．

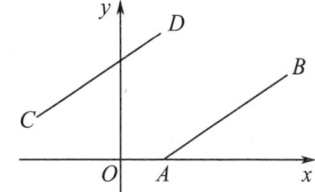

A.-3 B.-1
C. 1 D. 3

【解析】∵线段 CD 是由线段 AB 平移得到的，且 $A(1,0)$，$C(-2,1)$，$B(4,m)$，$D(a,n)$，∴$m-n=0-1=-1$．故选 B．

【点评】本题考查坐标与图象的变化，熟知平移过程中图象上的每个点的平移方向和距离均相同是解题的关键．

拓展训练 再接再厉，提高能力

1．在平面直角坐标系中，点 $P(-1, m^2+1)$ 位于（　　）．

A．第一象限 B．第二象限
C．第三象限 D．第四象限

2．若点 $P(b-3, -2b)$ 在 y 轴上，则点 P 的坐标为（　　）．

A．（0,-6） B．（-6,0）
C．（0,6） D．（6,0）

3. 两个小伙伴拿着右图所示的密码表玩听声音猜动物的游戏，若听到"咚咚—咚咚，咚—咚，咚咚咚—咚"，则表示的动物是"狗"，那么听到"咚咚—咚，咚咚咚—咚咚，咚—咚咚咚"时，表示的动物是（　　）．

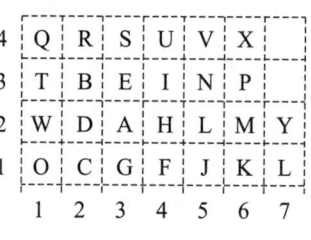

A．狐狸　　　B．猫　　　C．蜜蜂　　　D．牛

4. 如右图所示，在 $5×4$ 的方格纸中，每个小正方形的边长为1，点 O、A、B 在方格线的交点（格点）上．在第四象限内的格点上找点 C，使 $\triangle ABC$ 的面积为3，则这样的点 C 共有（　　）．

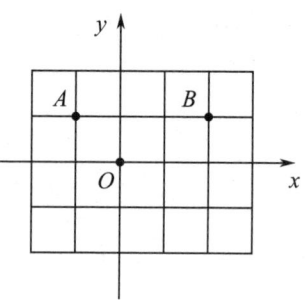

A．2个　　　　　　　　B．3个

C．4个　　　　　　　　D．5个

5. 如右图所示，在平面直角坐标系中，每个网格小正方形的边长均为1个单位长度，以点 P 为位似中心作正方形 $PA_1A_2A_3$，正方形 $PA_4A_5A_6$…按此规律作下去，所作正方形的顶点均在格点上，其中正方形 $PA_1A_2A_3$ 的顶点坐标分别为 $P(-3,0)$，$A_1(-2,1)$，$A_2(-1,0)$，$A_3(-2,-1)$，则顶点 A_{100} 的坐标为（　　）．

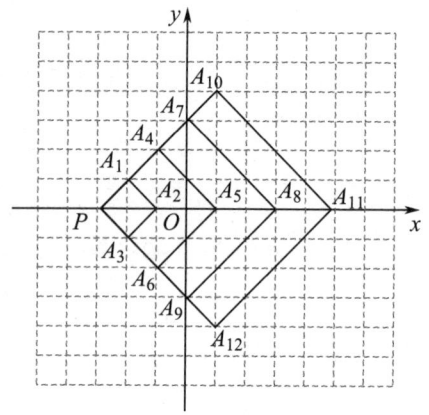

A．$(31,34)$　　B．$(31,-34)$　　C．$(32,35)$　　D．$(32,0)$

6. 在平面直角坐标系中，将点 $M(3,-4)$ 向左平移5个单位长度，得到点 M'，则点 M' 的坐标是_____．

7. 已知平面直角坐标系中的点 $P(a-1,a+2)$ 在第二象限，则 a 的取值范围是_____．

8. 已知点 P 在第二象限，且到 x 轴的距离是2，到 y 轴的距离是5，

则点 P 的坐标是_____.

9. 在平面直角坐标系中，点 M 和 N 的坐标分别为 $(a+3, 2-a)$、$(2-a, a+3)$.

（1）当点 M 在第一象限时，则 a 的取值范围是_____.

（2）当点 M 与点 N 是同一点时，则 $a=$_____，且点 M 在这个象限的_____线上.

（3）将点 M 向上平移 3 个单位长度后得到点 P，此时点 P 与点 N 同时落在平行于横轴的直线上，则 $a=$_____.

10. 如右图所示，在平面直角坐标系中，

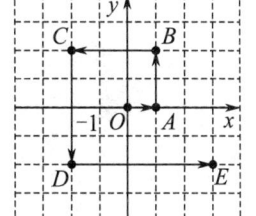

（1）写出图中从原点 O 出发，按箭头所指方向先后经过 A、B、C、D、E 各点的坐标.

（2）按图中所示规律，标出下一个点 F 的位置.

参考答案

1. B. 2. A. 3. B. 4. B. 5. A.

6. $(-2, -4)$. 7. $-2 < a < 1$. 8. $(-5, 2)$.

9. （1）$-3 < a < 2$. （2）$-\dfrac{1}{2}$，角平分. （3）1.

10. （1）$O(0,0)$，$A(1,0)$，$B(1,2)$，$C(-2,2)$，$D(-2,-2)$，$E(3,-2)$.

（2）线段的长度依次增加 1，点 F 的坐标是 $(3,4)$.

变量与函数

名师语要 名师点拨，轻松掌握

> 函数是刻画现实世界数量关系和变化规律的一个重要模型，它反映的是两个变量之间的对应关系，具有存在唯一性，研究函数图象时，要让"数"与"形"相得益彰.

知识全解 归纳知识，深刻认识

一、变量与常量

在一个变化过程中，数值发生变化的量称为变量，数值始终保持不变的量称为常量.

温馨提示

> 在实际问题中，常量与变量是相对的. 变量与常量的身份是可以相互转化的，如在行程问题 $s=vt$ 中，若 s 一定，则 v、t 是变量；若 v 一定，则 s、t 是变量.

二、函数的概念

在一个变化过程中，如果有两个变量 x 与 y，并且对于 x 的每个确定的值，y 都有唯一确定的值与其对应，那么我们就说 x 是自变量，y 是 x 的函数．如果当 $x=a$ 时，$y=b$，那么 b 叫作当自变量的值为 a 时的函数值．

> **温馨提示**
>
> 注意理解"唯一"的含义：也就是说，对于每一个 x 的值，y 都有且只有一个值与其对应．当 x 取不同的值时，y 的值可以相同也可以不相同．但如果一个 x 值对应着两个或多个不同的 y 值，那么 y 就不是 x 的函数．

三、函数中自变量的取值范围

在一个变化过程中，自变量的取值通常有一定的范围，这个范围我们称它为自变量的取值范围．

> **温馨提示**
>
> 确定自变量的取值范围通常要从两个方面考虑：一是使含自变量的代数式有意义；二是结合实际意义，使函数在实际情况下有意义．

四、函数的图象

一般地，对于一个函数，如果把自变量与函数的每对对应值分别作为点的横坐标、纵坐标，那么坐标平面内由这些点组成的图形，就是这个函数的图象．

> **温馨提示**
>
> （1）函数图象上的任一点的横坐标 x 与纵坐标 y 一定是这个函数的自变量 x 和函数 y 的一对对应值；反之，以这一对对应值为横坐标、纵坐标的点必在函数的图象上．
>
> （2）判断点 $P(x,y)$ 是否在函数图象上的方法：将点的坐标 (x,y) 代入函数解析式，若满足函数解析式，则这个点就在函数图象上，否则这个点就不在函数图象上．

五、函数的表示方法

函数的表示方法一般有下表所示的 3 种.

表示方法	定义	优点	缺点
列表法	用表格来表示函数关系的方法	可以直接查到与自变量对应的每一个函数值,一目了然	只能把部分自变量的值和与之对应的函数值列出,不能反映出函数变化的全貌
解析式法	用代数式来表示函数关系的方法	简明扼要、规范准确,并且可以根据解析式列表、画图象,进而研究函数的性质	有些函数无法写出解析式,只能用列表法或图象法来表示
图象法	用图象来表示函数关系的方法	可以直观、形象地把函数关系表示出来,一目了然地从图象中反映出函数的性质	由图象只能观察出函数的近似数量关系,不够精确

温馨提示

在具体的解题过程中,要根据具体题目要求,结合 3 种表示方法的优缺点,灵活地选择适当的表示方法.函数的 3 种表示方法不是完全独立的,它们可以相互转化,千万不要把函数的 3 种不同的表示方法独立开来,在解题时要综合运用.

学法指导 经典例题,点拨方法

类型 1 探究函数图象信息

例1 均匀地向下图所示的容器中注满水,能反映注水过程中水面高度 h 随时间 t 变化的函数图象是(   ).

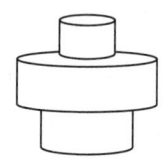

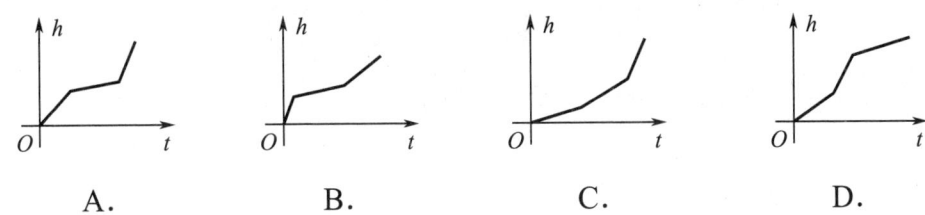

A.   B.   C.   D.

【分析】分析每一段圆柱底面积、高的变化情况，进而判断每一段对应的函数关系及图象．

【解答】图中容器由 3 个圆柱组成，中间的圆柱底面积最大，下面的圆柱底面积居中，上面的圆柱底面积最小；根据题意，单位时间内注入的水的体积相等，所以水面高度变化时，中间一段最平缓，最后一段最陡直，所以 A 选项符合，故选 A．

【方法总结】以实际问题为背景找相应的函数图象，要先弄清题意所反映的问题可分为几段，以及在这个过程中变化的量及不变的量，再确定大致图象．

类型 2　确定函数自变量的取值范围

例 2　函数 $y=\dfrac{\sqrt{x+2}}{x-1}$ 的自变量 x 的取值范围是 _____．

【分析】根据二次根式的性质和分式的意义，被开方数大于或等于 0，分母不等于 0，就可以求解．

【解答】根据题意得 $\begin{cases} x+2 \geqslant 0 \\ x-1 \neq 0 \end{cases}$，解得 $x \geqslant -2$ 且 $x \neq 1$．

故答案为 $x \geqslant -2$ 且 $x \neq 1$．

【方法总结】在一般的函数解析式中，自变量的取值范围主要考虑以下四种情况：①函数解析式为整式形式：自变量取值范围为任意实数；②函数解析式为分式形式：分母 $\neq 0$；③函数解析式含算术平方根：被开方数 $\geqslant 0$；④函数解析式为复合形式：列不等式组，使所有式子同时有意义．

链接中考 真题演练，小试身手

考点1 变量与常量

例1 水中涟漪（圆形水波）不断扩大，记它的半径为 r，它的周长 C 与 r 的关系式为 $C=2\pi r$，下列判断正确的是（　　）．

A．2是变量　　B．π是变量　　C．r是变量　　D．C是常量

【解析】根据函数的定义：函数中的每个值 x，变量 y 按照一定的法则有一个确定的值 y 与之对应，可知自变量是圆的半径 r，因变量是圆的周长 C，π 是常量．故答案为 C．

【点评】熟练掌握常量与变量的定义是求解本题的关键．

考点2 函数图象的识别

例2 如右图所示，用弹簧测力计将一铁块悬于盛有水的水槽中，然后匀速向上提起，使铁块完全露出水面，并上升一定高度，则能反映弹簧测力计的读数 y（单位：N）与铁块被提起的时间 x（单位：s）之间的函数关系的大致图象是（　　）．

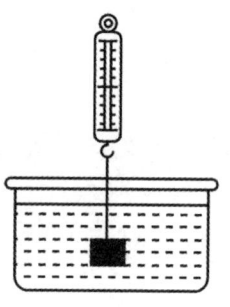

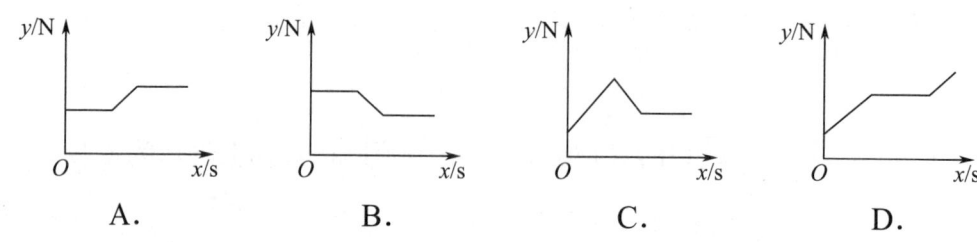

A.　　　　B.　　　　C.　　　　D.

【解析】根据浮力的知识可知，当铁块露出水面之前，$F_{拉}+F_{浮}=G$，此过程浮力不变，铁块的重力不变，故拉力不变，即弹簧测力计的读数不变．

在铁块逐渐露出水面的过程中，$F_{拉}+F_{浮}=G$，此过程浮力逐渐减小，

铁块重力不变，故拉力逐渐增大，即弹簧测力计的读数逐渐增大.

当铁块完全露出水面之后，$F_{拉}=G$，此过程拉力等于铁块重力，即弹簧测力计的读数不变.

综上所述，弹簧测力计的读数先不变，再逐渐增大，最后不变. 故选 A.

【点评】本题主要考查函数的图象，涉及与浮力有关的物理知识，利用分类讨论思想分析得出不同过程中弹簧测力计读数的变化情况是解题的关键.

考点3 函数关系

例3 某人购进一批苹果，到市场零售，已知卖出苹果数量 x 与售价 y 的关系如下表所示，写出用 x 表示 y 的关系式_____.

数量 x/kg	2	3	4	5
售价 y/元	16.2	24.3	32.4	40.5

【解析】应先得到苹果的单价，售价＝单价×数量，把相关数值代入即可求得 y 的关系式. 易得苹果的单价是 $16.2\div2=8.1$（元），那么 x kg 的苹果的售价为 $y=8.1x$.

【点评】解决本题的难点是得到苹果的单价，关键是得到售价的等量关系.

拓展训练 再接再厉，提高能力

1. 在函数 $y=\sqrt{x-1}$ 中，自变量 x 的取值范围在数轴上表示为（ ）.

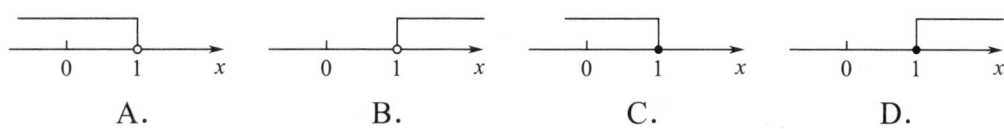

A.   B.   C.   D.

2. 汽车油箱中有汽油 30L. 如果不再加油，那么油箱中的油量 y（单位：L）随行驶路程 x（单位：km）的增加而减少，平均耗油量为 0.1L/km. 当

$0 \leq x \leq 300$ 时，y 与 x 的函数解析式是（　　）.

  A．$y = 0.1x$ B．$y = -0.1x + 30$

  C．$y = \dfrac{300}{x}$ D．$y = -0.1x^2 + 30x$

3．在下列各图象中，y 不是 x 的函数的是（　　）.

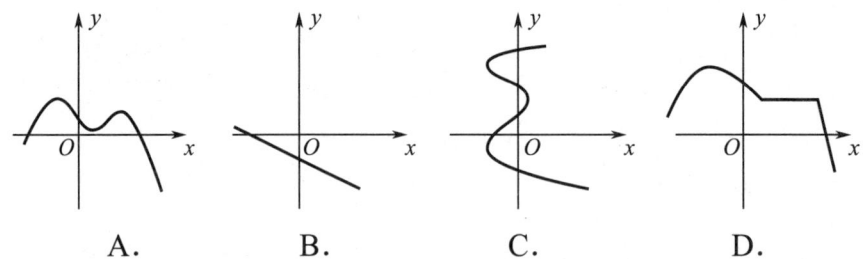

  A.   B.   C.   D.

4．向高为 10 的容器（形状如右图所示）中均匀注水，注满为止，则水深 h 与注水量 v 的函数关系的大致图象是（　　）.

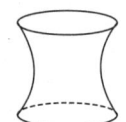

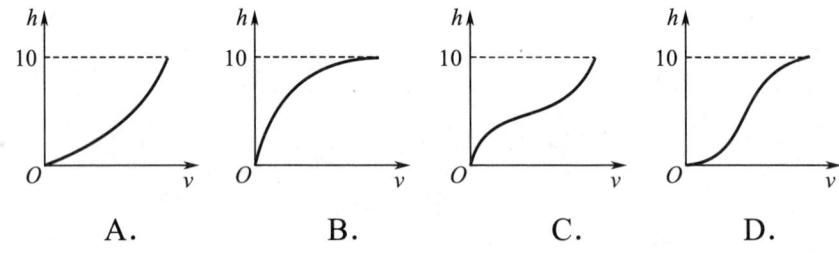

  A.   B.   C.   D.

5．如图 1 所示，小亮家、报亭、羽毛球馆在一条直线上．小亮从家跑步到羽毛球馆打羽毛球，再去报亭看报，最后散步回家．小亮离家距离 y 与时间 x 之间的关系如图 2 所示．下列结论错误的是（　　）.

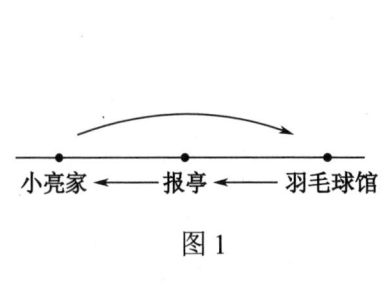
图 1

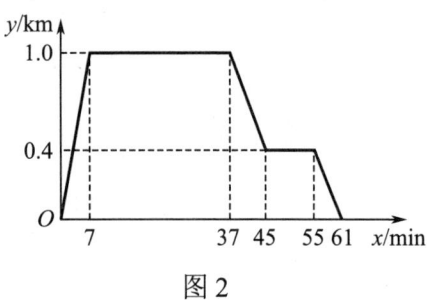
图 2

A．小亮从家到羽毛球馆用了 7min

B．小亮从羽毛球馆到报亭平均每分钟走 75m

C．报亭到小亮家的距离是 400m

D．小亮打羽毛球的时间是 37min

6．丽丽在洗手后，没有把水龙头拧紧，该水龙头每秒会滴下 2 滴水，每滴水约 0.05 毫升．设 t 小时内该水龙头共滴了 m 毫升水，请你写出该水龙头流失的水量 m 与时间 t 的关系式：_____．

7．为了增强抗旱能力，保证夏粮丰收，某村新建了一个蓄水池，这个蓄水池安装了两个进水管和一个出水管（两个进水管的进水速度相同）．一个进水管和一个出水管的进出水速度如图 1 所示，某天 0 时到 6 时（至少打开一个水管），该蓄水池的蓄水量如图 2 所示，并给出以下 3 个论断：①0 时到 1 时不进水，只出水；②1 时到 4 时不进水，不出水；③4 时到 6 时只进水，不出水．则一定正确的论断是_____．

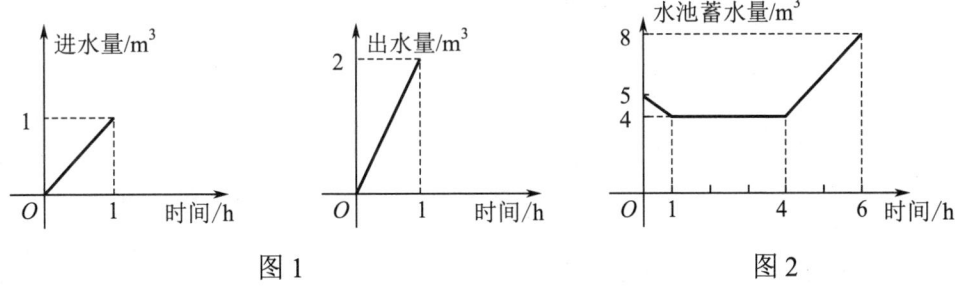

图 1　　　　　　　图 2

8．根据下面的运算程序，回答问题：

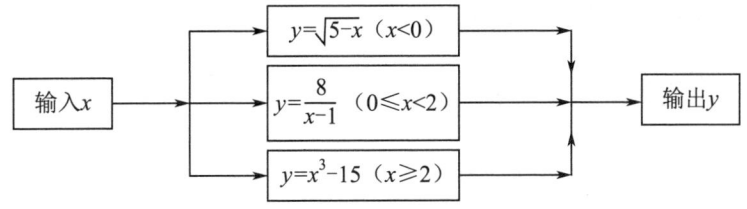

（1）若输入 $x=-3$，请计算输出结果 y 的值．

（2）若输入一个正数 x 时，输出 y 的值为 12，请问：输入的 x 的值可能是多少？

9. 根据数学家凯勒的"百米赛跑数学模型"，前 30m 称为"加速期"，30～80m 为"中途期"．下图为小斌某天百米赛跑时速度 y（m/s）与路程 x（m）之间的观测数据．

（1）y 是关于 x 的函数吗？为什么？

（2）"加速期"结束时，小斌的速度为多少？

（3）根据下图提供的信息，给小斌提一条训练建议．

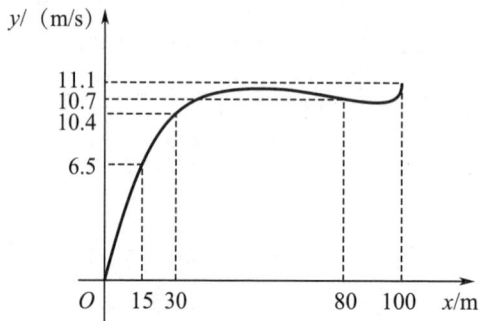

10. 6 月 13 日，某港口的潮水高度 y（cm）和时间 x（h）的部分数据及函数图象如下：

x/h	…	11	12	13	14	15	16	17	18	…
y/cm	…	189	137	94	80	101	133	212	260	…

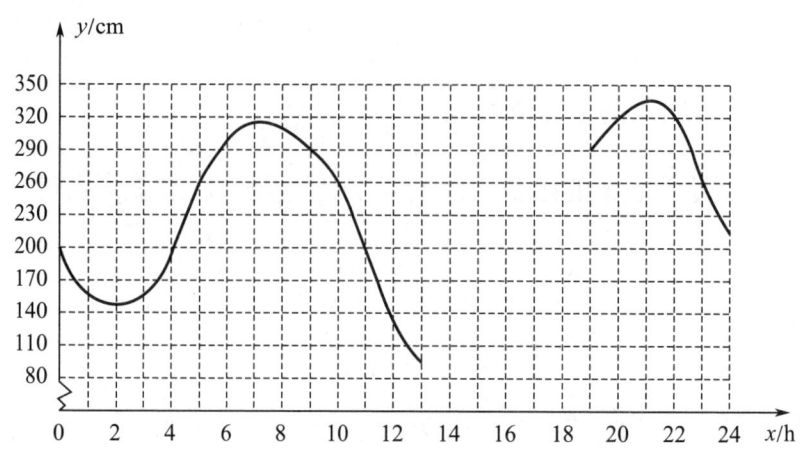

(1) 数学活动：

① 根据表中数据，通过描点、连线（光滑曲线）的方式补全该函数的图象；

② 观察函数图象，当 $x=4$ 时，y 的值为多少？当 y 的值最大时，x 的值为多少？

(2) 数学思考：

请结合函数图象，写出该函数的两条性质或结论．

(3) 数学应用：

根据研究，当潮水高度超过 260cm 时，货轮能够安全进出该港口．请问：当天什么时间段适合货轮进出此港口？

参考答案

1. D. 2. B. 3. C. 4. D. 5. D.

6. $m=360t$（$t\geq 0$）． 7. ③．

8. (1) $\because x=-3<0$，$\therefore y=\sqrt{5-(-3)}=\sqrt{8}=2\sqrt{2}$．

(2) 若 $0\leq x<2$ 时，则 $\dfrac{8}{x-1}=12$，解得 $x=\dfrac{5}{3}$．

若 $x\geq 2$ 时，则 $x^3-15=12$，解得 $x=3$．

综上所述，输入的 x 的值可能是 $\dfrac{5}{3}$ 或 3．

9. (1) y 是关于 x 的函数．因为在变化过程中，对于 x 的每一个确定的值，y 都有唯一确定的值与之对应．

(2) "加速期"结束时，小斌的速度为 10.4m/s．

(3) 答案不唯一．例如：根据图象信息，小斌在跑到 80m 左右时速度下降明显，建议增加耐力训练，提高成绩．

10．（1）①如下图所示：

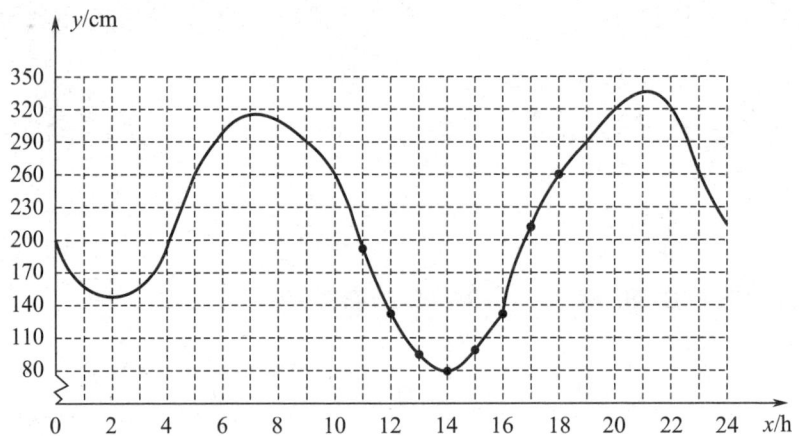

②通过观察函数图象，当 $x=4$ 时，y 的值为 200，当 y 的值最大时，x 的值为 21．

（2）该函数的两条性质如下（答案不唯一）．

①当 $2 \leqslant x \leqslant 7$ 时，y 随 x 的增大而增大；

②当 $x=14$ 时，y 有最小值，为 80．

（3）当 $y=260$ 时，$x=5$、$x=10$、$x=18$ 或 $x=23$，

∴当 $5<x<10$ 或 $18<x<23$ 时，$y>260$，

即当 $5<x<10$ 或 $18<x<23$ 时，货轮可进出此港口．

一次函数的图象

名师语要 名师点拨，轻松掌握

一次函数 $y=kx+b$（$k\neq 0$）的图象是一条直线．它是中考命题的重要考点．确定一次函数的图象时，至少需要已知两个点的坐标，一次函数图象的走势与字母 k 的符号有密切的联系．

知识全解 归纳知识，深刻认识

一、正比例函数的概念

一般地，形如 $y=kx$（k 是常数，$k\neq 0$）的函数叫作正比例函数，其中 k 叫比例系数．

温馨提示

正比例函数 $y=kx$ 必须满足两个条件：①比例系数 $k\neq 0$；②自变量 x 的指数为 1．

二、正比例函数的图象

一般地，正比例函数 $y=kx$（k 是常数，$k\neq 0$）的图象是一条直线，我们称它为直线 $y=kx$．当 $k>0$ 时，直线 $y=kx$ 经过第一、第三象限，从左向右上升；当 $k<0$ 时，直线 $y=kx$ 经过第二、第四象限，从左向右下降．

> **温馨提示**
>
> 正比例函数 $y=kx$ 图象的位置与一次项系数 k 有关,k 决定直线的升降情况.

三、一次函数的概念

一般地,形如 $y=kx+b$(k、b 为常数,$k\neq 0$)的函数,叫作一次函数.

> **温馨提示**
>
> (1)正比例函数 $y=kx$ 是经过(0,0)和(1,k)两点的一条直线.
>
> (2)当 $b=0$ 时,$y=kx+b$ 为 $y=kx$,所以正比例函数是一次函数的一种特殊形式.

四、一次函数的图象

一次函数 $y=kx+b$ 的图象是一条直线,我们称它为直线 $y=kx+b$. 它可以看作由直线 $y=kx$ 平移 $|b|$ 个单位长度得到的(当 $b>0$ 时,向上平移;当 $b<0$ 时,向下平移).

> **温馨提示**
>
> (1)一次函数 $y=kx+b$ 的图象是经过 $\left(-\dfrac{b}{k},0\right)$ 和 $(0,b)$ 两点的一条直线.
>
> (2)一次函数 $y=kx+b$ 的图象的位置与一次项系数 k 和常数项 b 有关,k 决定直线的升降情况,b 决定与 y 轴的交点.

学法指导 经典例题,点拨方法

类型1 一次函数图象的分布

例1 已知直线 $y=kx+b$,若 $k+b=-5$,$kb=6$,那么该直线不经过(　　).

A．第一象限　　B．第二象限　　C．第三象限　　D．第四象限

【分析】首先根据 $k+b=-5$，$kb=6$ 得到 k、b 的符号，再根据图象与系数的关系确定直线经过的象限，进而求解即可．

【解答】$\because k+b=-5$，$kb=6$，$\therefore k<0$，$b<0$，$\therefore$ 直线 $y=kx+b$ 经过第二、第三、第四象限，即不经过第一象限，故选 A．

【方法总结】直线 $y=kx+b$（$k\neq 0$）所在的位置与 k、b 的符号有直接的关系．$k>0$ 时，直线必经过第一、第三象限；$k<0$ 时，直线必经过第二、第四象限．$b>0$ 时，直线与 y 轴的正半轴相交；$b=0$ 时，直线过原点；$b<0$ 时，直线与 y 轴的负半轴相交．

类型2　一次函数图象的规律探究

例2　下图放置的 $\triangle OAB_1$，$\triangle B_1A_1B_2$，$\triangle B_2A_2B_3\cdots$ 都是边长为 2 的等边三角形，边 AO 在 y 轴上，点 B_1，B_2，$B_3\cdots$ 都在直线 $y=\dfrac{\sqrt{3}}{3}x$ 上，则点 A_{2024} 的坐标是_____．

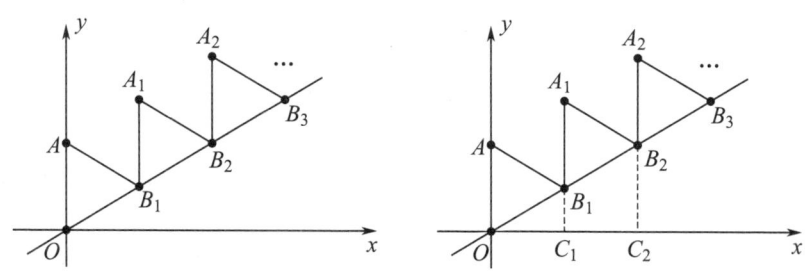

【分析】根据图形可知 A_1 与 B_1、A_2 与 $B_2\cdots$ 的横坐标相同，纵坐标相差 2，所以只需求出 B_1、$B_2\cdots$ 的坐标．

【解答】延长 A_1B_1、A_2B_2，分别交 x 轴于点 C_1、C_2，$\because \triangle OAB_1$、$\triangle B_1A_1B_2$、$\triangle B_2A_2B_3$ 都为等边三角形，$\therefore A_1B_1 /\!/ y$ 轴，$A_2B_2 /\!/ y$ 轴，$\therefore A_1B_1$、A_2B_2 都垂直于 x 轴，在 $\text{Rt}\triangle B_1C_1O$ 中，$\angle B_1OC_1=30°$，$B_1O=2$，$\therefore B_1C_1=1$，$OC_1=\sqrt{3}$．同理 $B_2C_2=2$，$OC_2=2\sqrt{3}$，$\therefore B_1(\sqrt{3},1)$，$B_2(2\sqrt{3},2)$，

∴ $B_{2024}(2024\sqrt{3}, 2024)$，∴ $A_{2024}(2024\sqrt{3}, 2026)$.

【方法总结】 解答规律性探究问题的常用方法：①对式与数的特征进行观察；②对图形的结构进行观察；③将对简单、特殊情况的观察推广到一般情况.

链接中考 真题演练，小试身手

考点1 正比例函数的概念

例1 下列 y 关于 x 的函数中，是正比例函数的为（　　）.

A．$y=x^2$　　　　　　　　B．$y=\dfrac{2}{x}$

C．$y=\dfrac{x}{2}$　　　　　　　　D．$y=\dfrac{x+1}{2}$

【解析】 根据正比例函数的概念，分别对各选项函数解析式的特征逐一判断．$y=x^2$ 是二次函数，$y=\dfrac{2}{x}$ 是反比例函数，$y=\dfrac{x}{2}$ 是正比例函数，$y=\dfrac{x+1}{2}=\dfrac{1}{2}x+\dfrac{1}{2}$ 是一次函数，故选 C.

【点评】 形如 $y=kx+b$（$k\neq 0$，k、b 是常数）的函数是一次函数．特别地，当 $b=0$ 时，$y=kx$ 是正比例函数，即正比例函数是一次函数的特殊形式.

考点2 坐标与一次函数图象的关系

例2 若点 $(3,1)$ 在一次函数 $y=kx-2$ 的图象上，则 k 的值是（　　）.

A．5　　　　B．4　　　　C．3　　　　D．1

【解析】 把点 $(3,1)$ 代入一次函数 $y=kx-2$ 中，求出 $k=1$，故选 D.

【点评】 判定某点是否在函数图象上，看该点坐标是否满足函数解析式即可.

考点3 一次函数图象的特征

例3 下图是平面直角坐标系中的一组直线，按此规律推断，第5条直线与x轴交点的横坐标是_____.

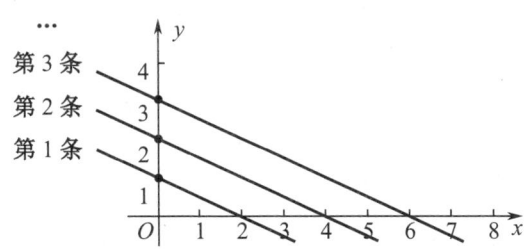

【解析】由题可知，这组直线是平行直线，每条直线与x轴交点的横坐标是该直线与y轴交点的纵坐标的2倍，易知第5条直线与y轴交点的纵坐标是5，所以第5条直线与x轴交点的横坐标是10. 故答案为10.

【点评】本题考查了一次函数图象上点的坐标特征，掌握一次函数图象上点的坐标特征是解题的关键.

考点4 一次函数图象的综合运用

例4 已知$m=x+1$，$n=-x+2$，若规定$y=\begin{cases}1+m-n,m\geq n\\1-m+n,m<n\end{cases}$，则$y$的最小值为（　　）.

A. 0　　　　　　　　　　B. 1
C. -1　　　　　　　　　D. 2

【解析】根据一次函数图象上点的坐标特征可知，图象最低点可确定函数的最小值. 将m、n代入y，有$y=\begin{cases}1+m-n,m\geq n\\1-m+n,m<n\end{cases}=\begin{cases}2x,x\geq\dfrac{1}{2}\\-2x+2,x<\dfrac{1}{2}\end{cases}$，画出$y$关于$x$的分段函数图象（见下页图），可知$y$的最小值为1，故选B.

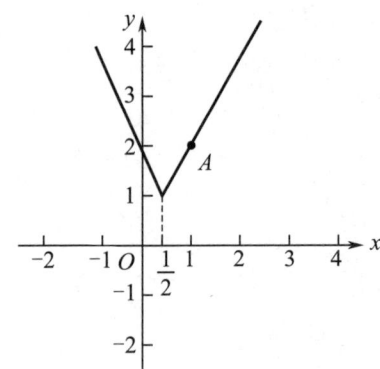

【点评】求最值的问题，借助图象求解，往往能达到事半功倍的效果．

拓展训练 再接再厉，提高能力

1. 一次函数 $y=2x+1$ 的图象不经过（　　）．

   A．第一象限　　B．第二象限　　C．第三象限　　D．第四象限

2. 已知两个变量 x 和 y，它们之间的 3 组对应值如下表所示：

x	-1	0	1
y	-1	1	3

则 y 与 x 之间的函数解析式可能是（　　）．

   A．$y=x$　　　　　　　　　B．$y=2x+1$

   C．$y=x^2+x+1$　　　　　D．$y=\dfrac{3}{x}$

3. 在平面直角坐标系中，一次函数 $y=5x+1$ 的图象与 y 轴的交点的坐标为（　　）．

   A．$(0,-1)$　　　　　　　B．$(-\dfrac{1}{5},0)$

   C．$(\dfrac{1}{5},0)$　　　　　　D．$(0,1)$

4. 正比例函数 $y=kx$ 的图象在第二、第四象限，则一次函数 $y=x+k$ 的图象大致是（　　）．

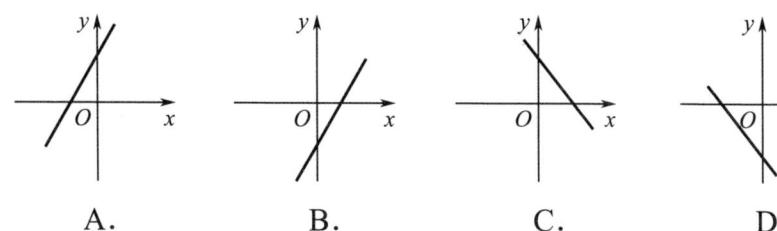

A. B. C. D.

5. 如右图所示，已知 A_1，A_2，…，A_n，A_{n+1} 是 x 轴上的点，且 $OA_1=A_1A_2=A_2A_3=…=A_nA_{n+1}=1$，分别过点 A_1，A_2，…，A_n，A_{n+1} 作 x 轴的垂线，交直线 $y=2x$ 于点 B_1，B_2，…，B_n，B_{n+1}，连接 A_1B_2，B_1A_2，A_2B_3，B_2A_3，…，A_nB_{n+1}，B_nA_{n+1}，依次相交于点 P_1，P_2，P_3，…，P_n，$\triangle A_1B_1P_1$，$\triangle A_2B_2P_2$，…，$\triangle A_nB_nP_n$ 的面积依次为 S_1，S_2，…，S_n，则 S_n 为（　　）．

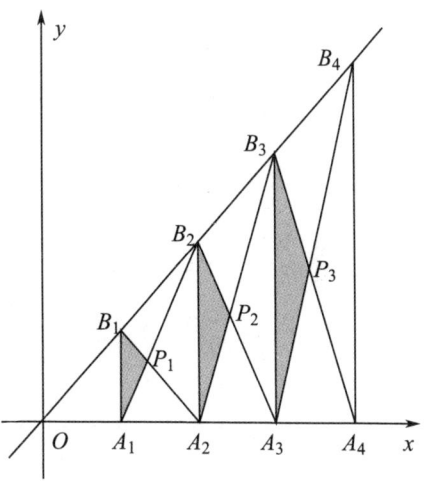

A. $\dfrac{n+1}{2n+1}$ B. $\dfrac{n^2}{3n-1}$

C. $\dfrac{n^2}{2n-1}$ D. $\dfrac{n^2}{2n+1}$

6. 若一次函数 $y=2x+b$（b 为常数）的图象经过点 (1,5)，则 b 的值为_____．

7. 如右图所示，直线 $y=kx-2k+3$（k 为常数，$k<0$）与 x 轴、y 轴分别交于点 A、B，则 $\dfrac{2}{OA}+\dfrac{3}{OB}$ 的值是_____．

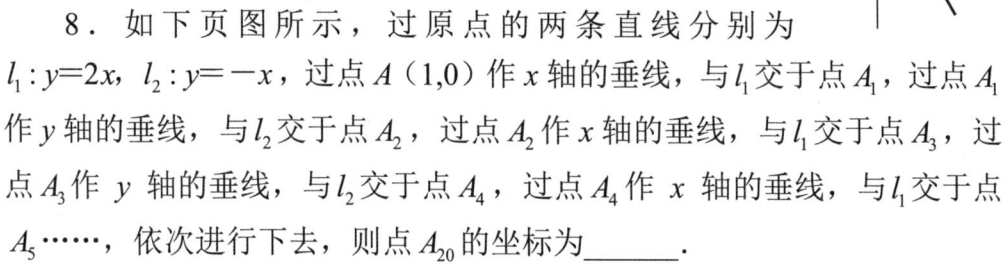

8. 如下页图所示，过原点的两条直线分别为 $l_1:y=2x$，$l_2:y=-x$，过点 $A(1,0)$ 作 x 轴的垂线，与 l_1 交于点 A_1，过点 A_1 作 y 轴的垂线，与 l_2 交于点 A_2，过点 A_2 作 x 轴的垂线，与 l_1 交于点 A_3，过点 A_3 作 y 轴的垂线，与 l_2 交于点 A_4，过点 A_4 作 x 轴的垂线，与 l_1 交于点 A_5……，依次进行下去，则点 A_{20} 的坐标为_____．

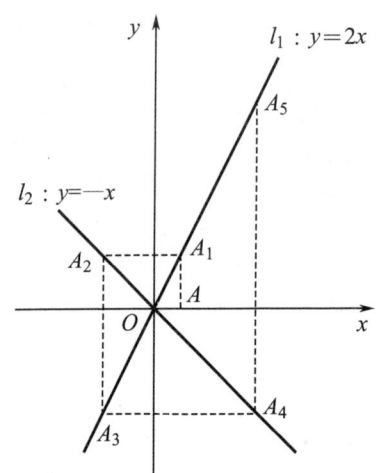

9. 请你用学习"一次函数"时积累的经验和方法解决下列问题：

(1) 在平面直角坐标系中，画出函数 $y=|x|$ 的图象.

① 列表填空：

x	…	-3	-2	-1	0	1	2	3	…
y	…								…

② 描点、连线，画出 $y=|x|$ 的图象.

(2) 结合所画函数图象，写出 $y=|x|$ 两条不同类型的性质.

(3) 写出函数 $y=|x|$ 与 $y=|x+2|$ 的图象的平移关系.

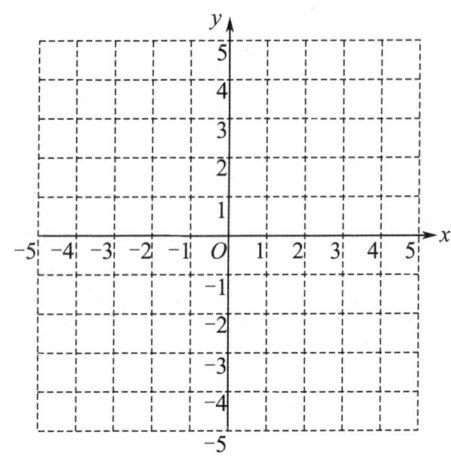

参 考 答 案

1. D. 2. B. 3. D. 4. B. 5. D. 6. 3. 7. 1. 8. (1024, -1024).
9. (1) ①

x	...	-3	-2	-1	0	1	2	3	...
y	...	3	2	1	0	1	2	3	...

② 函数图象如下图所示：

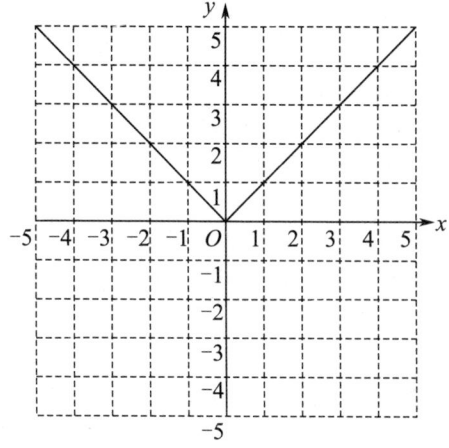

(2) ① 增减性：$x<0$ 时，y 随 x 的增大而减小；

　　　　　　$x>0$ 时，y 随 x 的增大而增大．

② 对称性：图象关于 y 轴对称．

③ 函数的最小值为 0．

(3) 把 $y=|x|$ 向左平移两个单位长度得到 $y=|x+2|$，

或把 $y=|x+2|$ 向右平移两个单位长度得到 $y=|x|$．

一次函数图象的性质

第 4 节

名师语要 名师点拨，轻松掌握

> 一次函数图象的性质是一次函数的重点内容，也是难点，研究一次函数图象的性质时，不仅要从形的角度研究增减性变化等，还要从数的角度探讨图象分布走势等，因此，数形结合思想是研究一次函数图象问题的常用工具.

知识全解 归纳知识，深刻认识

一、一次函数图象的性质

分类	$k>0$		$k<0$	
	$b>0$	$b<0$	$b>0$	$b<0$
图象	(图)	(图)	(图)	(图)
性质	①经过第一、第二、第三象限；②y随x的增大而增大	①经过第一、第三、第四象限；②y随x的增大而增大	①经过第一、第二、第四象限；②y随x的增大而减小	①经过第二、第三、第四象限；②y随x的增大而减小

一次函数图象的性质 第4节

> **温馨提示**
>
> 由上表可知：①k决定了图象的倾斜方向和函数的增减性，$k>0$，图象由左向右上升，y随x的增大而增大；$k<0$，图象由左向右下降，y随x的增大而减小。②b决定了图象与y轴的交点的位置，$b>0$，图象与y轴的交点在y轴的正半轴；$b<0$，图象与y轴的交点在y轴的负半轴。

二、两个一次函数图象共存时的性质

直线$y=k_1x+b_1(k_1\neq 0)$，$y=k_2x+b_2(k_2\neq 0)$，

（1）若两条直线平行，则$k_1=k_2$，$b_1\neq b_2$.

（2）若两条直线重合，则$k_1=k_2$，$b_1=b_2$.

学法指导 经典例题，点拨方法

类型1 依据增减性确定字母的取值范围

例1 在平面直角坐标系中，过点$(-2,3)$的直线l经过第一、第二、第三象限。若点$(0,a)$，$(-1,b)$，$(c,-1)$都在直线l上，则下列判断正确的是（　　）.

　　A．$a<b$　　B．$a<3$　　C．$b<3$　　D．$c<-2$

【分析】从形的角度，如何依据"过点$(-2,3)$的直线l经过第一、第二、第三象限"在平面直角坐标系中画出直线l的大致图象？从数的角度，如何运用"直线l的增减性"来确定正确的选项？

【解答】因为直线l经过点$(-2,3)$，$(0,a)$，$(-1,b)$，$(c,-1)$，且经过第一、第二、第三象限，如下图所示，根据"y随x的增大而增大"可以得出$b<a$，$a>3$，$b>3$，$c<-2$，所以选项A、B、C是错误的，故选D．

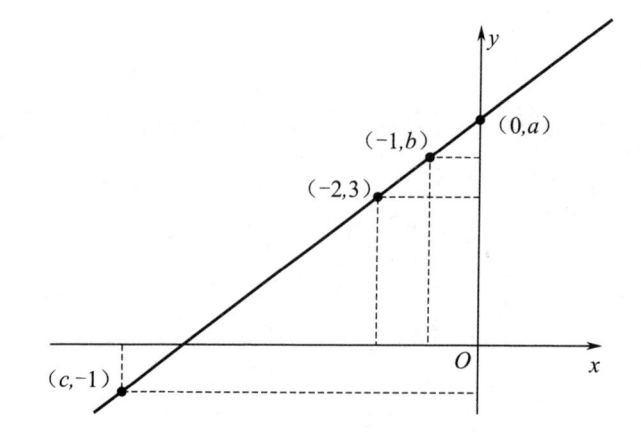

【方法总结】 解这类问题的关键是从数形结合的角度来理解一次函数的图象与性质.

类型2 一次函数图象与几何图形的综合运用

例2 在平面直角坐标系 xOy 中,已知点 $A(0,1)$、$B(1,2)$,点 P 在 x 轴上运动,当点 P 到 A、B 两点距离之差的绝对值最大时,点 P 的坐标是_____.

【分析】 当且仅当 P、A、B 三点共线,即直线 AB 与 x 轴的交点为点 P 时,才符合题目要求,因此利用待定系数法先求出直线 AB 的解析式,再求直线 AB 与 x 轴的交点坐标即可.

【解答】 如右图所示,当动点 P 运动至与 A、B 共线时,点 P 到 A、B 两点距离之差的绝对值最大. 设直线 AB 的解析式为 $y=kx+b$,由题意得 $\begin{cases} b=1 \\ k+b=2 \end{cases}$,解得 $\begin{cases} k=1 \\ b=1 \end{cases}$. 故直线 AB 的解析式为 $y=x+1$. 令 $y=0$,得 $x+1=0$,解得 $x=-1$,因此 $P(-1,0)$ 即为所求.

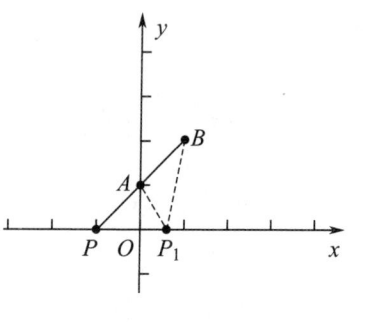

【方法总结】 点 P 到 A、B 两点距离之差的绝对值的最大值实际上就是线段 AB 的长度,当且仅当 P、A、B 三点共线时才能达到. 否则,P、A、

B 三点可构成三角形. 由三角形中任意两边的差小于第三边易知,点 P 到 A、B 两点距离之差的绝对值都小于线段 AB 的长度.

链接中考 真题演练，小试身手

考点1 一次函数的图象性质

例1 对于一次函数 $y=kx+k-1$（$k\neq 0$），下列叙述正确的是（　　）.

A．当 $0<k<1$ 时，函数图象经过第一、第二、第三象限

B．当 $k>0$ 时，y 随 x 的增大而减小

C．当 $k<1$ 时，函数图象一定交 y 轴于负半轴

D．函数图象一定经过点（-1，-2）.

【解析】方法1：用特殊值法否定选项 A、B、D，当 $k=0.5$ 时，$y=kx+k-1=0.5x-0.5$ 的图象过第一、第三、第四象限，所以选项 A 错误；当 $k=0.5$ 时，$y=kx+k-1=0.5x-0.5$，y 随 x 的增大而增大，所以选项 B 错误；当 $x=-1$，$y=kx+k-1=-k+k-1=-1\neq -2$，所以选项 D 错误. 故选 C.

方法2：当 $k<1$ 时，一次函数 $y=kx+k-1$（$k\neq 0$）中的 $k-1$ 小于 0，即一次函数 $y=kx+b$ 中的 $b<0$，所以函数图象一定交 y 轴于负半轴，故选 C.

【点评】用常规方法直接求解比较困难，若根据答案中所提供的信息，选择某些特殊情况进行分析，或选择某些特殊值进行计算，或将字母参数换成具体数值代入可简化计算.

考点2 一次函数的平移

例2 将直线 $y=-x+1$ 向左平移 m（$m>0$）个单位长度后，经过点（1，-3），则 m 的值为（　　）.

【解析】将直线 $y=-x+1$ 向左平移 m（$m>0$）个单位长度后所得直线为 $y=-(x+m)+1$. 将点 $(1,-3)$ 代入，得 $-3=-1+1-m$. 解得 $m=3$. 故答案是 3.

【点评】本题考查的是一次函数的图象与几何变换，熟知"上加下减，左加右减"是解题的关键.

考点3 确定字母的取值范围

例3 如右图所示，直线 l：$y=-\dfrac{2}{3}x-3$ 与直线 $y=a$（a 为常数）的交点在第四象限，则 a 的取值范围可能为（　　）.

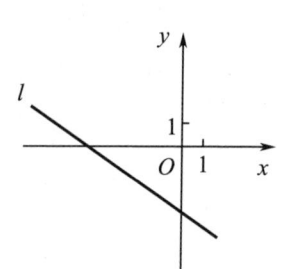

A．$1<a<2$　　　B．$-2<a<0$

C．$-3\leqslant a\leqslant -2$　　D．$-10<a<-4$

【解析】先求直线 l：$y=-\dfrac{2}{3}x-3$ 与直线 $y=a$（a 为常数）的交点坐标，然后由交点坐标的特征确定 a 的取值范围，从而断定 a 可能的所在区域. 把 $y=a$ 代入 $y=-\dfrac{2}{3}x-3$，解得 $x=-\dfrac{9+3a}{2}$，∴直线 l：$y=-\dfrac{2}{3}x-3$ 与直线 $y=a$（a 为常数）的交点坐标为 $\left(-\dfrac{9+3a}{2}, a\right)$. ∵该点在第四象限，∴$-\dfrac{9+3a}{2}>0$ 且 $a<0$，解得 $a<-3$，故选 D.

【点评】不等式的解集反映在函数图象上是对应点的高低，解此类题目一般不用函数的解析式，而应根据不等式的解集找到对应部分的图象，进而确定 x 的取值范围.

拓展训练 再接再厉，提高能力

1．一次函数 $y=(k-3)x+2$ 的函数值 y 随 x 的增大而减小，则 k 的取值范围是（　　）.

  A．$k>0$ B．$k<0$ C．$k>3$ D．$k<3$

  2．A、B两点在一次函数图象上的位置如右图所示，两点的坐标分别为 $A(x+a,y+b)$、$B(x,y)$，下列结论正确的是（　　）.

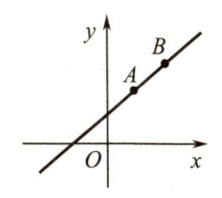

  A．$a>0$ B．$a<0$

  C．$b=0$ D．$ab<0$

  3．把直线 $y=-x-3$ 向上平移 m 个单位长度后，与直线 $y=2x+4$ 的交点在第二象限，则 m 的取值范围是（　　）.

  A．$1<m<7$ B．$3<m<4$ C．$m>1$ D．$m<4$

  4．如下图所示，直线 $y=-\dfrac{3}{2}x+3$ 分别与 x 轴、y 轴交于点 A、B，将 $\triangle OAB$ 绕着点 A 顺时针旋转 $90°$ 得到 $\triangle CAD$，则点 B 的对应点 D 的坐标是（　　）.

  A．$(2,5)$ B．$(3,5)$ C．$(5,2)$ D．$(\sqrt{13},2)$

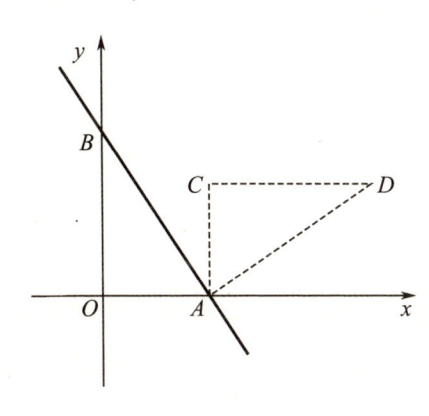

  5．点 $A(-1,y_1)$、$B(3,y_2)$ 是直线 $y=kx+b$（$k<0$）上的两点，则 y_1-y_2 _____ 0（填"$>$"或"$<$"）.

  6．已知一次函数 $y=kx+b$ 的图象经过点 $A(1,-1)$，$B(-1,3)$ 两点，则 k _____ 0（填"$>$"或"$<$"）.

  7．一次函数 $y=(m+2)x+1$，若 y 随 x 的增大而增大，则 m 的取值范围是_____.

8. 如右图所示，直线 $l_1: y = -\dfrac{1}{3}x + 2$ 与 x 轴、y 轴分别交于 A、B 两点，点 D 是线段 AB 上一动点，点 H 是直线 $l_2: y = -\dfrac{4}{3}x + 2$ 上一动点，已知动点 $E(m, 0)$、$F(m+3, 0)$，连接 BE、DF、HD. 当 $BE + DF$ 取最小值时，$3BH + 5DH$ 的最小值是_____.

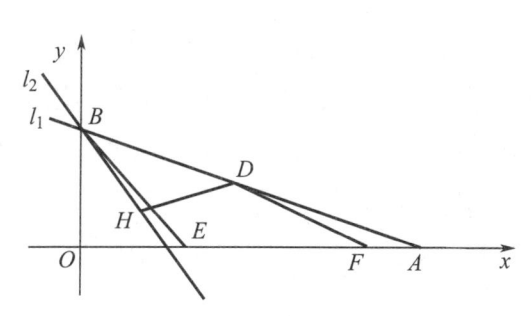

9. 一次函数 $y = ax - a + 1$（a 为常数，且 $a \neq 0$）.

（1）若点 $\left(-\dfrac{1}{2}, 3\right)$ 在一次函数 $y = ax - a + 1$ 的图象上，求 a 的值.

（2）当 $-1 \leq x \leq 2$ 时，函数有最大值 2，请求出 a 的值.

10. 如右图所示，在平面直角坐标系中，点 $A(2, m)$ 在直线 $l_1: y = 2x - \dfrac{5}{2}$ 上，过点 A 的直线 l_2 交 y 轴于点 $B(0, 3)$.

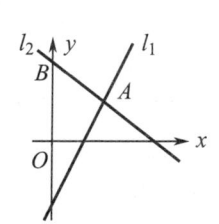

（1）求 m 的值和直线 AB 的函数解析式.

（2）若点 $P(t, y_1)$ 在线段 AB 上，点 $Q(t-1, y_2)$ 在直线 $y = 2x - \dfrac{5}{2}$ 上，求 $y_1 - y_2$ 的最大值.

参 考 答 案

1. D. 2. B. 3. A. 4. C. 5. >. 6. <. 7. $m > -2$. 8. $\dfrac{39}{2}$.

9. （1）把 $\left(-\dfrac{1}{2}, 3\right)$ 代入 $y = ax - a + 1$ 得 $-\dfrac{1}{2}a - a + 1 = 3$，解得 $a = -\dfrac{4}{3}$.

（2）① $a > 0$ 时，y 随 x 的增大而增大，则当 $x = 2$ 时，y 有最大值 2，

把 $y=2$ 代入函数解析式得 $2=2a-a+1$，解得 $a=1$；

② $a<0$ 时，y 随 x 的增大而减小，则当 $x=-1$ 时，y 有最大值 2，把 $x=-1$ 代入函数解析式得 $2=-a-a+1$，解得 $a=-\dfrac{1}{2}$.

所以 $a=-\dfrac{1}{2}$ 或 $a=1$.

10．（1）把点 $A(2,m)$ 代入 $y=2x-\dfrac{5}{2}$，得 $m=\dfrac{3}{2}$.

设直线 AB 的函数解析式为 $y=kx+b$，把 $A\left(2,\dfrac{3}{2}\right)$、$B(0,3)$ 代入，

得 $\begin{cases} 2k+b=\dfrac{3}{2} \\ b=3 \end{cases}$，解得 $\begin{cases} k=-\dfrac{3}{4} \\ b=3 \end{cases}$，

∴直线 AB 的函数解析式为 $y=-\dfrac{3}{4}x+3$.

（2）∵点 $P(t,y_1)$ 在线段 AB 上，

∴$y_1=-\dfrac{3}{4}t+3$（$0\leqslant t\leqslant 2$）.

∵点 $Q(t-1,y_2)$ 在直线 $y=2x-\dfrac{5}{2}$ 上，

∴$y_2=2(t-1)-\dfrac{5}{2}=2t-\dfrac{9}{2}$，

∴$y_1-y_2=-\dfrac{3}{4}t+3-\left(2t-\dfrac{9}{2}\right)=-\dfrac{11}{4}t+\dfrac{15}{2}$.

∵$-\dfrac{11}{4}<0$，∴y_1-y_2 随 t 的增大而减小，

∴当 $t=0$，y_1-y_2 有最大值，为 $\dfrac{15}{2}$.

第5节 一次函数解析式的确定

名师语要 名师点拨，轻松掌握

待定系数法是求解一次函数解析式的常用方法．求一次函数解析式的关键是抓住 k 和 b 的值．求一次函数解析式时，要努力挖掘题中的两个已知条件，列出二元一次方程组，求出 k、b 的值，从而确定一次函数解析式．

知识全解 归纳知识，深刻认识

一、待定系数法求一次函数解析式

先设出函数解析式，再根据条件确定解析式中未知的系数，从而具体写出解析式的方法，叫待定系数法．待定系数法的四个步骤如下．

（1）设：设出一次函数的解析式 $y=kx+b$（$k\neq 0$）．若题中给出函数解析式，只需确定参数 k、b 时，这步可省略．

（2）列：根据已知两点或已知图象上的两个点的坐标列出关于 k、b 的二元一次方程组．

（3）求解：解列出的二元一次方程组，求出 k、b 的值．

（4）还原：将已求得的 k、b 的值代入解析式 $y=kx+b$（$k\neq 0$），从而得到所要求的一次函数解析式．

> **温馨提示**
>
> 待定系数法是求一切函数解析式最重要、最基础的方法,这种方法可以看作二元一次方程组的应用,这是每个学生必须掌握的方法.

二、定义法求一次函数解析式

一般地,用定义法求一次函数解析式时有两种情况.

1. 利用一次函数的定义

一般地,形如 $y=kx+b$(k、b 是常数,$k\neq 0$)的函数叫作一次函数.

2. 利用函数的定义

对有些实际问题或者综合问题,我们可以根据题中的已知条件,找出题中变量的等量关系,然后列出函数解析式后再进行整理.

> **温馨提示**
>
> (1)若 $k=0$,则 $y=b$(b 为常数),这样的函数叫作常量函数,不是一次函数.
>
> (2)一般情况下,一次函数中自变量的取值范围是全体实数,但在实际问题中,自变量的取值范围必须使实际问题有意义.

学法指导 经典例题,点拨方法

类型 1 用待定系数法确定一次函数解析式

例1 在平面直角坐标系中,一条直线经过 $A(-1,5)$,$P(-2,a)$,$B(3,-3)$ 三点.

(1)求 a 的值.

(2)设这条直线与 y 轴相交于点 D,求 $\triangle OPD$ 的面积.

【分析】(1)设一次函数解析式为 $y=kx+b$,将点 A、B 的坐标代入

$y=kx+b$，求出 k、b 的值，然后将点 P 的坐标代入 $y=kx+b$，求出 a 的值.
（2）求出一次函数与 y 轴的交点的坐标，可直接求△OPD 的面积.

【解答】（1）设这条直线的解析式为 $y=kx+b$，把 $A(-1,5)$，$B(3,-3)$ 代入，得

$$\begin{cases}-k+b=5\\3k+b=-3\end{cases}, \text{解得} \begin{cases}k=-2\\b=3\end{cases}.$$

所以这条直线的解析式为 $y=-2x+3$.

把 $P(-2,a)$ 代入 $y=-2x+3$，得 $a=7$.

（2）由（1）得点 P 的坐标为 $(-2,7)$.

令 $x=0$，则 $y=-2\times 0+3=3$，

所以这条直线与 y 轴的交点 D 的坐标为 $(0,3)$，

所以△OPD 的面积为 $\frac{1}{2}\times 3\times 2=3$.

【方法总结】在求一次函数解析式时，往往先设一次函数的解析式为 $y=kx+b$，再将一次函数图象上的点代入 $y=kx+b$，得到关于 k 和 b 的二元一次方程组，求解 k 和 b 的值.

类型2 依据实际问题情境确定一次函数解析式

例2 经验表明，树在一定的成长阶段，其胸径（树的主干在地面以上 1.3m 处的直径）越大，树就越高. 通过对某种树进行测量研究，发现这种树的树高 y(m) 是其胸径 x(m) 的一次函数. 已知这种树的胸径为 0.2m 时，树高为 20m；这种树的胸径为 0.28m 时，树高为 22m.

（1）求 y 与 x 之间的函数解析式.

（2）当这种树的胸径为 0.3m 时，树高是多少？

【解答】（1）设 $y=kx+b$（$k\neq 0$），

根据题意得 $\begin{cases}0.2k+b=20\\0.28k+b=22\end{cases}$，解得 $\begin{cases}k=25\\b=15\end{cases}$，

∴ $y=25x+15$.

（2）当 $x=0.3$ 时，$y=25×0.3+15=22.5$.

∴ 当这种树的胸径为 0.3m 时，树高为 22.5m.

【方法总结】此题考查一次函数的实际运用，掌握待定系数法求函数解析式的方法与步骤是解决问题的关键.

链接中考 真题演练，小试身手

考点1 确定正比例函数解析式

例1 已知正比例函数 $y=kx$ 的图象经过点（1，-2），则正比例函数的解析式为（　　）．

A．$y=2x$　　B．$y=-2x$　　C．$y=\dfrac{1}{2}x$　　D．$y=-\dfrac{1}{2}x$

【解析】把点的坐标（1，-2）代入正比例函数解析式 $y=kx$，得 $k=-2$，所以解析式为 $y=-2x$，故选 B．

【点评】可以用待定系数法解答，也可以把已知点的坐标代入各个选项，用代入验证法解答．

考点2 依据图象求一次函数解析式

例2 一辆汽车在行驶过程中，其行驶路程 y（km）与行驶时间 x（h）之间的函数关系如右图所示．当 $0 \leqslant x \leqslant 0.5$ 时，y 与 x 之间的函数解析式为 $y=60x$；当 $0.5 \leqslant x \leqslant 2$ 时，y 与 x 之间的函数解析式为_____．

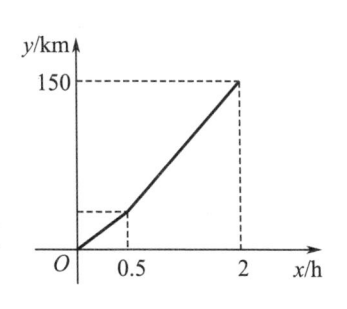

【解析】先把 $x=0.5$ 代入 $y=60x$，得 $y=60×0.5=30$．

设当 $0.5 \leqslant x \leqslant 2$ 时，y 与 x 之间的函数解析式为 $y=kx+b$（$k \neq 0$），

把 (0.5, 30),(2, 150) 代入,得

$\begin{cases} 0.5x+b=30 \\ 2x+b=150 \end{cases}$,解得 $\begin{cases} k=80 \\ b=-10 \end{cases}$,

∴ y 与 x 之间的函数解析式为 $y=80x-10(0.5 \leqslant x \leqslant 2)$,

故答案为 $y=80x-10$.

【点评】本题考查函数的图象,熟练掌握用待定系数法求一次函数解析式是解题的关键.

考点3 依据平移求函数解析式

例3 已知正比例函数的图象过点 (1,-2).

(1) 求此正比例函数的解析式.

(2) 若一次函数的图象是由 (1) 中的正比例函数的图象平移得到的,且经过点 (1,2),求此一次函数的解析式.

【解析】(1) 设正比例函数的解析式为 $y=ax$,

把 (1,-2) 代入,得 $-2=a$,

解得 $a=-2$,

故所求解析式为 $y=-2x$.

(2) 设一次函数的解析式为 $y=kx+b$,

依题意有 $\begin{cases} k=-2 \\ k+b=2 \end{cases}$,

解得 $\begin{cases} k=-2 \\ b=4 \end{cases}$.

故所求解析式为 $y=-2x+4$.

【点评】依据平移确定函数解析式时,要理解函数平移的规律——一次函数 $y=kx+b$ 的图象为直线,该直线平移时 k 不变,若向上平移 m 个单位长度,则平移后直线的解析式为 $y=kx+b+m$.

拓展训练 再接再厉，提高能力

1. 在平面直角坐标系中，将正比例函数 $y=-2x$ 的图象向右平移 3 个单位长度，得到一次函数 $y=kx+b$（$k\neq 0$）的图象，则该一次函数的解析式为（　　）.

  A．$y=-2x+3$ B．$y=-2x+6$

  C．$y=-2x-3$ D．$y=-2x-6$

2. 某油箱容量为 60L 的汽车，加满汽油后行驶了 100km 时，油箱中的汽油大约消耗了 $\dfrac{1}{5}$．如果加满汽油后汽车行驶的路程为 $x$km，油箱中剩余的汽油为 yL，则 y 与 x 之间的函数解析式和自变量的取值范围分别是（　　）．

  A．$y=0.12x$，$x>0$ B．$y=60-0.12x$，$x>0$

  C．$y=0.12x$，$0\leq x\leq 500$ D．$y=60-0.12x$，$0\leq x\leq 500$

3. 如右图所示，若点 P（$-2,4$）关于 y 轴的对称点在一次函数 $y=x+b$ 的图象上，则 b 的值为（　　）．

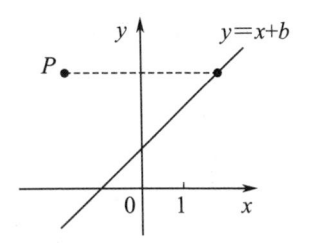

  A．-2 B．2

  C．-6 D．6

4. 8 个边长为 l 的正方形如下图所示摆放在平面直角坐标系中，经过原点的一条直线 l 将这 8 个正方形分成面积相等的两部分，则该直线 l 的解析式为（　　）．

  A．$y=-x$ B．$y=-\dfrac{3}{4}x$

  C．$y=-\dfrac{3}{5}x$ D．$y=-\dfrac{9}{10}x$

5. 某地区为了进一步缓解交通拥堵问题，决定修建一条长为 6km 的公路,如果平均每天的修建费 y(万元)与修建天数 x(天)之间在 $30 \leqslant x \leqslant 120$ 范围内具有一次函数的关系,如下表所示.

x	50	60	90	120
y	40	38	32	26

则 y 关于 x 的函数解析式为_____.(写出自变量的取值范围)

6. 若一次函数 $y=kx+b$ 与函数 $y=\dfrac{1}{2}x+1$ 的图象关于 x 轴对称,且交点在 x 轴上,则这个函数的解析式为_____.

7. 在"探索一次函数 $y=kx+b$ 的系数 k,b 与图象的关系"活动中,老师给出了平面直角坐标系中的三个点:$A(0,2)$,$B(2,3)$,$C(3,1)$.同学们画出了经过这三个点中每两个点的一次函数的图象,并得到对应的函数解析式 $y_1=k_1x+b_1$,$y_2=k_2x+b_2$,$y_3=k_3x+b_3$.分别计算 k_1+b_1,k_2+b_2,k_3+b_3 的值,其中最大的值等于_____.

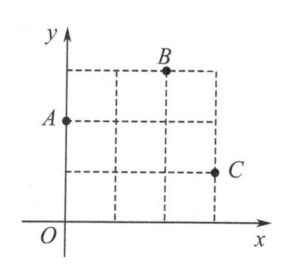

8. 某食用油的沸点温度远高于水的沸点温度.小聪想用刻度不超过100℃的温度计测算出这种食用油的沸点温度.在老师的指导下,他在锅中倒入一些这种食用油,均匀加热,并每隔10s测量一次油温,得到的数据记录如下:

时间 t/s	0	10	20	30	40
油温 y/℃	10	30	50	70	90

(1)小聪在平面直角坐标系中描出了表中数据对应的点.经老师介绍,在这种食用油达到沸点前,锅中油温 y(单位:℃)与加热的时间 t(单位:s)符合初中学习过的某种函数关系,填空:

可能是_____函数关系(请选填"正比例""一次""二次""反比例").

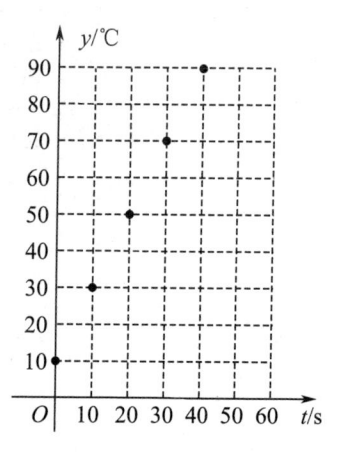

(2)根据以上判断,求 y 关于 t 的函数解析式.

(3)当加热110s时,油沸腾了,请推算该油的沸点温度.

9. 如右图所示,直线 l 上有一点 P_1(2,1),将点 P_1 先向右平移 1 个单位长度,再向上平移 2 个单位长度得到点 P_2,点 P_2 恰好在直线 l 上.

(1)写出点 P_2 的坐标.

(2)求直线 l 所表示的一次函数的解析式.

(3)若将点 P_2 先向右平移 3 个单位长度,再向上平移 6 个单位长度得到点 P_3,请判断点 P_3 是否在直线 l 上,并说明理由.

10. 在平面直角坐标系中,设计了点的两种移动方式:从点 (x,y) 移动到点 $(x+2,y+1)$ 称为一次甲方式;从点 (x,y) 移动到点 $(x+1,y+2)$ 称为一次乙方式.

例:点 P 从原点 O 出发连续移动 2 次:若都按甲方式移动,最终移动到点 M(4,2);若都按乙方式移动,最终移动到点 N(2,4);若按 1 次甲方式和 1 次乙方式移动,最终移动到点 E(3,3).

(1)设直线 l_1 经过上例中的点 M、N,求 l_1 的解析式,并直接写出将 l_1 向上平移 9 个单位长度后得到的直线 l_2 的解析式.

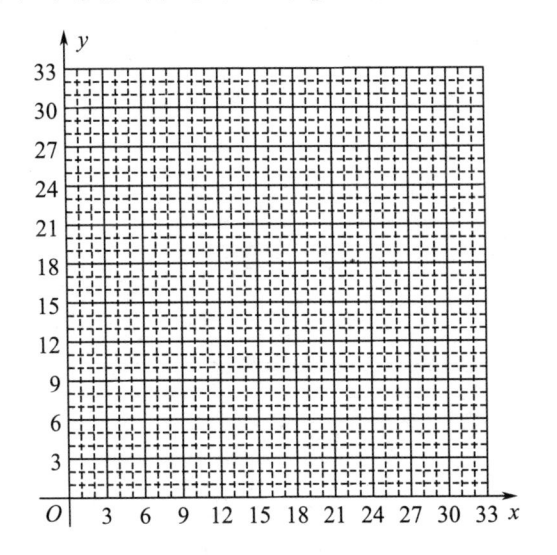

(2)点 P 从原点 O 出发连续移动 10 次,每次按甲方式或乙方式移动,

最终移动到点 $Q(x,y)$. 其中，按甲方式移动了 m 次.

①用含 m 的式子分别表示 x，y；

②请说明：无论 m 怎样变化，点 Q 都在一条确定的直线上. 设这条直线为 l_3，在图中直接画出 l_3 的图象.

(3) 在（1）和（2）中的直线 l_1，l_2，l_3 上分别有一动点 A，B，C，它们的横坐标依次为 a，b，c，若 A，B，C 三点始终在一条直线上，直接写出此时 a，b，c 之间的关系式.

参 考 答 案

1. B. 2. D. 3. B. 4. D. 5. $y=-\dfrac{1}{5}x+50$（$30\leqslant x\leqslant 120$）.

6. $y=-\dfrac{1}{2}x-1$. 7. 5.

8. (1) 一次.

(2) 设锅中油温 y 与加热的时间 t 的函数解析式为 $y=kt+b$（$k\neq 0$），将点 $(0,10)$，$(10,30)$ 代入，得 $\begin{cases}b=10\\10k+b=30\end{cases}$，

解得 $\begin{cases}k=2\\b=10\end{cases}$，$\therefore y=2t+10$.

(3) 当 $t=110$ 时，$y=2\times 110+10=230$，

$\therefore$ 经过推算，该油的沸点温度是 230℃.

9. (1) $P_2(3,3)$.

(2) 设直线 l 所表示的一次函数的解析式为 $y=kx+b$，

$\because$ 点 $P_1(2,1)$，$P_2(3,3)$ 在直线 l 上，

$\therefore \begin{cases}2k+b=1\\3k+b=3\end{cases}$，解得 $\begin{cases}k=2\\b=-3\end{cases}$.

$\therefore$ 直线 l 所表示的一次函数的解析式为 $y=2x-3$.

（3）点 P_3 在直线 l 上.

理由：由题意知点 P_3 的坐标为（6,9），$\because 2\times 6-3=9$，$\therefore$ 点 P_3 在直线 l 上．

10.（1）设 l_1 的解析式为 $y=kx+b$（$k\neq 0$），

由题意可得 $\begin{cases} 4k+b=2 \\ 2k+b=4 \end{cases}$，解得 $\begin{cases} k=-1 \\ b=6 \end{cases}$，$\therefore l_1$ 的解析式为 $y=-x+6$.

将 l_1 向上平移 9 个单位长度后得到的直线 l_2 的解析式为 $y=-x+15$.

（2）①$\because$ 点 P 按照甲方式移动了 m 次，点 P 从原点 O 出发连续移动 10 次，

$\therefore$ 点 P 按照乙方式移动了（$10-m$）次，$\therefore$ 点 P 按照甲方式移动 m 次后得到的点的坐标为（$2m,m$），$\therefore$ 点（$2m,m$）按照乙方式移动（$10-m$）次后得到的点的横坐标为 $2m+10-m=m+10$，纵坐标为 $m+2(10-m)=20-m$，$\therefore x=m+10$，$y=20-m$；

②$\because x+y=m+10+20-m=30$，$\therefore$ 直线 l_3 的解析式为 $y=-x+30$.

函数图象如下图所示：

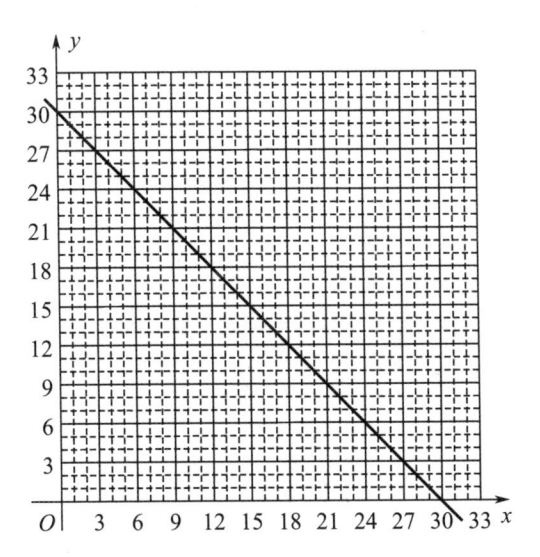

（3）$\because$ 点 A，B，C 的横坐标依次为 a，b，c.

$\therefore$ 点 A（$a,-a+6$），点 B（$b,-b+15$），点 C（$c,-c+30$）.

① 当 $a \neq b \neq c$，$-a+6 \neq -b+15 \neq -c+30$ 时，设直线 AB 的解析式为 $y=px+q$，

由题意可得 $\begin{cases} pa+q=-a+6 \\ pb+q=-b+15 \end{cases}$，解得 $\begin{cases} p=-1+\dfrac{9}{b-a} \\ q=6-\dfrac{9a}{b-a} \end{cases}$，

∴直线 AB 的解析式为 $y=\left(-1+\dfrac{9}{b-a}\right)x+6-\dfrac{9a}{b-a}$.

∵点 A，B，C 三点始终在一条直线上，

∴$c\left(-1+\dfrac{9}{b-a}\right)+6-\dfrac{9a}{b-a}=-c+30$，∴$5a+3c=8b$；

② 当 $a=b=c$ 时，则点 A，B，C 共线；

③ 当 $-a+6=-b+15=-c+30$ 时，$-2a+b+c=33$.

∴a，b，c 之间的关系式为 $5a+3c=8b$、$a=b=c$ 或 $-2a+b+c=33$.

一次函数与方程（组）、不等式

第 6 节

名师语要 名师点拨，轻松掌握

方程（组）、不等式、函数是初中数学中数与代数部分的三大骨架，一次函数与不等式、方程（组）有密切的联系，借助数形结合的数学思想，依据一次函数图象的特征可以直接确定方程（组）的解和不等式的解集，体现了函数图象的简洁美．

知识全解 归纳知识，深刻认识

一、一次函数与一元一次方程

因为任何一个一元一次方程都可以转化为 $ax+b=0$（a、b 为常数，且 $a\neq 0$）的形式，所以解一元一次方程可以转化为求一次函数 $y=ax+b$（$a\neq 0$）中，函数值为 0 时所对应的自变量 x 的值，即求一次函数 $y=ax+b$（$a\neq 0$）的图象与 x 轴的交点的横坐标．

温馨提示

从形的角度看，求一元一次方程的解的实质就是求一次函数图象与 x 轴的交点，若有的题目不要求求出函数解析式则可以通过观察函数图象直接求解．

二、一次函数与一元一次不等式

因为任何一元一次不等式都可以转化为 $ax+b>0$ 或 $ax+b<0$（a、b 为常数，且 $a\neq 0$）的形式，所以解一元一次不等式可以转化为求一次函数 $y=ax+b$（$a\neq 0$）的图象在 x 轴上方（或下方）时所对应的自变量 x 的取值范围.

温馨提示

利用一次函数的图象解一元一次不等式时，有的题目不要求求出函数解析式，一般可以通过观察在某特定点的函数图象（如一次函数图象与 x 轴的交点、两个函数图象的交点），找到对应的函数图象的上下位置关系，对于同一个 x 值来说，位置居上的数值大于位置居下的数值.

三、一次函数与二元一次方程组

一般地，每个二元一次方程组都对应着两个一次函数，于是也就对应着两个一次函数的图象（两条直线）. 二元一次方程组的解就是对应的两个一次函数图象的交点的坐标. 反过来，两个一次函数图象的交点的坐标也就是对应的二元一次方程组的解.

温馨提示

求两个一次函数图象的交点的坐标就是把两个函数解析式联立构成方程组，解方程组得到的 x 的值即为交点的横坐标，y 的值为交点的纵坐标. 若方程组无解，则说明两个函数图象无交点；若有一解，则说明两个函数图象有一个交点.

学法指导 经典例题，点拨方法

类型 1 利用一次函数图象确定取值范围

例1 如右图所示，直线 $y=-x+m$ 与 $y=nx+4n$（$n\neq 0$）的交点的横坐标为 -2，则关于 x 的不等式 $-x+m>nx+4n>0$ 的整数解为（　　）.

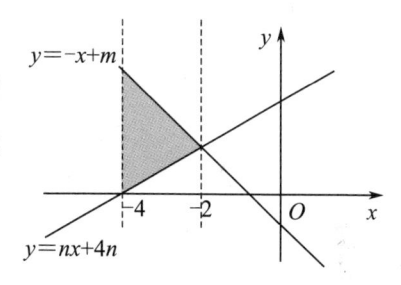

A．-1　　　　B．-5

C．-4　　　　D．-3

【分析】 满足不等式 $-x+m>nx+4n>0$ 就是直线 $y=-x+m$ 位于直线 $y=nx+4n$ 上方且位于 x 轴上方的图象，据此求得自变量的取值范围即可.

【解答】 ∵当 $y=nx+4n=0$（$n\neq 0$）时，$x=-4$，∴直线 $y=nx+4n$ 与 x 轴的交点是 $(-4,0)$. 当 $-x+m>nx+4n>0$ 时，直线 $y=-x+m$ 上的点高于对应的直线 $y=nx+4n$ 上的点，直线 $y=nx+4n$ 上的点高于对应的 x 轴上的点，∵直线 $y=-x+m$ 与 $y=nx+4n$（$n\neq 0$）的交点的横坐标为 -2，∴对应图象应居于直线 $x=-4$ 与 $x=-2$ 之间，∴关于 x 的不等式 $-x+m>nx+4n>0$ 的解集为 $-4<x<-2$，∴关于 x 的不等式 $-x+m>nx+4n>0$ 的整数解为 -3，故选 D.

【方法总结】 解答这类问题时一般不需要求函数解析式，而应根据不等式找到对应的部分图象，进而确定 x 的取值范围，这就是数形结合思想的具体运用.

类型 2 利用一次函数模型解决方案设计问题

例2 某游泳池普通票价为 20 元/张，暑假为了促销，新推出两种优惠卡：

① 金卡售价为 600 元/张，每次凭卡不再收费；

② 银卡售价为 150 元/张，每次凭卡另收 10 元．

暑假普通票正常销售，两种优惠卡仅限暑假使用，不限次数．设游泳 x 次时，所需总费用为 y 元．

（1）分别写出选择银卡、普通票消费时，y 与 x 之间的函数解析式．

（2）在同一平面直角坐标系中，若 3 种消费方式对应的函数图象如下图所示，请求出点 A、B、C 的坐标．

（3）请根据函数图象，直接写出选择哪种消费方式更合算．

【分析】（1）根据题目中的数量关系直接列出函数解析式．（2）解方程（组）求出 A、B、C 三点的坐标．（3）通过数形结合思想将 x 的取值范围分成 3 段，选择最合算的消费方式．

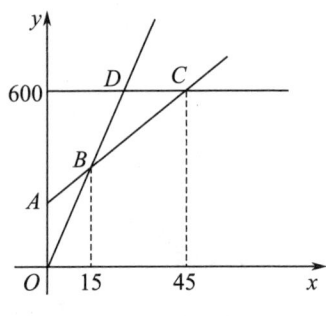

【解答】（1）选择银卡消费时 $y=10x+150$；选择普通票消费时 $y=20x$．

（2）令解析式 $y=10x+150$ 中的 $x=0$，得 A 点坐标（0,150）．

联立解析式 $\begin{cases} y=20x \\ y=10x+150 \end{cases}$，得 $\begin{cases} x=15 \\ y=300 \end{cases}$，$\therefore B$（15,300）．

令解析式 $y=10x+150$ 中的 $y=600$，解得 $x=45$，$\therefore C$（45,600）．

（3）根据图象可知当 $0 \leq x < 15$ 时，选择普通票消费合算；

当 $x=15$ 时，选择银卡和普通票消费一样；

当 $15 < x < 45$ 时，选择银卡消费合算；

当 $x=45$ 时，选择金卡和银卡消费一样；

当 $x > 45$ 时，选择金卡消费合算．

【方法总结】利用一次函数求最佳方案的关键是先读懂题意，再找到关键描述语，最后找到所求的量的不等量关系．

一次函数与方程（组）、不等式 第6节

链接中考 真题演练，小试身手

考点1 一次函数与方程的关系

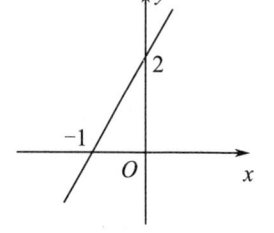

例1 一次函数 $y=kx+b$ 的图象如右图所示，则方程 $kx+b=0$ 的解为（　　）.

　　A．$x=2$　　　　　　　　B．$y=2$
　　C．$x=-1$　　　　　　　D．$y=-1$

【解析】∵一次函数 $y=kx+b$ 的图象与 x 轴的交点为 $(-1,0)$，

∴当 $kx+b=0$ 时，$x=-1$.

故选 C.

【点评】解答这类问题的关键是能根据数形结合思想、函数图象与 x 轴的交点进行解答.

考点2 一次函数与不等式的关系

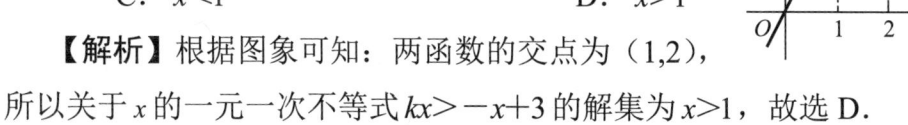

例2 根据右图所示图象，可得关于 x 的不等式 $kx>-x+3$ 的解集是（　　）.

　　A．$x<2$　　　　　　　　B．$x>2$
　　C．$x<1$　　　　　　　　D．$x>1$

【解析】根据图象可知：两函数的交点为 $(1,2)$，所以关于 x 的一元一次不等式 $kx>-x+3$ 的解集为 $x>1$，故选 D.

【点评】求解此类问题时，一是要明确一次函数与一元一次不等式的关系；二是要发挥数形结合的作用.

考点3 一次函数与方程组的关系

例3 在同一平面直角坐标系中，直线 $y=-x+4$ 与 $y=2x+m$ 相交于点

$P(3,n)$，则关于 x，y 的方程组 $\begin{cases} x+y-4=0 \\ 2x-y+m=0 \end{cases}$ 的解为（　　）．

A. $\begin{cases} x=-1 \\ y=5 \end{cases}$ 　　B. $\begin{cases} x=3 \\ y=1 \end{cases}$ 　　C. $\begin{cases} x=1 \\ y=3 \end{cases}$ 　　D. $\begin{cases} x=9 \\ y=-5 \end{cases}$

【解析】将点 $P(3,n)$ 代入 $y=-x+4$，得 $n=-3+4=1$，∴ $P(3,1)$，∴ 原方程组的解为 $\begin{cases} x=3 \\ y=1 \end{cases}$，故选 B．

【点评】要求两个一次函数图象的交点坐标，即求以这两个一次函数组成的二元一次方程组的解．

拓展训练 再接再厉，提高能力

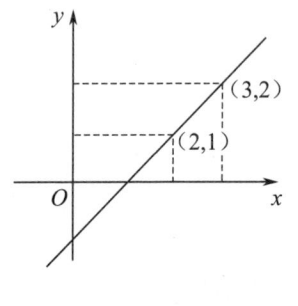

1. 右图是一次函数 $y=kx+b$ 的图象，当 $y<2$ 时，x 的取值范围是（　　）．

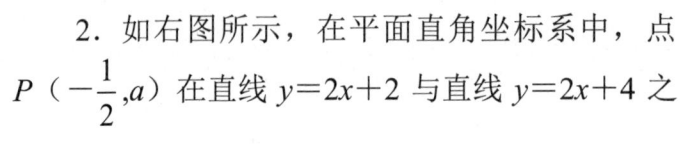

   A. $x<1$ 　　　　　　　　B. $x>1$
   C. $x<3$ 　　　　　　　　D. $x>3$

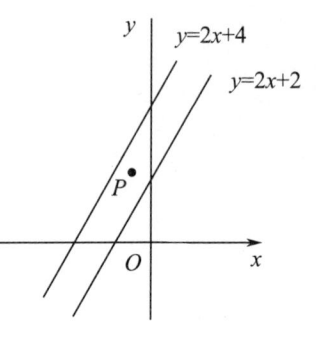

2. 如右图所示，在平面直角坐标系中，点 $P\left(-\dfrac{1}{2},a\right)$ 在直线 $y=2x+2$ 与直线 $y=2x+4$ 之间，则 a 的取值范围是（　　）．

   A. $2<a<4$ 　　B. $1<a<3$
   C. $1<a<2$ 　　D. $0<a<2$

3. 如下图所示，函数 $y=2x$ 和 $y=ax+4$ 的图象相交于点 $A(m,3)$，则不等式 $2x<ax+4$ 的解集为（　　）．

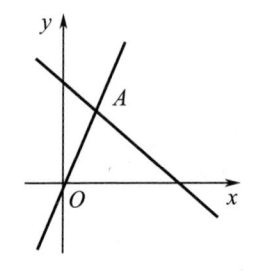

   A. $x<\dfrac{3}{2}$ 　　　　　　B. $x<3$
   C. $x=\dfrac{3}{2}$ 　　　　　　D. $x>3$

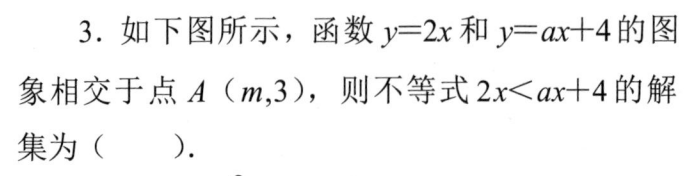

4. 在同一平面直角坐标系中，一次函数 $y_1=ax+b$ ($a\neq 0$) 与 $y_2=mx+n$ ($m\neq 0$) 的图象如右图所示，则下列结论错误的是（　　）.

　　A. y_1 随 x 的增大而增大

　　B. $b<n$

　　C. 当 $x<2$ 时，$y_1>y_2$

　　D. 关于 x，y 的方程组 $\begin{cases}ax-y=-b\\mx-y=-n\end{cases}$ 的解为 $\begin{cases}x=2\\y=3\end{cases}$.

5. 如下图所示，直线 $y=kx+b$ ($k\neq 0$) 过 $A(-1,2)$、$B(-2,0)$ 两点，则 $0\leqslant kx+b\leqslant -2x$ 的解集为_____.

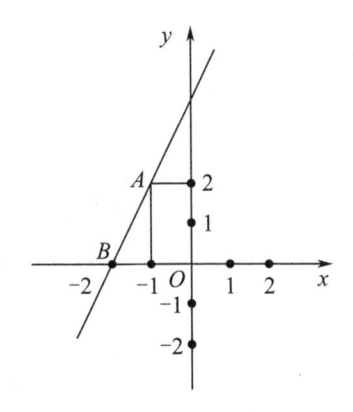

6. 如下图所示，已知点 $A(-2,3)$，$B(2,1)$，直线 l：$y=kx+k$ 经过点 $P(-1,0)$. 试探究：直线 l 与线段 AB 有交点时 k 的变化情况，猜想 k 的取值范围是_____.

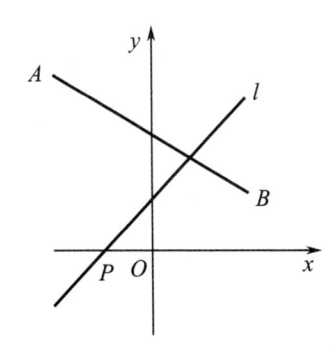

7. 如下图所示，函数 $y_1=|x|$ 和 $y_2=\dfrac{1}{3}x+\dfrac{4}{3}$ 的图象相交于 $(-1,1)$、$(2,2)$ 两点．当 $y_1>y_2$ 时，x 的取值范围是_____．

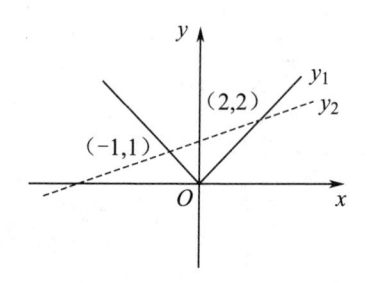

8. 如下图所示，直线 $y=kx-6$ 经过点 $A(4,0)$，且与直线 $y=-3x+3$ 交于点 C．

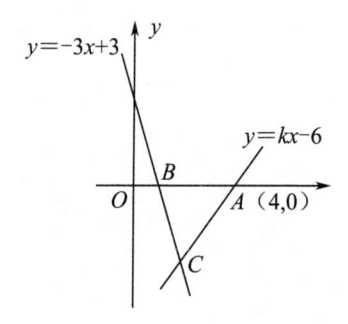

（1）求 k 的值及 C 点的坐标．

（2）直接写出不等式 $kx-6>-3x+3$ 的解集．

9. 如右图所示，一次函数 $y=kx+b$（k、b 为常数，$k\neq 0$）的图象与反比例函数 $y=\dfrac{m}{x}$（m 为常数，$m\neq 0$）的图象在第二象限交于点 $A(-4,3)$，与 y 轴的负半轴交于点 B，且 $OA=OB$．

（1）求反比例函数和一次函数的解析式．

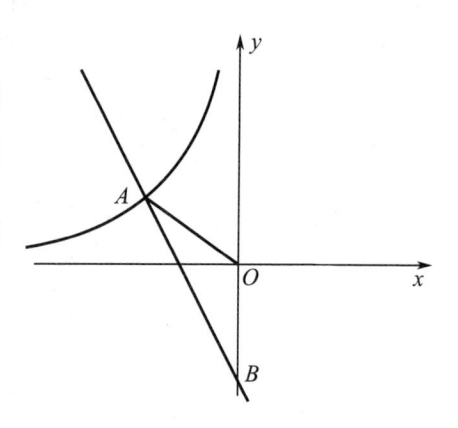

(2)根据图象直接写出：当$x<0$时，不等式$kx+b \leqslant \dfrac{m}{x}$的解集．

10．如右图所示，请根据图象所提供的信息解答下列问题：

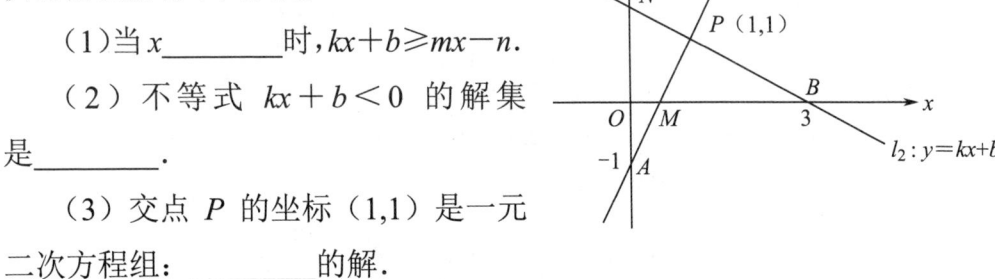

（1）当x_____时，$kx+b \geqslant mx-n$．

（2）不等式$kx+b<0$的解集是_____．

（3）交点P的坐标（1,1）是一元二次方程组：_____的解．

（4）若直线l_1分别交x轴、y轴于点M、A，直线l_2分别交x轴、y轴于点B、N，求点M的坐标和四边形$OMPN$的面积．

参 考 答 案

1．C． 2．B． 3．A． 4．C． 5．$-2 \leqslant x \leqslant -1$． 6．$k \leqslant -3$或$k \geqslant \dfrac{1}{3}$．

7．$x<-1$或$x>2$．

8．（1）∵直线$y=kx-6$经过点A（4,0），

∴$4k-6=0$，即$k=\dfrac{3}{2}$．

由于两直线交于点C，则有$\begin{cases} y=\dfrac{3}{2}x-6 \\ y=-3x+3 \end{cases}$，解得$\begin{cases} x=2 \\ y=-3 \end{cases}$．

∴点C的坐标为（2，-3）．

（2）由图象可得出：不等式$kx-6>-3x+3$的解集是$x>2$．

9．（1）把点$A(-4,3)$代入函数$y=\dfrac{m}{x}$得$m=-4 \times 3=-12$，

∴反比例函数的解析式为$y=-\dfrac{12}{x}$，∴$OA=\sqrt{(-4)^2+3^2}=5$．

∵ $OA=OB$，∴ $OB=5$，∴ 点 B 的坐标为 $(0,-5)$，

把 $B(0,-5)$，$A(-4,3)$ 代入 $y=kx+b$，得 $\begin{cases} b=-5 \\ -4k+b=3 \end{cases}$，解得 $\begin{cases} k=-2 \\ b=-5 \end{cases}$，

∴ 一次函数的解析式为 $y=-2x-5$．

（2）当 $x<0$ 时，不等式 $kx+b \leqslant \dfrac{m}{x}$ 的解集为 $-4 \leqslant x<0$．

10．（1）当 $x \leqslant 1$ 时，$kx+b \geqslant mx-n$．

（2）不等式 $kx+b<0$ 的解集为 $x>3$．

（3）交点 P 的坐标 $(1,1)$ 是一元二次方程组 $\begin{cases} y=mx-n \\ y=kx+b \end{cases}$ 的解．

（4）把 $A(0,-1)$、$P(1,1)$ 分别代入 $y=mx-n$，得 $\begin{cases} -n=-1 \\ m-n=1 \end{cases}$，

解得 $\begin{cases} m=2 \\ n=1 \end{cases}$，所以直线 l_1 的解析式为 $y=2x-1$．

当 $y=0$ 时，$2x-1=0$，解得 $x=\dfrac{1}{2}$，所以 M 点的坐标为 $\left(\dfrac{1}{2},0\right)$．

把 $P(1,1)$、$B(3,0)$ 分别代入 $y=kx+b$，得 $\begin{cases} k+b=1 \\ 3k+b=0 \end{cases}$，解得 $\begin{cases} k=-\dfrac{1}{2} \\ b=\dfrac{3}{2} \end{cases}$，

所以直线 l_2 的解析式为 $y=-\dfrac{1}{2}x+\dfrac{3}{2}$．

当 $x=0$ 时，$y=-\dfrac{1}{2}x+\dfrac{3}{2}=\dfrac{3}{2}$，则 N 点的坐标为 $\left(0,\dfrac{3}{2}\right)$，

所以四边形 $OMPN$ 的面积 $=S_{\triangle ONB}-S_{\triangle PMB}=\dfrac{1}{2}\times 3\times\dfrac{3}{2}-\dfrac{1}{2}\times\left(3-\dfrac{1}{2}\right)\times 1=1$．

第 7 节 一次函数的情境应用

名师语要 名师点拨，轻松掌握

一次函数的应用是中考的重要考点，也是生产生活中常用的函数模型之一．一次函数的应用主要体现在两个方面：一是实际生活应用；二是与几何图形的综合应用．解答一次函数的情境应用问题的关键是建立一次函数模型，运用一次函数图象及性质求解．

知识全解 归纳知识，深刻认识

一、一次函数的实际应用

确定实际问题中的一次函数解析式，要将实际问题转化为数学问题．首先，要分清哪个是变量，哪个是常量，哪个是自变量，哪个是函数；其次，建立函数与自变量之间的关系，这与求公式的方法完全一样，不同的是建立函数关系时要确定自变量的取值范围．

温馨提示

要解决与函数相关的实际问题，关键是从图象中获得解题信息，这是数形结合思想的具体体现，识图的关键是弄清图象上的点的意义．

二、一次函数与几何图形的综合应用

解答一次函数与几何图形的综合问题时,主要有 3 个步骤:首先,要熟练掌握一次函数与几何图形的知识,并能加以理解和应用;其次,能在平面直角坐标系中利用数形结合的思想,把它转化为一次函数的图象性质问题;最后,借助画图、识图来求解.

温馨提示

解决与函数相关的几何问题,要善于抓住题目中图形的特殊点(如交点、线段的端点等),运用数形结合、分类讨论的思想建立函数模型,利用一次函数的性质求解.

学法指导 经典例题,点拨方法

类型 1 一次函数中的分段函数问题

例1 某移动公司推出 A、B 两种电话计费方式.

计费方式	月使用费/元	主叫限定时间/min	主叫超时费/(元/min)	被叫
A	78	200	0.25	免费
B	108	500	0.19	免费

(1)设一个月内用移动电话主叫时间为 t min,根据上表,分别写出在不同时间范围内,方式 A、方式 B 的计费金额 y_1、y_2 关于 t 的函数解析式.

(2)若你预计每月主叫时间为 350min,你将选择 A、B 哪种计费方式?并说明选择理由.

(3)请你根据月主叫时间 t 的不同范围,直接写出最省钱的计费方式.

【分析】(1)设方式 A 的计费金额为 y_1(元),方式 B 的计费金额为 y_2(元),根据表格即可得出 y_1 和 y_2 的函数解析式.

（2）将 $t=350$ 分别代入（1）中求得的函数解析式，再比较大小即可得到结果.

（3）令 $y_1=108$，求出此时的 t 值，再以此分析即可求解.

【解答】（1）设方式 A 的计费金额为 y_1（元），方式 B 的计费金额为 y_2（元）.

根据表格数据可知，当 $0 \leqslant t \leqslant 200$ 时，$y_1=78$；当 $t>200$ 时，$y_1=78+0.25(t-200)=0.25t+28$；

当 $0 \leqslant t \leqslant 500$ 时，$y_2=108$；当 $t>500$ 时，$y_2=108+0.19(t-500)=0.19t+13$.

综上所述，$y_1=\begin{cases} 78, & 0 \leqslant t \leqslant 200 \\ 0.25t+28, & t>200 \end{cases}$，$y_2=\begin{cases} 108, & 0 \leqslant t \leqslant 500 \\ 0.19t+13, & t>500 \end{cases}$.

（2）选择方式 B 计费，理由如下：

当每月主叫时间为 350min 时，

$y_1=0.25 \times 350+28=115.5$，$y_2=108$，

$\because 115.5>108$，$\therefore$ 选择方式 B 计费.

（3）令 $y_1=108$，得 $0.25t+28=108$，解得 $t=320$，

$\therefore$ 当 $0 \leqslant t<320$ 时，$y_1<108<y_2$，

即当 $0 \leqslant t<320$ 时，方式 A 更省钱；

当 $t=320$，方式 A 和方式 B 的付费金额相同；

当 $t>320$，方式 B 更省钱.

【方法总结】分段函数是在不同区间有不同对应方式的函数，要特别注意自变量取值范围的划分，既要科学合理，又要符合实际. 利用分段函数模型解决最优化问题，其本质就是在不同的取值范围内利用不同的解析式解决问题.

类型 2　一次函数中的动态几何问题

例 2　在平面直角坐标系中，O 为原点，已知直线 l：$x=1$，点 $A(2,0)$，

点 E、F、M 都在直线 l 上,且点 E 和点 F 关于点 M 对称,直线 EA 与直线 OF 交于点 P.

(1) 若点 M 的坐标为 $(1,-1)$,

① 当点 F 的坐标为 $(1,1)$ 时,如右图所示,求点 P 的坐标;

② 当点 F 为直线 l 上的动点时,记点 $P(x,y)$,求 y 关于 x 的函数解析式.

(2) 若已知点 $M(1,m)$、$F(1,t)$,其中 $t \neq 0$. 过点 P 作 $PQ \perp l$ 于点 Q(见下图),当 $OQ=PQ$ 时,试用含 t 的式子表示 m.

【分析】(1) ① 利用点 F 和点 M 的坐标求出点 E 的坐标,然后利用待定系数法求出直线 OP 和 EP 的函数解析式,联立方程组求交点 P 的坐标;② 设 F 的坐标为 $(1,t)$,同①的解法,求出点 P 的坐标(用含有 t 的代数式表示),最后消去 t,即可得到 y 与 x 的函数解析式.(2) 同(1) 的解法,将点 P 的坐标用含有字母 m 和 t 的代数式表示,最后根据 $OQ=PQ$ 构建方程,得出 m 与 t 的关系式,用 t 表示 m.

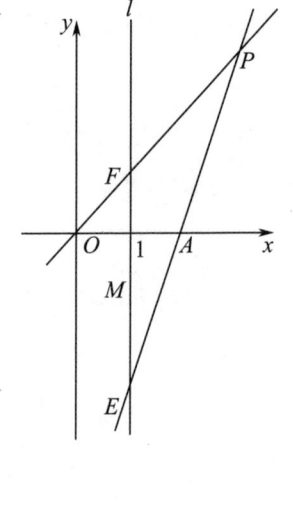

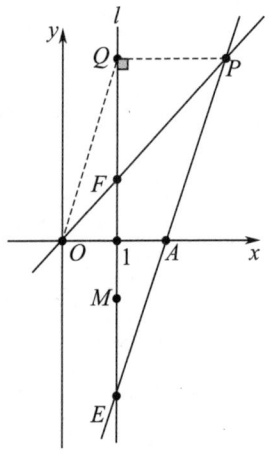

【解答】(1) ① ∵ 点 $O(0,0)$,点 $F(1,1)$,

∴ 直线 OF 的解析式为 $y=x$.

设直线 EA 的解析式为 $y=kx+b$ $(k \neq 0)$,

由点 E 和点 F 关于点 $M(1,-1)$ 对称,得点 $E(1,-3)$.

又 ∵ 点 $A(2,0)$,点 E 在直线 EA 上,

∴ $\begin{cases} 0=2k+b \\ -3=k+b \end{cases}$,解得 $\begin{cases} k=3 \\ b=-6 \end{cases}$,

∴ 直线 EA 的解析式为 $y=3x-6$.

∵ 点 P 是直线 EA 与直线 OF 的交点,

有 $\begin{cases} y=x \\ y=3x-6 \end{cases}$,解得 $\begin{cases} x=3 \\ y=3 \end{cases}$.

∴点 P 的坐标为 $(3,3)$;

②由已知设点 $F(1,t)$,

∴直线 OF 的解析式为 $y=tx$.

设直线 EA 的解析式为 $y=kx+b$ $(k\neq 0)$,

由点 E 和点 F 关于点 $M(1,-1)$ 对称,得点 $E(1,-2-t)$.

又∵点 A、E 在直线 EA 上,

∴ $\begin{cases} 0=2k+b \\ -2-t=k+b \end{cases}$,解得 $\begin{cases} k=2+t \\ b=-2(2+t) \end{cases}$,

∴直线 EA 的解析式为 $y=(2+t)x-2(2+t)$.

∵点 P 是直线 EA 与直线 OF 的交点,

∴ $tx=(2+t)x-2(2+t)$,化简得 $t=x-2$.

有 $y=tx=(x-2)x=x^2-2x$,

∴y 关于 x 的函数解析式为 $y=x^2-2x$.

(2)根据题意,同(1)可得直线 OF 的解析式为 $y=tx$,直线 EA 的解析式为 $y=(t-2m)x-2(t-2m)$.

∵点 P 是直线 EA 与直线 OF 的交点,

∴ $tx=(t-2m)x-2(t-2m)$,$m\neq 0$,

化简得 $x=2-\dfrac{t}{m}$,则 $y=tx=2t-\dfrac{t^2}{m}$.

∴点 P 的坐标为 $\left(2-\dfrac{t}{m},2t-\dfrac{t^2}{m}\right)$.

∵$PQ\perp l$ 于点 Q,得点 $Q\left(1,2t-\dfrac{t^2}{m}\right)$,

∴ $OQ^2=1+t^2\left(2-\dfrac{t}{m}\right)^2$,$PQ^2=\left(1-\dfrac{t}{m}\right)^2$.

∵$OQ=PQ$,

∴ $1+t^2\left(2-\dfrac{t}{m}\right)^2=\left(1-\dfrac{t}{m}\right)^2$,

化简得 $t(t-2m)(t^2-2mt-1)=0$.

∴ $t-2m=0$ 或 $t^2-2mt-1=0$.

∴ $m=\dfrac{t}{2}$ 或 $m=\dfrac{t^2-1}{2t}$.

【方法总结】解答动点几何问题时，要注意依据动点的所在位置进行分类，并确定自变量的取值范围；通常依据勾股定理、面积或者相似等知识，根据题意构建函数模型，然后结合函数的图象求解.

链接中考 真题演练，小试身手

考点1 一次函数中的图象信息

例1 甲、乙两人骑自行车分别从 A、B 两地同时出发相向而行，甲匀速骑行到 B 地，乙匀速骑行到 A 地，甲的速度大于乙的速度，两人分别到达目的地后停止骑行．两人之间的距离 y（m）和骑行的时间 x（s）之间的函数关系图象如下图所示，现给出下列结论：①$a=450$；②$b=150$；③甲的速度为10m/s；④当甲、乙相距50m时，甲出发了55s或65s．其中正确的结论有（　　）．

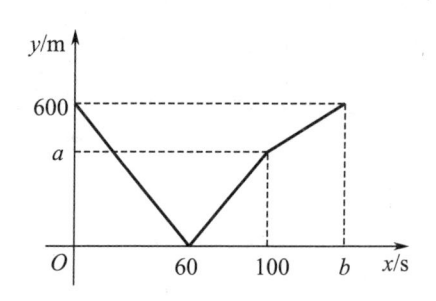

A. ①②　　　　B. ①③　　　　C. ②④　　　　D. ③④

【解析】由图可得，

甲的速度为 600÷100＝6（m/s），故③错误，不符合题意；

乙的速度为 600÷60－6＝4（m/s）；

a＝4×100＝400，故①错误，不符合题意；

b＝600÷4＝150，故②正确，符合题意．

设当甲、乙相距 50m 时，甲出发了 m s，

两人相遇前：（600－50）＝m（6＋4），解得 m＝55；

两人相遇后：（600＋50）＝m（6＋4），解得 m＝65．

故④正确，符合题意．故选 C．

【点评】本题考查一次函数的应用，解答本题的关键是明确题意，利用数形结合的思想解答．

考点2　一次函数中的最值应用问题

例2 我市某中学计划举行以"奋斗百年路，启航新征程"为主题的知识竞赛，并对获奖的同学给予奖励．现要购买甲、乙两种奖品，已知 1 件甲种奖品和 2 件乙种奖品共需 40 元，2 件甲种奖品和 3 件乙种奖品共需 70 元．

（1）求甲、乙两种奖品的单价．

（2）根据颁奖计划，该中学需甲、乙两种奖品共 60 件，且甲种奖品的数量不少于乙种奖品数量的 $\dfrac{1}{2}$，应如何购买才能使总费用最少？并求出最少费用．

【解析】（1）设甲种奖品的单价为 x 元/件，乙种奖品的单价为 y 元/件，依题意得 $\begin{cases} x+2y=40 \\ 2x+3y=70 \end{cases}$，解得 $\begin{cases} x=20 \\ y=10 \end{cases}$．

答：甲种奖品的单价为 20 元/件，乙种奖品的单价为 10 元/件．

（2）设购买甲种奖品 m 件，则购买乙种奖品（60－m）件，设购买两种奖品的总费用为 w 元．

∵甲种奖品的数量不少于乙种奖品数量的$\frac{1}{2}$,

∴$m \geqslant \frac{1}{2}(60-m)$,∴$m \geqslant 20$.

依题意得$w=20m+10(60-m)=10m+600$,

∵$10>0$,∴w随m值的增大而增大,

∴当学校购买 20 件甲种奖品、40 件乙种奖品时,总费用最少,最少费用是$10 \times 20+600=800$(元).

【点评】 本题考查一次函数的应用,解答本题的关键是找准等量关系,正确列出二元一次方程组.

拓展训练 再接再厉,提高能力

1. 在一次 800m 的长跑比赛中,甲、乙两人所跑的路程 s(m)与各自所用时间 t(s)之间的函数图象分别为线段 OA 和折线 $OBCD$(见右图),则下列说法正确的是(   ).

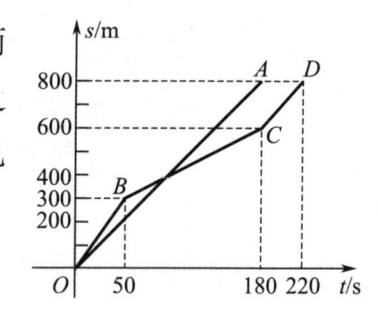

   A. 甲的速度随时间的增加而增大
   B. 乙的平均速度比甲的平均速度大
   C. 在起跑后 180s 时,两人相遇
   D. 在起跑后 50s 时,乙在甲的前面

2. 货车和小汽车同时从甲地出发,以各自的速度匀速向乙地行驶,小汽车到达乙地后,立即以相同的速度沿原路返回甲地,已知甲、乙两地相距 180km,货车的速度为 60km/h,小汽车的速度为 90km/h,则下图中能分别反映出货车、小汽车离乙地的距离 y(km)与各自行驶时间 t(h)之间的函数图象的是(   ).

A.

B.

C.

D.

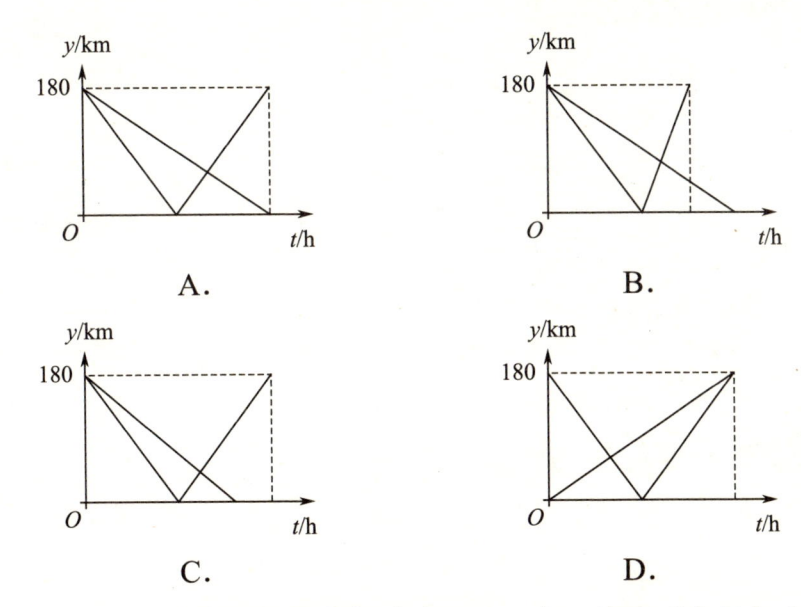

3．一家游泳馆的游泳收费标准为 30 元/次，若购买会员年卡，可享受如下优惠：

会员年卡类型	办卡费用/元	每次游泳收费/元
A 类	50	25
B 类	200	20
C 类	400	15

例如，购买 A 类会员年卡，一年内游泳 20 次，消费 $50+25\times20=550$（元），若一年内在该游泳馆游泳的次数在 45~55 次之间，则最省钱的方式为（　　）．

A．购买 A 类会员年卡 B．购买 B 类会员年卡

C．购买 C 类会员年卡 D．不购买会员年卡

4．下页图是本地区一种产品 30 天的销售图象，图 1 是产品日销售量 y（单位：件）与时间 t（单位：天）的函数关系，图 2 是一件产品的销售利润 z（单位：元）与时间 t（单位：天）的函数关系，已知日销售利润＝日销售量×一件产品的销售利润．下列结论错误的是（　　）．

图1

图2

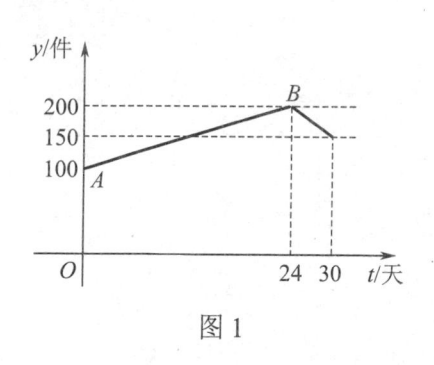

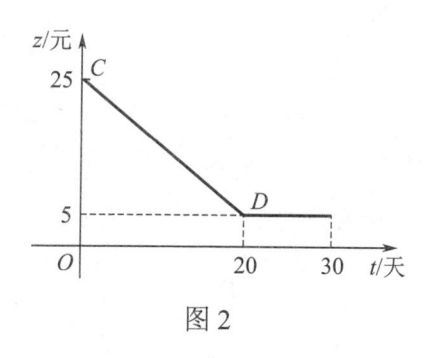

A．第 24 天的销售量为 200 件

B．第 10 天销售一件产品的利润是 15 元

C．第 12 天与第 30 天，这两天的日销售利润相等

D．第 30 天的日销售利润是 750 元

5．德力格尔草原位于彰武县境内，以草场资源丰富、景色优美著称．今年 5 月在此举办的"漠上草原欢乐跑"马拉松比赛，吸引了千余名国内外选手参加，甲、乙两名选手同时参加了往返 10km（单程 5km）的业余组比赛，如果全程保持匀速，甲、乙之间的距离 s（km）与甲所用的时间 t（h）之间的函数关系如右图所示，那么当甲到达终点时，乙距离终点_____km．

6．一辆汽车在行驶过程中，其行驶路程 y（km）与行驶时间 x（h）之间的函数关系如右图所示．当 $0 \leqslant x \leqslant 0.5$ 时，y 与 x 之间的函数解析式为 $y=60x$；当 $0.5 \leqslant x \leqslant 2$ 时，y 与 x 之间的函数解析式为_____．

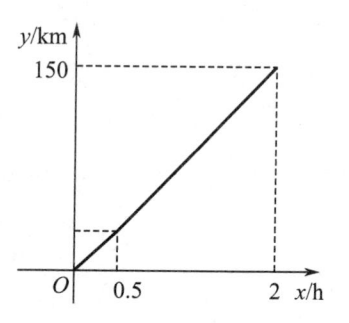

7．1 号探测气球从海拔 5m 处出发，以 1m/min 的速度上升．与此同时，2 号探测气球从海拔 15m 处出发，以 0.5m/min 的速度上升．两个气球都匀速上升了 50min，设气球的上升时间为 $x$min（$0 \leqslant x \leqslant 50$）．

(1) 根据题意，填写下表：

上升时间/min	10	30	...	x
1号探测气球所在位置的海拔/m	15		...	
2号探测气球所在位置的海拔/m		30	...	

（2）在某时刻两个探测气球能否位于同一海拔高度？如果能，这时探测气球上升了多长时间？位于什么海拔高度？如果不能，请说明理由．

（3）当 $30 \leqslant x \leqslant 50$ 时，两个探测气球所在位置的海拔最多相差多少米？

8．一条笔直的路上依次有 M、P、N 三地，其中 M、N 两地相距 1000m．甲、乙两机器人分别从 M、N 两地同时出发，去目的地 N、M，匀速而行．图中 OA、BC 分别表示甲、乙机器人离 M 地的距离 y(m) 与行走时间 x(min) 的函数关系图象．

（1）求 OA 所在直线的解析式．

（2）出发后甲机器人行走多少分钟时与乙机器人相遇？

（3）甲机器人到 P 地后，再经过 1min 乙机器人也到了 P 地，求 P、M 两地间的距离．

9．"六一"期间，小张购进 100 只两种型号的文具进行销售，其进价和售价之间的关系如下表所示：

型　号	进价/（元/只）	售价/（元/只）
A 型	10	12
B 型	15	23

（1）小张如何进货，能使进货款恰好为 1300 元？

（2）要使销售文具所获利润最大，且所获利润不超过进货价格的 40%，请你帮小张设计一个进货方案，并求出其所获利润的最大值．

10．甲、乙两个工程组同时挖掘沈白高铁某段隧道，两组每天挖掘长度均保持不变，合作一段时间后，乙组因维修设备而停工，甲组单独完成了剩下的任务，甲、乙两组挖掘的长度之和 y（m）与甲组挖掘时间 x（天）之间的关系如下图所示.

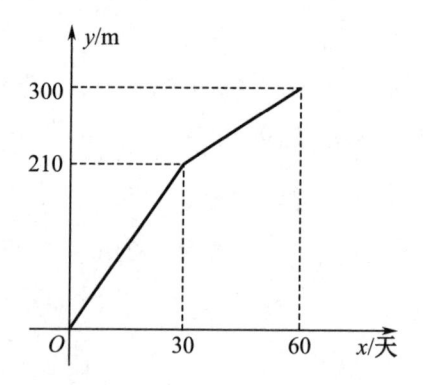

(1) 甲组比乙组多挖掘了____天.

(2) 求乙组停工后 y 关于 x 的函数解析式，并写出自变量 x 的取值范围.

(3) 当甲组挖掘的总长度与乙组挖掘的总长度相等时，直接写出乙组已停工的天数.

参 考 答 案

1. D. 2. C. 3. C. 4. C. 5. 4. 6. $y=80x-10$.

7. (1) 30min 时 1 号探测气球所在位置的海拔为 $5+30\times1=35$m，$x$min 时 1 号探测气球所在位置的海拔为 $(x+5)$m；10min 时 2 号探测气球所在位置的海拔为 $15+10\times0.5=20$m，$x$min 时 2 号探测气球所在位置的海拔为 $(0.5x+15)$m.

(2) 两个探测气球能位于同一海拔高度.

根据题意，得 $x+5=0.5x+15$，解得 $x=20$，此时有 $x+5=25$.

答：此时两个探测气球上升了 20min，都位于海拔 25m 的高度.

(3) 当 $30\leqslant x\leqslant 50$ 时，由题意可知 1 号探测气球所在位置始终高于

2 号探测气球,设两个探测气球在同一时刻所在位置的海拔相差 ym,则 $y=(x+5)-(0.5x+15)=0.5x-10$.

$\because 0.5>0$,$\therefore y$ 随 x 的增大而增大,$\therefore$ 当 $x=50$ 时,y 取得最大值 15.

答:两个探测气球所在位置的海拔最多相差 15m.

8.(1)由图象可知,OA 所在直线为正比例函数,$\therefore$ 设 $y=kx$($k\neq 0$).

$\because A(5,1000)$,$\therefore 1000=5k$,$\therefore k=200$,

$\therefore OA$ 所在直线的解析式为 $y=200x$.

(2)由图可知甲机器人的速度:$1000\div 5=200$(m/min).

乙机器人的速度:$1000\div 10=100$(m/min)

$$\frac{1000}{100+200}=\frac{10}{3}(\min)$$

答:出发后甲机器人行走 $\frac{10}{3}$ min 时与乙机器人相遇.

(3)设甲机器人行走 t min 时到 P 地,则 P 地与 M 地的距离为 $200t$,则乙机器人($t+1$)min 后到 P 地,P 地与 M 地的距离为 $1000-100(t+1)$,

由 $200t=1000-100(t+1)$,解得 $t=3$,$\therefore 200t=600$.

答:P、M 两地间的距离为 600m.

9.(1)设购进 A 文具 x 只,则购进 B 文具($100-x$)只,可得

$10x+15(100-x)=1300$,解得 $x=40$,则 $100-x=60$.

答:购进 A 文具 40 只,B 文具 60 只时,进货款恰好为 1300 元.

(2)由题意得 $(12-10)x+(23-15)(100-x)\leqslant 40\%[10x+15(100-x)]$,解得 $x\geqslant 50$.

设利润为 y,则可得 $y=(12-10)x+(23-15)(100-x)=2x+800-8x=-6x+800$,

因为 $k=-6<0$,所以当 $x=50$ 时,利润最大,最大利润 $=-50\times 6+800=500$.

即购进A文具50只,B文具50只时,所获利润最大,最大值为500元.

10.(1)由图象可知,甲、乙两组合作共挖掘了30天,甲组单独挖掘了30天,即甲组比乙组多挖掘了30天.

故答案为30.

(2)设乙组停工后y关于x的函数解析式为$y=kx+b$($k\neq 0$),点(30,210)、(60,300)在图象上,

有$\begin{cases}30k+b=210\\60k+b=300\end{cases}$,解得$\begin{cases}k=3\\b=120\end{cases}$.

∴函数解析式为$y=3x+120$(30≤x≤60).

(3)由(1)可知,甲组单独挖掘了30天,挖掘的长度是=300-210=90(m),甲组的工作效率是每天挖掘3m.

前30天甲、乙两组合作共挖掘了210m,则乙组单独挖掘的长度是210-90=120(m).

当甲组挖掘的长度是120m时,工作天数是120÷3=40(天),则乙组已停工的天数是40-30=10(天).

第8节 反比例函数

名师语要 名师点拨，轻松掌握

> 反比例函数 $y=\dfrac{k}{x}(k\neq 0)$ 是一种最基本的函数，也是学习二次函数的基础，反比例函数是各地中考的必考内容，将正、反比例函数的概念进行对比能帮助学生理解反比例函数．

知识全解 归纳知识，深刻认识

反比例函数的概念

一般地，如果两个变量 x、y 之间的关系可以表示成 $y=\dfrac{k}{x}$（k 为常数，$k\neq 0$）的形式，那么称 y 是 x 的反比例函数．

温馨提示

（1）理解反比例函数 $y=\dfrac{k}{x}$ 时，一看形式，等号左边是函数 y，等号右边是一个分式，自变量 x 在分母上，分子是不为 0 的常数 k；二看自变量的取值范围，由于 x 在分母上，即取 $x\neq 0$ 的一切实数；三看函数 y 的取值范围，因为 $k\neq 0$ 且 $x\neq 0$，所以函数值 y 不可能为 0．

（2）反比例函数中两个变量的积是一个非零定值，反比例函数的解析式可以写成 $y=kx^{-1}$．

学法指导 经典例题，点拨方法

类型1 依据概念求反比例函数解析式

例1 已知 y 是 x 的反比例函数，且 $x=2$ 时，$y=3$，则该函数的解析式是（　　）.

A. $y=6x$　　B. $y=\dfrac{1}{6x}$　　C. $y=\dfrac{6}{x}$　　D. $y=\dfrac{6}{x-1}$

【分析】先设出反比例函数解析式的一般形式 $y=\dfrac{k}{x}$ $(k\neq 0)$，再将 $x=2$，$y=3$ 代入求得 k 的值即可．

【解答】把 $x=2$，$y=3$ 代入 $y=\dfrac{k}{x}$，得 $k=6$，所以该函数的解析式是 $y=\dfrac{6}{x}$．故选 C.

【方法总结】求反比例函数解析式时，通常运用待定系数法．

类型2 反比例函数规律探究

例2 将 $x=\dfrac{2}{3}$ 代入函数 $y=-\dfrac{1}{x}$，所得函数值记为 y_1，又将 $x=y_1+1$ 代入函数 $y=-\dfrac{1}{x}$，所得函数值记为 y_2，再将 $x=y_2+1$ 代入函数 $y=-\dfrac{1}{x}$，所得函数值记为 y_3，继续下去．则 $y_1=$_____；$y_2=$_____；$y_3=$_____；$y_{2027}=$_____．

【分析】根据数量关系分别求出 y_1，y_2，y_3，$y_4\cdots$ 不难发现，每 3 次计算为一个循环，用 2027 除以 3，根据商和余数的情况确定 y_{2027} 的值即可．

【解答】$y_1=-\dfrac{3}{2}$，

$y_2 = -\dfrac{1}{-\dfrac{3}{2}+1} = 2$,

$y_3 = -\dfrac{1}{1+2} = -\dfrac{1}{3}$,

$y_4 = -\dfrac{1}{-\dfrac{1}{3}+1} = -\dfrac{3}{2}$,

…

∴每3次为一个循环,

∵2027÷3=675……2,

∴y_{2027}为第675循环组中的第2次计算,与y_2的值相同,

∴$y_{2027} = 2$.

【方法总结】解答这类问题的关键是运用从特殊到一般的思想,并找出其中的规律.

链接中考 真题演练,小试身手

考点1 反比例函数的识别

例1 下列函数中是反比例函数的是（   ）.

A．$y = \dfrac{x}{2}$　　B．$y = \dfrac{-\dfrac{\sqrt{5}}{3}}{x}$　　C．$y = x^2$　　D．$y = 2x+1$

【解析】将各选项所给的函数解析式与反比例函数的定义进行对比,4个选项中,只有选项B符合定义,故选B.

【点评】依据反比例函数的概念进行逐项对比,就可确定选项.

考点2 反比例函数的比例系数

例2 若$y = (a+1)x^{a^2-2}$是反比例函数,则a的取值为（   ）.

A. 1　　　　B. −1　　　　C. ±1　　　　D. 任意实数

【解析】因为 $y=(a+1)x^{a^2-2}$ 是反比例函数，所以 $\begin{cases} a+1 \neq 0 \\ a^2-2=-1 \end{cases}$，解得 $\begin{cases} a \neq -1 \\ a=\pm 1 \end{cases}$，即 $a=1$，所以选 A．

【点评】解答这类问题时，通常用反比例函数的常见变形：$y=kx^{-1}(k \neq 0)$．

考点3 反比例函数图象上点的坐标特征

例3 如右图所示，已知点 $A(3,3)$、$B(3,1)$，反比例函数 $y=\dfrac{k}{x}(k \neq 0)$ 图象的一支与线段 AB 有交点，写出一个符合条件的 k 的整数值：_____．

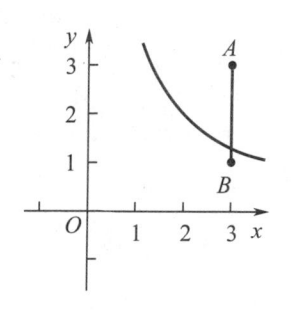

【解析】由图可知 $k>0$，

∵反比例函数 $y=\dfrac{k}{x}$（$k>0$）的图象与线段 AB 有交点，

∴把 $B(3,1)$ 代入 $y=\dfrac{k}{x}$ 得 $k=3$，

把 $A(3,3)$ 代入 $y=\dfrac{k}{x}$ 得 $k=3\times 3=9$，

∴满足条件的 k 值是 $3 \leqslant k \leqslant 9$ 的整数，

故答案为 $k=4$（答案不唯一）．

【点评】本题考查了反比例函数图象上点的坐标特征、反比例函数的性质，正确理解题意是解题的关键．

拓展训练 再接再厉，提高能力

1. 下列函数中，不是反比例函数的是（　　）．

A. $x = \dfrac{5}{y}$ B. $y = -\dfrac{k}{3x}$ $(k \neq 0)$

C. $y = \dfrac{x^{-1}}{7}$ D. $y = -\dfrac{1}{|x|}$

2. 如果直角三角形的面积一定，那么下列关于这个直角三角形边的关系中，正确的是（   ）.

   A. 两条直角边成正比例   B. 两条直角边成反比例

   C. 一条直角边与斜边成正比例   D. 一条直角边与斜边成反比例

3. 已知点 $M(2,a)$ 在反比例函数 $y = \dfrac{k}{x}$ 的图象上，其中 a，k 为常数，且 $k>0$，则点 M 一定在（   ）.

   A. 第一象限   B. 第二象限

   C. 第三象限   D. 第四象限

4. 下列函数解析式中：①$y=2x$；②$\dfrac{y}{x}=5$；③$y=-\dfrac{7}{x}$；④$y=5x+1$；⑤$y=x^2-1$；⑥$y=\dfrac{1}{x^2}$；⑦$xy=11$，y 是 x 的反比例函数的共有（   ）.

   A. 4个   B. 3个   C. 2个   D. 1个

5. 在反比例函数 $y = \dfrac{4-k}{x}$ 的图象上有两点 $A(x_1, y_1)$、$B(x_2, y_2)$，当 $x_1 < 0 < x_2$ 时，有 $y_1 < y_2$，则 k 的取值范围是（   ）.

   A. $k<0$ B. $k>0$ C. $k<4$ D. $k>4$

6. 已知 $y=(a-1)x^{a^2-2}$ 是反比例函数，则 $a=$ _____.

7. 近视眼镜的度数 y（度）与镜片焦距 x（m）成反比例关系，其函数解析式为 $y=\dfrac{100}{x}$. 如果近视眼镜镜片的焦距 $x=0.25$m，那么近视眼镜的度数 y 为_____度.

8. 某型号汽车行驶时功率一定，行驶速度 v（单位：m/s）与所受阻力 F（单位：N）是反比例函数关系，其图象如下页图所示. 若该型号汽车在某段公路上行驶时的速度为30m/s，则所受阻力 F 为_____N.

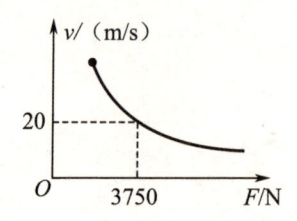

9. 已知反比例函数 $y=-\dfrac{3}{2x}$.

（1）说出这个函数的比例系数.

（2）求当 $x=-10$ 时函数 y 的值.

（3）求当 $y=6$ 时自变量 x 的值.

10. 在平面直角坐标系中，我们不妨把纵坐标是横坐标2倍的点称为"理想点"，如点（-2,-4），(1,2)，(3,6)…都是"理想点"，显然这样的"理想点"有无数个.

（1）若点 $M(2,a)$ 是反比例函数 $y=\dfrac{k}{x}$（k 为常数，$k\neq 0$）图象上的"理想点"，求这个反比例函数的解析式.

（2）函数 $y=3mx-1$（m 为常数，$m\neq 0$）的图象上存在"理想点"吗？若存在，请求出"理想点"的坐标；若不存在，请说明理由.

参 考 答 案

1. D. 2. B. 3. A. 4. C. 5. C. 6. -1. 7. 400. 8. 2500.

9. （1）$y=\dfrac{-\dfrac{3}{2}}{x}$，比例系数为 $-\dfrac{3}{2}$.

（2）当 $x=-10$ 时，$y=-\dfrac{3}{2\times(-10)}=\dfrac{3}{20}$.

(3) 当 $y=6$ 时，$-\dfrac{3}{2x}=6$，解得 $x=-\dfrac{1}{4}$.

10. (1) ∵ 点 $M(2,a)$ 是"理想点"，

∴ $a=4$.

∵ 点 $M(2,4)$ 在反比例函数 $y=\dfrac{k}{x}$（k 为常数，$k\neq 0$）的图象上，

∴ $k=2\times 4=8$，

∴ 反比例函数的解析式为 $y=\dfrac{8}{x}$.

(2) 假设函数 $y=3mx-1$（m 为常数，$m\neq 0$）的图象上存在"理想点"$(x,2x)$，

则有 $3mx-1=2x$，

整理得 $(3m-2)x=1$.

当 $3m-2\neq 0$，即 $m\neq\dfrac{2}{3}$ 时，解得 $x=\dfrac{1}{3m-2}$；

当 $3m-2=0$，即 $m=\dfrac{2}{3}$ 时，x 无解.

综上所述，当 $m\neq\dfrac{2}{3}$ 时，函数图象上存在"理想点"，为 $\left(\dfrac{1}{3m-2},\dfrac{2}{3m-2}\right)$；

当 $m=\dfrac{2}{3}$ 时，函数图象上不存在"理想点".

反比例函数的图象与性质

第 9 节

名师语要 名师点拨，轻松掌握

反比例函数是一种重要的函数模型，也是各地中考命题的热点，理解反比例函数的图象性质时，要善于将反比例函数与正比例函数进行对比分析，并从数形结合的角度来领悟，真正做到心中有数，不可忘形。

知识全解 归纳知识，深刻认识

一、反比例函数的图象性质

（1）反比例函数 $y=\dfrac{k}{x}$（k 为常数，$k\neq 0$）的图象是双曲线．

（2）当 $k>0$ 时，双曲线的两个分支分别位于第一、第三象限，在每个象限内，y 随 x 的增大而减小．

（3）当 $k<0$ 时，双曲线的两个分支分别位于第二、第四象限，在每个象限内，y 随 x 的增大而增大．

（4）反比例函数的两个分支都无限接近于 x 轴、y 轴，但是永远不能与 x 轴、y 轴相交．

温馨提示

理解反比例函数的图象性质时，要注意与正比例函数进行比较，它们有以下 3 个不同点．

（1）从定义上比较，正比例函数的自变量 x 的位置在分子上，反比例函数的自变量 x 的位置在分母上.

（2）从图象形状上比较，正比例函数的图象是一条直线，反比例函数的图象是双曲线.

（3）从图象性质上比较，不管是 $k>0$ 还是 $k<0$，正比例函数与反比例函数的增减性都是相反的.

二、反比例函数的几何意义

（1）过双曲线上任一点 $P(x,y)$ 作 x 轴、y 轴的垂线 PM、PN（见右图），所得的矩形 $PMON$ 的面积 $S=PN \cdot PM=|x| \cdot |y|=|xy|=|k|$.

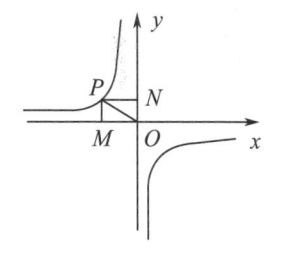

（2）连接 PO，则 $S_{\triangle POM}=S_{\triangle PON}=\dfrac{1}{2}|k|$. 反比例函数 $y=\dfrac{k}{x}$ 的本质特征是两个变量 y 与 x 的乘积是一个常数 k.

温馨提示

（1）运用比例系数 k 解答具体的问题时，要根据函数图象的分布情况，对 k 的正负情况加以判断，若双曲线在第一、第三象限，则 $k>0$，若双曲线在第二、第四象限，则 $k<0$.

（2）解答与反比例函数面积有关的问题时，注意灵活运用 $xy=k$ 这个结论.

学法指导 经典例题，点拨方法

类型1 确定自变量的取值范围

例1 反比例函数 $y_1=\dfrac{m}{x}$（$x>0$）的图象与一次函数 $y_2=-x+b$ 的图

象交于 A、B 两点，其中 $A(1,2)$，当 $y_2 > y_1$ 时，x 的取值范围是（　　）.

A．$x < 1$
B．$1 < x < 2$
C．$x > 2$
D．$x < 1$ 或 $x > 2$

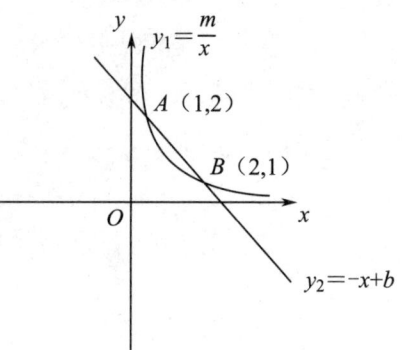

【分析】 依据反比例函数与一次函数的两个交点和两个函数图象的位置关系，运用数形结合思想求解.

【解答】 因为反比例函数 $y_1 = \dfrac{m}{x}$（$x > 0$）的图象与一次函数 $y_2 = -x + b$ 的图象交于 A、B 两点，其中 $A(1,2)$，从而求出 $y_1 = \dfrac{2}{x}$，$y_2 = -x + 3$，则可求出另外一个交点 B 的坐标为 $(2,1)$. 从图象中观察得到：当 $y_2 > y_1$ 时，x 的取值范围就是使得一次函数的图象位于反比例函数图象上方的部分所对应的自变量的取值范围. 如上图所示，当 $1 < x < 2$ 时，$y_2 > y_1$，故选 B．

【方法总结】 解决利用图象解不等式的题目，首先要根据题意画出函数图象，然后根据图象，借助交点、y 轴等分界线（点）来寻找 x 的取值范围.

类型 2　反比例函数图形面积探究

例2 如下图所示，反比例函数 $y = \dfrac{k}{x}$ 的图象过点 $A(-1,4)$，直线 $y = -x + b$（$b \neq 0$）与双曲线 $y = \dfrac{k}{x}$ 在第二、第四象限分别相交于 P、Q 两点，与 x 轴、y 轴分别相交于 C、D 两点．

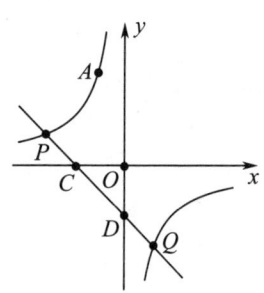

(1) 求 k 的值．

(2) 当 $b = -2$ 时，求 $\triangle OCD$ 的面积．

（3）连接 OQ，是否存在实数 b，使得 $S_{\triangle OCD}= S_{\triangle ODQ}$？若存在，请求出 b 的值；若不存在，请说明理由.

【分析】(1) 把点 A 的坐标代入反比例函数解析式即可求出 k 的值.(2) 利用一次函数的解析式求出直线与 x 轴、y 轴的交点坐标，即可得到线段 OC、OD 的长度，进而可求出 $\triangle OCD$ 的面积.（3）假设存在实数 b，根据字母 b 的范围分类讨论，根据两个三角形面积相等构建关于字母 b 的方程，求解后再进行取舍.

【解答】(1) $\because A(-1,4)$ 在双曲线 $y=\dfrac{k}{x}$ 上，

$\therefore k=-1\times 4=-4$.

(2) $\because b=-2$,

$\therefore$ 直线 CD 的解析式为 $y=-x-2$.

$\therefore C$ 的坐标为 $(-2,0)$，D 的坐标为 $(0,-2)$.

$\therefore S_{\triangle OCD}=\dfrac{1}{2}CO\cdot DO=2$.

（3）过 Q 作 $QE\perp y$ 轴，垂足为 E，如下图所示.

① 当 $b<0$ 时，由 $y=-x+b$ 可得 $C(b,0)$、$D(0,b)$.

$\because OC=OD$,

$\therefore \angle OCD=\angle ODC=45°$,

$\therefore \angle EDQ=\angle DQE=45°$,

$\therefore DE=EQ$.

$\because S_{\triangle OCD}=S_{\triangle ODQ}$,

$\therefore \dfrac{1}{2}DO\cdot CO=\dfrac{1}{2}DO\cdot QE$,

$\therefore CO=QE$,

$\therefore Q(-b,2b)$.

$\because$ 点 Q 在双曲线 $y=\dfrac{-4}{x}$ 上，

$\therefore -b\cdot 2b=-4$，$\therefore b^2=2$，$\therefore b=\pm\sqrt{2}$.

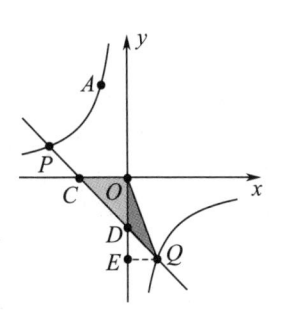

∵$b<0$，∴$b=-\sqrt{2}$．

② 当$b>0$时，$S_{\triangle OCD}<S_{\triangle ODQ}$．

综上所述，当$b=-\sqrt{2}$时，$S_{\triangle OCD}=S_{\triangle ODQ}$．

【方法总结】求坐标平面内图形的面积，往往将在坐标轴的边或者与坐标轴平行的边作为三角形面积公式中的"底"，这样构建方程会容易一些．

链接中考 真题演练，小试身手

考点1 反比例函数的增减性

例1 若点$A(-3,a)$，$B(-1,b)$，$C(2,c)$都在反比例函数$y=\dfrac{k}{x}$（$k<0$）的图象上，则a，b，c的大小关系用"<"连接的结果为（　　）．

A．$b<a<c$　　　　　　B．$c<b<a$

C．$a<b<c$　　　　　　D．$c<a<b$

【解析】∵$k<0$，点A、B在第二象限，y随x的增大而增大，

∵$-3<-1$，∴$0<a<b$．

又∵$C(2,c)$在反比例函数$y=\dfrac{k}{x}$（$k<0$）的图象上，

∴$c<0$，∴$c<a<b$．故选D．

【点评】对于反比例函数图象上的几个点，如果知道横坐标去比较纵坐标的大小，通常的做法是：（1）先判断这几个点是否在同一个象限内，如果不在，则判断其正负，然后做出判断；（2）如果在同一个象限内，则可以根据反比例函数的性质来进行解答．

考点2 反比例函数与一次函数的结合

例2 已知一次函数$y=kx+b$的图象如图1所示，

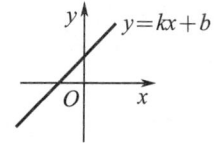

图1

则 $y=-kx+b$ 与 $y=\dfrac{b}{x}$ 的图象为（　　）.

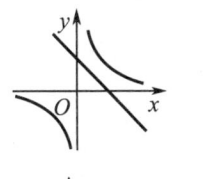

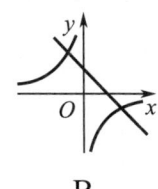

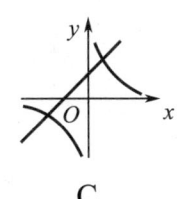

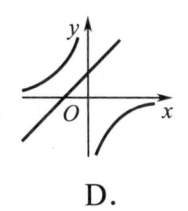

A.　　　　B.　　　　C.　　　　D.

【解析】根据题意得 $k>0$，$b>0$，

∴ $-k<0$，

∴ 一次函数 $y=-kx+b$ 的图象经过第一、第二、第四象限，反比函数 $y=\dfrac{b}{x}$ 的图象位于第一、第三象限内．故选 A．

【点评】本题可利用数形结合的思想解答，根据一次函数 $y=kx+b$ 的图象位置，可判断 k、b 的符号，再由一次函数 $y=-kx+b$ 和反比例函数 $y=\dfrac{b}{x}$ 中的系数符号，判断图象的位置．

考点3　依据反比例函数比例系数 k 的几何意义解题

例3　如右图所示，点 A 是反比例函数 $y=\dfrac{k}{x}$（$k\neq0$，$x>0$）图象上的一点，过点 A 作 $AB\perp x$ 轴于点 B，点 P 是 y 轴上任意一点，连接 PA、PB．若 $\triangle ABP$ 的面积等于3，则 k 的值为_____．

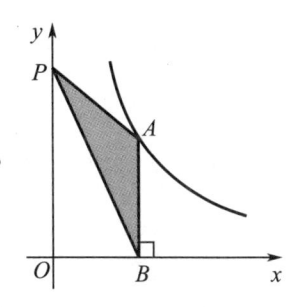

【解析】∵ $S_{\triangle AOB}=S_{\triangle ABP}=3$，$\triangle AOB$ 的面积 $=\dfrac{1}{2}|k|$，

∴ $\dfrac{1}{2}|k|=3$，∴ $k=\pm6$．

又∵ 反比例函数的图象的一支位于第一象限，

∴ $k>0$，∴ $k=6$．

故答案为6.

【点评】本题主要考查了待定系数法求反比例函数的解析式和反比例函数 $y=\dfrac{k}{x}$ 中 k 的几何意义. 这里体现了数形结合的思想,做此类题时一定要正确理解 k 的几何意义.

考点4　用待定系数法求反比例函数解析式

例4 如右图所示,在矩形 $OABC$ 和正方形 $CDEF$ 中,点 A 在 y 轴的正半轴上,点 C、F 均在 x 轴的正半轴上,点 D 在边 BC 上,$BC=2CD$,$AB=3$. 若点 B、E 在同一个反比例函数的图象上,则这个反比例函数的解析式是_____.

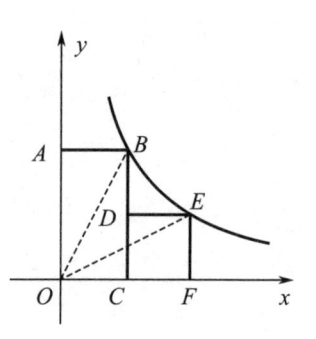

【解析】∵四边形 $OABC$ 是矩形,∴$OC=AB=3$.

∵四边形 $CDEF$ 是正方形,∴$CD=CF=EF$.

∵$BC=2CD$,∴设 $CD=m$,$BC=2m$,

∴$B(3,2m)$,$E(3+m,m)$.

设反比例函数的解析式为 $y=\dfrac{k}{x}$,

∴$3\times 2m=(3+m)\cdot m$,解得 $m=3$ 或 $m=0$(不合题意,舍去),

∴$B(3,6)$,∴$k=3\times 6=18$,

∴这个反比例函数的解析式是 $y=\dfrac{18}{x}$.

故答案为 $y=\dfrac{18}{x}$.

【点评】本题考查了待定系数法求反比例函数的解析式,反比例函数图象上点的坐标特征:反比例函数 $y=\dfrac{k}{x}$(k 为常数,$k\neq 0$)的图象是双曲线,图象上的点 (x,y) 的横、纵坐标的积是定值 k,即 $xy=k$.

拓展训练 再接再厉，提高能力

1. 已知反比例函数 $y=\dfrac{k}{x}$ 的图象经过点（2,3），那么下列 4 个点中，也在这个函数图象上的是（　　）.

  A．（-6,1） B．（1,6） C．（2,-3） D．（3,-2）

2. 某反比例函数图象上四个点的坐标分别为$(-3,y_1)$,$(-2,3)$,$(1,y_2)$,$(2,y_3)$,则 y_1,y_2,y_3 的大小关系为（　　）.

  A．$y_2<y_1<y_3$ B．$y_3<y_2<y_1$

  C．$y_2<y_3<y_1$ D．$y_1<y_3<y_2$

3. 如右图所示，矩形 OABC 的顶点 B 和正方形 ADEF 的顶点 E 都在反比例函数 $y=\dfrac{k}{x}$ （$k\neq 0$）的图象上，点 B 的坐标为（2,4），则点 E 的坐标为（　　）.

  A．（4,4） B．（2,2）

  C．（2,4） D．（4,2）

4. 如右图所示，正方形 ABCD 的顶点 A、B 在 y 轴上，反比例函数 $y=\dfrac{k}{x}$ 的图象经过点 C 和 AD 的中点 E，若 AB=2，则 k 的值是（　　）.

  A．3 B．4

  C．5 D．6

5. 如右图所示，直线 $y=x+1$、$y=x-1$ 与双曲线 $y=\dfrac{k}{x}$（$k>0$）分别相交于点 A、B、C、D. 若四边形 ABCD 的面积为 4，则 k 的值是（　　）.

  A．$\dfrac{3}{4}$ B．$\dfrac{\sqrt{2}}{2}$

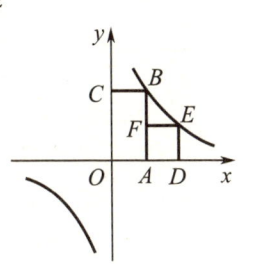

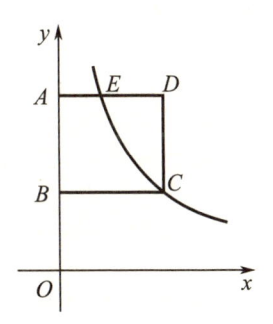

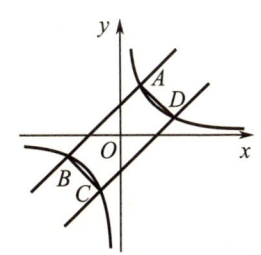

C. $\dfrac{4}{5}$ D. 1

6. 如右图所示，在平面直角坐标系中，点 A 在反比例函数 $y=\dfrac{k}{x}$（k 为常数，$k>0$，$x>0$）的图象上，过点 A 作 x 轴的垂线，垂足为 B，连接 OA. 若 $\triangle OAB$ 的面积为 $\dfrac{19}{12}$，则 $k=$_____．

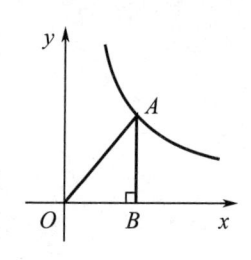

7. 如右图所示，点 $A\left(a,\dfrac{5}{a}\right)$ 和 $B\left(b,\dfrac{5}{b}\right)$ 在反比例函数 $y=\dfrac{k}{x}$（$k>0$）的图象上，其中 $a>b>0$. 过点 A 作 $AC\perp x$ 轴于点 C，则 $\triangle AOC$ 的面积为_____；若 $\triangle AOB$ 的面积为 $\dfrac{15}{4}$，则 $\dfrac{a}{b}=$_____．

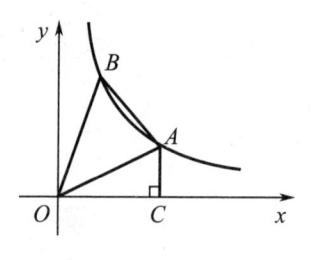

8. 如右图所示，点 $A(2,2)$ 在双曲线 $y=\dfrac{k}{x}$（$x>0$）上，将直线 OA 向上平移若干个单位长度，使其交 y 轴于点 B，交双曲线于点 C. 若 $BC=2$，则点 C 的坐标是_____．

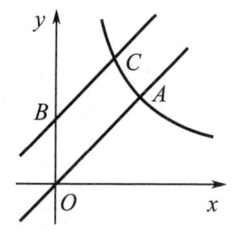

9. 如右图所示，已知 $\square ABCD$ 水平放置在平面直角坐标系 xOy 中，若点 A、D 的坐标分别为 $(-2,5)$、$(0,1)$，点 $B(3,5)$ 在反比例函数 $y=\dfrac{k}{x}$（$x>0$）的图象上．

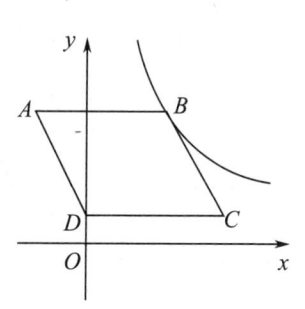

（1）求反比例函数 $y=\dfrac{k}{x}$ 的解析式．

（2）将 $\square ABCD$ 沿 x 轴正方向平移 10 个单位长度后，能否使点 C 落在反比例函数 $y=\dfrac{k}{x}$ 的图象上？并说明理由．

10. 如下页图所示，正比例函数 $y=kx$（$k\neq 0$）与反比例函数 $y=\dfrac{m}{x}$（$m\neq 0$）的图象交于 A、B 两点，A 的横坐标为 -4，B 的纵坐标为 -6．

（1）求反比例函数的解析式.

（2）观察图象，直接写出不等式 $kx < \dfrac{m}{x}$ 的解集.

（3）将直线 AB 向上平移 n 个单位长度，交双曲线于 C、D 两点，交坐标轴于 E、F 两点，连接 OD、BD，若 △OBD 的面积为 20，求直线 CD 的解析式.

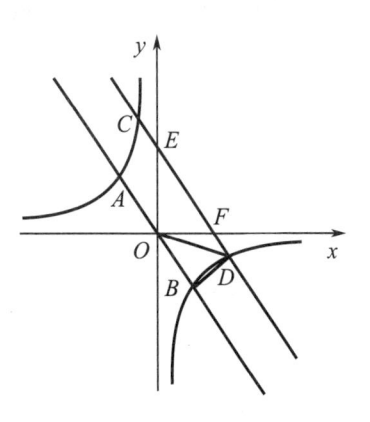

参 考 答 案

1．B． 2．C． 3．D． 4．B． 5．A． 6．$\dfrac{19}{6}$． 7．$\dfrac{5}{2}$，2． 8．$(\sqrt{2}, 2\sqrt{2})$．

9．（1）∵点 B（3,5）在反比例函数 $y = \dfrac{k}{x}$（x>0）的图象上，

∴$5 = \dfrac{k}{3}$，∴k=15，∴反比例函数的解析式为 $y = \dfrac{15}{x}$．

（2）平移后的点 C 能落在 $y = \dfrac{15}{x}$ 的图象上．

理由：

∵四边形 ABCD 是平行四边形，∴AB∥CD，AB=CD．

∵点 A、D、B 的坐标分别为（−2,5）、（0,1）、（3,5），

∴AB=5，AB∥x 轴，∴DC∥x 轴，∴点 C 的坐标为（5,1），

∴▱ABCD 沿 x 轴正方向平移 10 个单位长度后，点 C 的坐标为（15,1），

∴平移后的点 C 能落在 $y = \dfrac{15}{x}$ 的图象上．

10．（1）∵正比例函数 y=kx（k≠0）与反比例函数 $y = \dfrac{m}{x}$（m≠0）的图象交于 A、B 两点，

∴ A、B 关于原点对称.

∵ A 的横坐标为 -4,B 的纵坐标为 -6,∴ A(-4,6),B(4,-6).

∵ 点 A(-4,6) 在反比例函数 $y=\dfrac{m}{x}$（$m\neq0$）的图象上,

∴ $6=\dfrac{m}{-4}$,∴ $m=-24$,∴ 反比例函数的解析式为 $y=-\dfrac{24}{x}$.

(2) 观察函数图象,可知:当 $-4<x<0$ 或 $x>4$ 时,正比例函数 $y=kx$ 的图象在反比例函数 $y=\dfrac{m}{x}$（$m\neq0$）的图象下方,∴ 不等式 $kx<\dfrac{m}{x}$ 的解集为 $-4<x<0$ 或 $x>4$.

(3) 解法一:连接 BE,作 BG⊥y 轴于点 G（见右图）,

∵ A(-4,6) 在直线 $y=kx$ 上,∴ $6=-4k$,解得 $k=-\dfrac{3}{2}$,

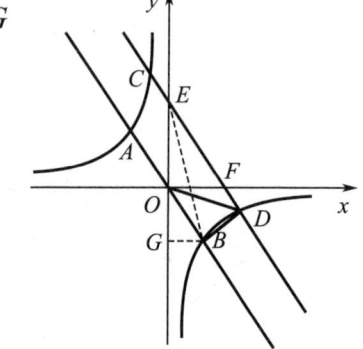

∴ 直线 AB 的解析式为 $y=-\dfrac{3}{2}x$.

∵ CD∥AB,∴ $S_{\triangle OBD}=S_{\triangle OBE}=20$.

∵ B(4,-6),∴ BG=4,∴ $S_{\triangle OBE}=\dfrac{1}{2}OE\cdot BG=20$,

∴ OE=10,∴ E 的坐标为 (0,10),

∴ 直线 CD 的解析式为 $y=-\dfrac{3}{2}x+10$.

解法二:连接 BF,作 BH⊥x 轴于 H（见下页图）,

∵ A(-4,6) 在直线 $y=kx$ 上,∴ $k=-\dfrac{3}{2}$,

∴ 直线 AB 的解析式为 $y=-\dfrac{3}{2}x$.

∵ CD∥AB,∴ $S_{\triangle OBD}=S_{\triangle OBF}=20$.

∵ B(4,-6),∴ $\dfrac{1}{2}OF\cdot6=20$,∴ $OF=\dfrac{20}{3}$,∴ F 的坐标为 $\left(\dfrac{20}{3},0\right)$,

设直线 CD 的解析式为 $y=-\dfrac{3}{2}x+b$,

代入 F 点的坐标得 $-\dfrac{3}{2}\times\dfrac{20}{3}+b=0$,

解得 $b=10$, ∴直线 CD 的解析式为 $y=-\dfrac{3}{2}x+10$.

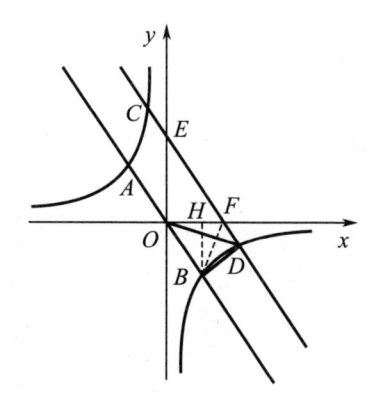

反比例函数的应用

第 10 节

名师语要 名师点拨，轻松掌握

反比例函数的应用指运用反比例函数的图象性质解答生产生活中的问题，以及与反比例函数有关的综合性问题．解答这类问题时，需要通过对题目的阅读，抽象出实际问题中的反比例函数，再运用反比例函数的图象性质求解．

知识全解 归纳知识，深刻认识

一、反比例函数的实际应用

用函数的观点处理实际问题的关键在于分析实际情境，建立函数模型，并进一步明确数学问题，将实际问题置于已有的知识背景中，用数学知识重新解释．

> **温馨提示**
>
> 建立反比例函数模型通常有以下几种方法．
> （1）直接在题目中寻找表示反比例函数模型的关键词，如"……是……的反比例函数""……与……成反比例"等．
> （2）利用有关公式，如做功＝力×在力的方向上移动的距离，注水量＝注水时间×注水速度等．

二、用反比例函数解决实际问题的一般步骤

（1）审题，找出题中变量之间的关系．

（2）若变量之间符合反比例函数的关系，则建立反比例函数模型，即确定反比例函数的解析式，并注意自变量的取值范围．

（3）利用反比例函数的图象和性质解题．

> **温馨提示**
>
> 建立反比例函数模型的两种常用方法：①直接运用实际问题的基本数量关系得到反比例函数解析式；②通过审题提炼出题中隐含的数量关系，得到反比例函数解析式．

学法指导 经典例题，点拨方法

类型 1 反比例函数的实际应用

例1 某药品研究所开发一种抗菌新药，经多年动物实验，首次用于临床人体实验．测得成人服药后血液中药物浓度 y（μg/mL）与服药时间 x（h）之间的函数关系如右图所示（当 $4 \leqslant x \leqslant 10$ 时，y 与 x 成反比）．

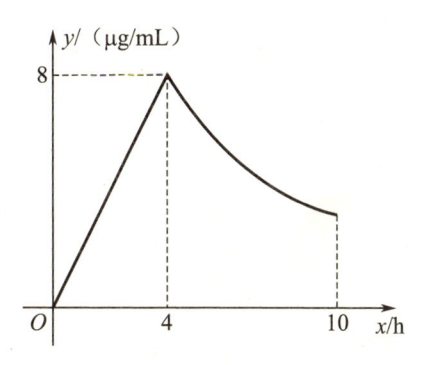

（1）根据图象分别求出血液中药物浓度上升和下降阶段 y 与 x 之间的函数解析式．

（2）血液中药物浓度不低于 4μg/mL 的持续时间为多少小时？

【分析】（1）根据图象可知，当 $0 \leqslant x \leqslant 4$ 时，y 与 x 成正比，可利用直线过点 (4,8) 确定正比例函数的解析式；类似地，由图象可知，当 $4 \leqslant x \leqslant 10$ 时，y 与 x 成反比，可利用双曲线过点 (4,8) 确定它的解析式．（2）血液

中药物浓度不低于 4μg/mL 的持续时间即是图象中 $y \geq 4$ 时对应的 x 的取值范围,将 $y=4$ 分别代入所求函数解析式即可找到对应的 x 的值,从而确定所求的时间段.

【解答】(1) 由图象可知,当 $0 \leq x \leq 4$ 时,y 与 x 成正比,设 $y=kx$ ($k \neq 0$).

由图象可知,当 $x=4$ 时,$y=8$,∴ $4k=8$,解得 $k=2$,
∴ $y=2x(0 \leq x \leq 4)$.

又由题意可知,当 $4 \leq x \leq 10$ 时,y 与 x 成反比,设 $y=\dfrac{m}{x}$ ($m \neq 0$).

由图象可知,当 $x=4$ 时,$y=8$,∴ $m=4 \times 8=32$,
∴ $y=\dfrac{32}{x}(4 \leq x \leq 10)$.

即血液中药物浓度上升时 $y=2x(0 \leq x \leq 4)$;血液中药物浓度下降时 $y=\dfrac{32}{x}(4 \leq x \leq 10)$.

(2) 血液中药物浓度不低于 4μg/mL,即 $y \geq 4$.

∴ $2x \geq 4$ 且 $\dfrac{32}{x} \geq 4$,解得 $x \geq 2$ 且 $x \leq 8$,

∴ $2 \leq x \leq 8$,即持续时间为 6 小时.

【方法总结】解答函数实际应用题时,要先依据函数图象特征确定函数类型,然后利用待定系数法求函数解析式,同时要考虑实际问题有意义这个条件.

类型2 反比例函数的综合运用

例2 如右图所示,一次函数 $y=kx+b$ ($k \neq 0$) 与反比例函数 $y=\dfrac{6}{x}$ ($x>0$) 的图象交于 $A(m,6)$、$B(3,n)$ 两点.

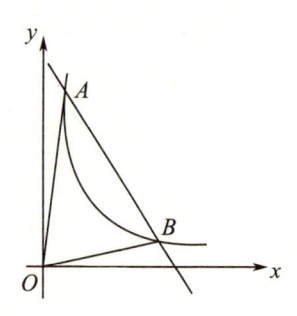

(1) 求一次函数的解析式.

(2) 根据图象直接写出使 $kx+b < \dfrac{6}{x}$ 成立的 x 的取值范围.

（3）求△AOB 的面积.

【分析】（1）把 A、B 两点的坐标代入反比例函数解析式，求出 m、n 的值后，再把 A、B 代入一次函数解析式即可．（2）不等式 $kx+b<\dfrac{6}{x}$ 的解集可以通过观察图象获得，即反比例函数位于一次函数上方时 x 的取值范围．（3）在平面直角坐标系中，当不好直接使用三角形面积公式计算时，一般用割补法来转化求解．

【解答】（1）∵ A（m,6）、B（3,n）两点在反比例函数 $y=\dfrac{6}{x}$（x＞0）的图象上，

∴ m=1，n=2，即 A（1,6），B（3,2）．

又∵ A（1,6）、B（3,2）两点在一次函数 y=kx+b（k≠0）的图象上，

∴ $\begin{cases} k+b=6 \\ 3k+b=2 \end{cases}$，解得 $\begin{cases} k=-2 \\ b=8 \end{cases}$．

∴ 一次函数的解析式为 y=－2x+8．

（2）根据图象可知使 $kx+b<\dfrac{6}{x}$ 成立的 x 的取值范围是 0＜x＜1 或 x＞3．

（3）分别过点 A、B 作 AE⊥x 轴，BC⊥x 轴，垂足分别为 E、C 点，直线 AB 交 x 轴于 D 点，如右图所示．

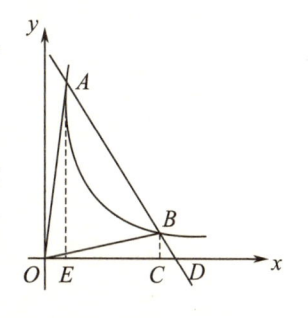

令－2x+8=0，得 x=4，即 D（4,0）．

∵ A（1,6），B（3,2），

∴ AE=6，BC=2．

∴ $S_{\triangle AOB}=S_{\triangle AOD}-S_{\triangle BOD}=\dfrac{1}{2}\times 4\times 6-\dfrac{1}{2}\times 4\times 2=8$．

【方法总结】在平面直角坐标系中，当三角形的一边既不平行于 x 轴，也不平行于 y 轴，求三角形的面积时，一般情况都利用分割法，将不规则图形转化为易求面积的图形，再利用点的坐标表示相应边的长度，最后利

用面积公式算出相应图形的面积,使问题得以顺利解决.

链接中考 真题演练,小试身手

考点1 确定实际问题的反比例函数图象

例1 如右图所示,取一根长 100cm 的匀质木杆,用细绳绑在木杆的中点 O 并将其吊起来,在中点 O 的左侧距离点 O 25cm($L_1=25$cm)处挂一个重 9.8N($F_1=9.8$N)的物体,在中点 O 的右侧用一个弹簧秤向下拉,使木杆处于水平状态,弹簧秤与中点 O 的距离 L(单位:cm)及弹簧秤的示数 F(单位:N)满足 $FL=F_1L_1$,以 L 的数值为横坐标,F 的数值为纵坐标建立平面直角坐标系.则 F 关于 L 的函数图象大致是(　　).

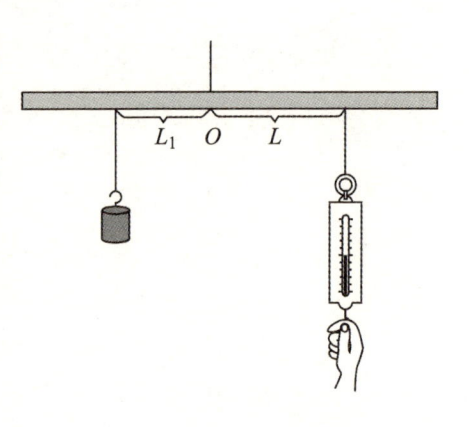

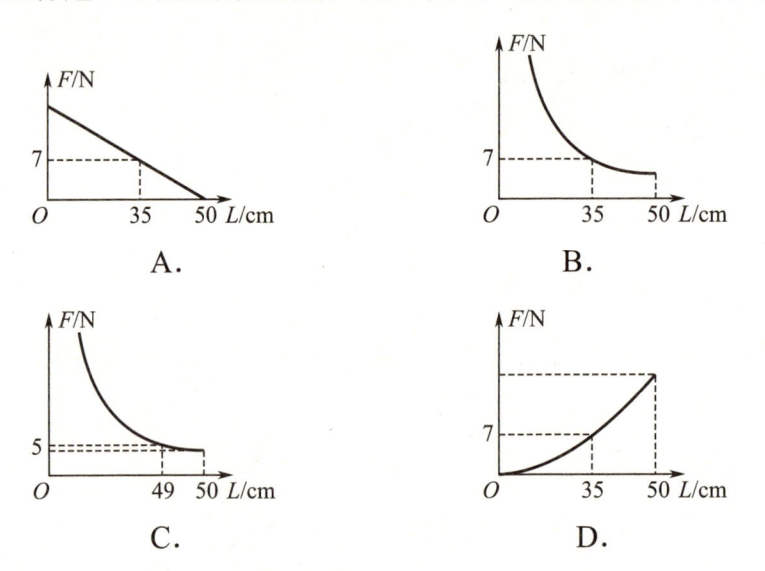

A.

B.

C.

D.

【解析】 根据杠杆原理可得,$F·L=25×9.8$.
把弹簧秤与中点 O 的距离 L 记作 x,弹簧秤的示数 F 记作 y,

有 $xy=245$（$0<x\leqslant 50$）.

∵ $5\times 49=245$，$4.9\times 50=245$，

故 F 关于 L 的函数图象大致是选项 C. 故选 C.

【点评】在实际问题中，一定要注意自变量的取值范围，以便正确判断函数图象是否正确.

考点2 依据公式确定函数解析式

例2 科学课上，同学用自制密度计测量液体的密度（如右图所示）. 密度计悬浮在不同的液体中时，浸在液体中的高度 h（单位：cm）是液体的密度 ρ（单位：g/cm³）的反比例函数，当密度计悬浮在密度为 1g/cm³ 的水中时，$h=20$cm.

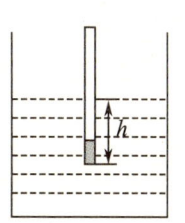

(1) 求 h 关于 ρ 的函数解析式.

(2) 当密度计悬浮在另一种液体中时，$h=25$cm，求该液体的密度 ρ.

【解析】(1) 设 h 关于 ρ 的函数解析式为 $h=\dfrac{k}{\rho}$（$k\neq 0$），

把 $\rho=1$，$h=20$ 代入解析式，得 $k=1\times 20=20$，

∴ h 关于 ρ 的函数解析式为 $h=\dfrac{20}{\rho}$.

(2) 把 $h=25$ 代入 $h=\dfrac{20}{\rho}$，得 $25=\dfrac{20}{\rho}$，

解得 $\rho=0.8$，

答：该液体的密度 ρ 为 0.8g/cm³.

【点评】本题考查了反比例函数的应用，正确地求出反比例函数的解析式是解题的关键.

拓展训练 再接再厉，提高能力

1. 已知甲、乙两地相距 20km，汽车从甲地匀速行驶到乙地，则汽车

行驶时间 t（单位：h）关于行驶速度 v（单位：km/h）的函数关系是（　　）.

A．$t=20v$　　B．$t=\dfrac{20}{v}$　　C．$t=\dfrac{v}{20}$　　D．$t=\dfrac{10}{v}$

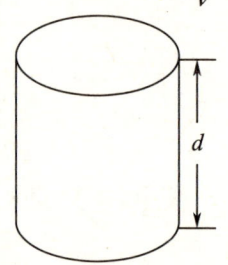

2. 如右图所示，市煤气公司计划在地下修建一个容积为 10^4m^3 的圆柱形煤气储存室，则储存室的底面积 S（单位：m^2）与其深度 d（单位：m）的函数图象大致是（　　）.

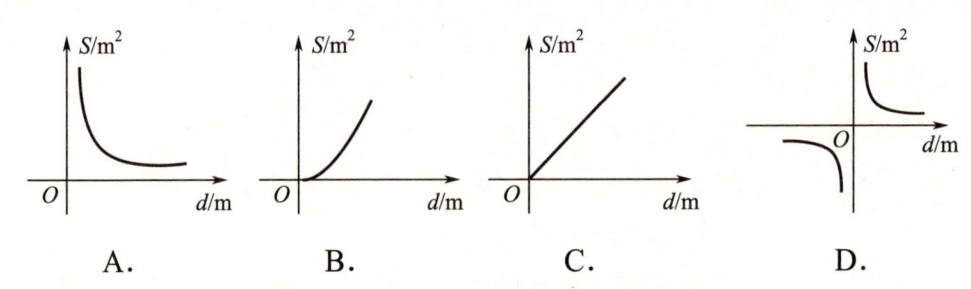

A.　　B.　　C.　　D.

3. 某体育场计划修建一个容积一定的长方体游泳池，设容积为 $a(\text{m}^3)$，泳池的底面积 $S(\text{m}^2)$ 与其深度 $x(\text{m})$ 之间的函数解析式为 $S=\dfrac{a}{x}$ ($x>0$)，该函数的图象大致是（　　）.

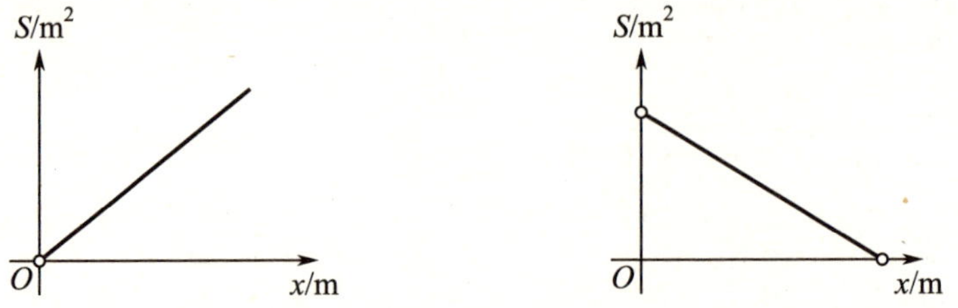

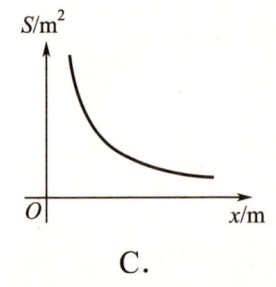

A.　　B. 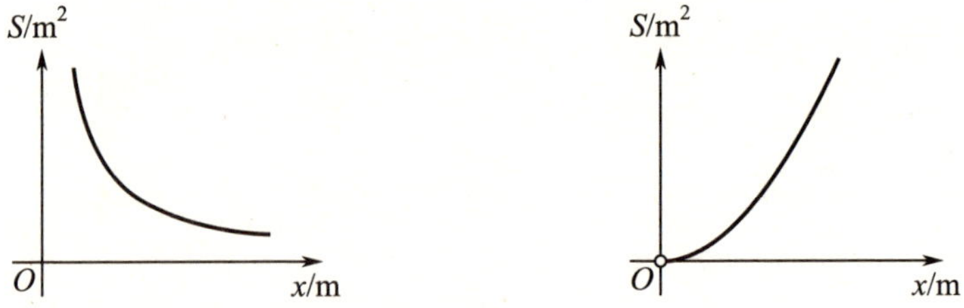　　C.　　D.

4．在对物体做功一定的情况下，力 F（N）与此物体在力的方向上移动的距离 s（m）成反比，其图象如右图所示，P（5,1）在图象上，则当力达到 10N 时，物体在力的方向上移动的距离是_____m．

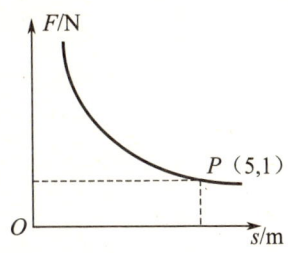

5．某蓄电池的电压为 48V，使用此蓄电池时，电流 I（单位：A）与电阻 R（单位：Ω）的函数解析式为 $I=\dfrac{48}{R}$．当 $R=12Ω$ 时，I 的值为_____A．

6．某气球内充满了一定质量的气体，在温度不变的条件下，气球内气体的压强 P（Pa）是气球体积 V（m³）的反比例函数，且当 $V=3m^3$ 时，$P=8000Pa$．当气球内气体的压强大于 40000Pa 时，气球将爆炸，为确保气球不爆炸，气球的体积应不小于_____m³．

7．将油箱注满 kL 油后，轿车可行驶的总路程 S（单位：km）与平均耗油量 a（单位：L/km）之间有反比例函数关系 $S=\dfrac{k}{a}$（k 是常数，$k\neq 0$）．已知某轿车油箱注满油后，以平均耗油量为 0.1L/km 的速度行驶，可行驶 700km．

（1）求该轿车可行驶的总路程 S 与平均耗油量 a 之间的函数解析式．

（2）当平均耗油量为 0.08L/km 时，该轿车可以行驶多少千米？

8．六一儿童节，小文到公园游玩，看到公园的一段人行弯道 MN（不计宽度）与两面互相垂直的围墙 OP、OQ 之间有一块空地 $MPOQ$（$MP\perp OP$，$NQ\perp OQ$），他发现弯道 MN 上任一点到两边围墙的垂线段与围墙所围成的矩形的面积都相等，如 A、B、C 是弯道 MN 上三点，矩形 $ADOG$、矩形 $BEOH$、矩形 $CFOI$ 的面积相等．爱好数学的他建立了平面直角坐标系（见右图），图中 3 块阴影部分的面积分别记为 S_1、S_2、S_3，并测得 $S_2=6$（单位：m^2），$OG=GH=HI$.

（1）求 S_1 和 S_3 的值.

（2）设 $T(x,y)$ 是弯道 MN 上的任意一点，写出 y 关于 x 的函数解析式.

（3）公园准备对区域 $MPOQN$ 内部进行绿化改造，在横坐标、纵坐标都是偶数的点处种植花木（区域边界上的点除外），已知 $MP=2m$，$NQ=3m$. 问：一共能种植多少棵花木？

9.【背景】在一次物理实验中，小冉同学用一固定电压为12V的蓄电池，通过调节滑动变阻器来改变电流大小，完成控制灯泡 L（灯丝的电阻值 $R_L=2\Omega$）亮度的实验（如右图所示），已知串联电路中，电流与电阻 R、R_L 之间的关系为 $I=\dfrac{U}{R+R_L}$，通过实验得出如下数据：

R/Ω	…	1	a	3	4	6	…
I/A	…	4	3	2.4	2	b	…

（1）$a=$＿＿＿＿，$b=$＿＿＿＿．

（2）【探究】根据以上实验，构建出函数 $y=\dfrac{12}{x+2}$（$x\geq 0$），结合表格信息，探究函数 $y=\dfrac{12}{x+2}$（$x\geq 0$）的图象与性质.

①在平面直角坐标系中画出对应函数 $y=\dfrac{12}{x+2}$（$x\geq 0$）的图象；

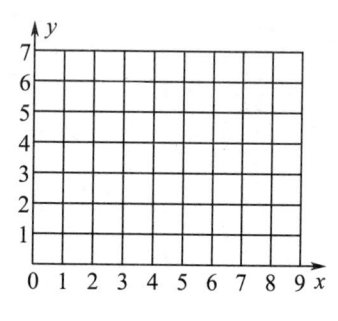

②随着自变量 x 的不断增大，函数值 y 的变化趋势是＿＿＿＿．

（3）【拓展】结合（2）中函数图象分析，当 $x\geq 0$ 时，$\dfrac{12}{x+2}\geq -\dfrac{3}{2}x+6$ 的解集为＿＿＿＿．

10. 如右图所示，一次函数 $y=kx+b$（$k\neq 0$）的图象与反比例函数 $y=\dfrac{m}{x}$（$m\neq 0$，

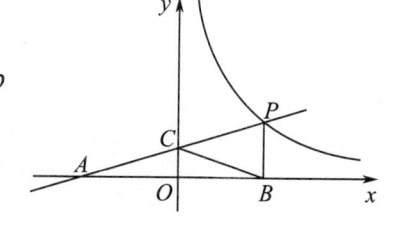

$x>0$)的图象交于点 P(n,2),与 x 轴交于点 A(−4,0),与 y 轴交于点 C,$PB \perp x$ 轴于点 B,且 $AC=BC$.

(1)求一次函数、反比例函数的解析式.

(2)反比例函数图象上是否存在点 D,使四边形 $BCPD$ 为菱形?如果存在,求出点 D 的坐标;如果不存在,说明理由.

参 考 答 案

1.B. 2.A. 3.C. 4.0.5. 5.4. 6.0.6.

7.(1)把 $a=0.1$,$S=700$ 代入 $S=\dfrac{k}{a}$,得 $700=\dfrac{k}{0.1}$,解得 $k=70$,

∴该轿车可行驶的总路程 S 与平均耗油量 a 之间的函数解析式为 $S=\dfrac{70}{a}$.

(2)把 $a=0.08$ 代入 $S=\dfrac{70}{a}$,得 $S=875$,

∴当平均耗油量为 0.08L/km 时,该轿车可以行驶 875km.

8.(1)根据题意可知 $S_1:S_2:S_3=3:1:2$,又∵$S_2=6$,∴$S_1=18$,$S_3=12$.

(2)点 T(x,y)是弯道 MN 上的任意一点,根据弯道 MN 上任一点到围墙两边的垂线段及围墙所围成的矩形的面积都相等,可知 $xy=3S_3=36$,

∴$y=\dfrac{36}{x}$.

(3)一共能种植 17 棵花木(过程略).

9.(1)根据题意得,$3=\dfrac{12}{a+2}$,∴$a=2$,$b=\dfrac{12}{6+2}=1.5$.

故答案为 2,1.5.

(2)①根据表格数据描点,在平面直角坐标系中画出的对应函数

$y=\dfrac{12}{x+2}$ （$x\geqslant 0$）图象如下：

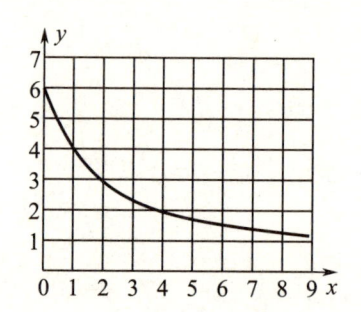

②由图象可知，随着自变量 x 的不断增大，函数值 y 的变化趋势是不断减小．

故答案为不断减小．

（3）如右图所示，

由函数图象知，当 $x\geqslant 2$ 或 $x=0$ 时，$\dfrac{12}{x+2}\geqslant -\dfrac{3}{2}x+6$，

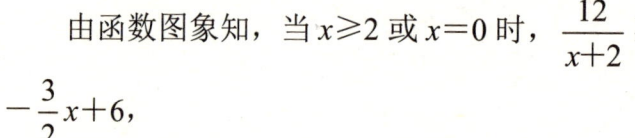

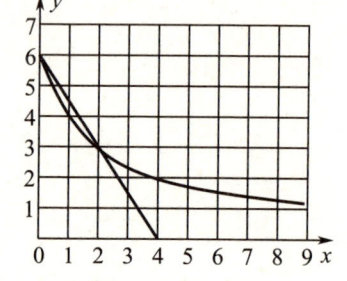

即当 $x\geqslant 0$ 时，$\dfrac{12}{x+2}\geqslant -\dfrac{3}{2}x+6$ 的解集为 $x\geqslant 2$ 或 $x=0$，

故答案为 $x\geqslant 2$ 或 $x=0$．

10．（1）∵$AC=BC$，$CO\perp AB$，∴$AO=BO$．

∵$A(-4,0)$，∴$B(4,0)$，∴$P(4,2)$．

把 $P(4,2)$ 代入 $y=\dfrac{m}{x}$，得 $m=8$，

∴反比例函数的解析式为 $y=\dfrac{8}{x}$．

把 $A(-4,0)$，$P(4,2)$ 代入 $y=kx+b$，

得 $\begin{cases}0=-4k+b\\2=4k+b\end{cases}$，解得 $\begin{cases}k=\dfrac{1}{4}\\b=1\end{cases}$，

∴一次函数的解析式为 $y=\dfrac{1}{4}x+1$．

（2）存在点 D，使四边形 $BCPD$ 为菱形.

∵ $AC=BC$，∴ $\angle CAB = \angle ABC$.

∵ $PB \perp x$ 轴，∴ $\angle APB + \angle CAB = 90°$，$\angle PBC + \angle ABC = 90°$，

∴ $\angle APB = \angle PBC$，∴ $CP = CB$.

由 $y = \dfrac{1}{4}x + 1$，知 C 点的纵坐标为 1，

过点 C 作 CD 平行于 x 轴，交 PB 于点 E，交反比例函数 $y = \dfrac{8}{x}$ 的图象于点 D，连接 PD、BD，如下图所示，

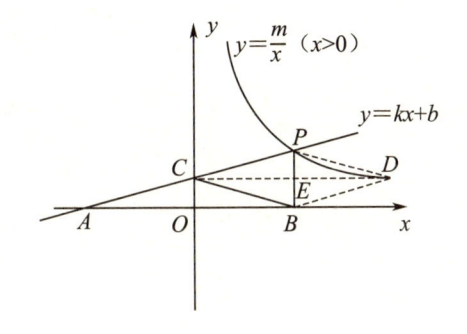

∴ 点 D 的坐标为 $(8,1)$，∴ $BP \perp CD$，

∴ $PE = BE = 1$，∴ $CE = DE = 4$，

∴ PB 与 CD 互相垂直平分，

∴ 四边形 $BCPD$ 为菱形，

点 $D(8,1)$ 即为所求.

二次函数的概念

第 11 节

名师语要 名师点拨，轻松掌握

> 二次函数的概念是学习二次函数的基础，是为学习二次函数的图象做铺垫的，同学们需要理解二次函数的概念，并能根据函数的解析式判断一个函数是不是二次函数．利用函数解析式求值的问题同前面学过的一次函数、反比例函数是类似的，可以通过拓展训练的有关题目来体会．

知识全解 归纳知识，深刻认识

一、二次函数的定义

一般地，形如 $y=ax^2+bx+c$（a、b、c 是常数，$a\neq 0$）的函数，叫作二次函数．

温馨提示

（1）二次函数的结构特征：等号右边是关于 x 的二次三项式，x 的最高次数是 2，二次项系数 a 必须是非零的实数，一次项系数 b 与常数项 c 可以是任意实数．

（2）特殊形式：$y=ax^2$，$y=ax^2+bx$，$y=ax^2+c$ 等．

（3）3 种表达形式：

① 一般形式：$y=ax^2+bx+c$（a、b、c 为常数，且 $a\neq 0$）；

② 顶点式：$y=a(x-h)^2+k$ [其中 $a\neq 0$，(h, k) 为顶点坐标]；

③ 交点式：$y=a(x-x_1)(x-x_2)$（其中 $a\neq 0$，x_1，x_2 为抛物线与 x 轴的两个交点的横坐标）.

（4）判断一个函数是否为二次函数，要看化简后的结果.

二、自变量的取值范围

我们很容易地看出二次多项式 ax^2+bx+c，无论 x 取任何实数，多项式本身都有意义，也就是说，二次函数 $y=ax^2+bx+c$（a，b，c 是常数，$a\neq 0$）自变量的取值范围为全体实数.

学法指导 经典例题，点拨方法

类型 1 二次函数的辨析

例1 下列函数哪些是二次函数？

（1）$y=2-x^2$；（2）$y=\dfrac{1}{x^2-1}$；（3）$y=2x(1+4x)$；

（4）$y=x^2-(1+x)^2$；（5）$y=mx^2+nx+p$（m、n、p 均为常数）.

【分析】（1）是二次函数；（2）$\dfrac{1}{x^2-1}$ 是分式而不是整式，故 $y=\dfrac{1}{x^2-1}$ 不是二次函数；（3）把 $y=2x(1+4x)$ 化简为 $y=8x^2+2x$，显然它是二次函数；（4）$y=x^2-(1+x)^2$ 化简后变为 $y=-2x-1$，它不是二次函数而是一个一次函数；（5）由于题目没有给定二次项系数 m 的条件，故应讨论，当 $m\neq 0$ 时，$y=mx^2+nx+p$ 是一个二次函数；当 $m=0$ 时，函数变为 $y=nx+p$，不是二次函数.

【解答】二次函数有（1）和（3）.

【方法总结】判断是否是二次函数，需要化简后再判断. 可从 3 个方面判断：①是否是整式；②是否是二次式的整式；③二次项的系数是否为 0.

类型2 二次函数的定义

例2 当 m 为何值时,函数 $y=(m+1)x^{m^2-2m-1}-2x-1$ 为二次函数?

【分析】根据二次函数的定义,要使 $y=(m+1)x^{m^2-2m-1}-2x-1$ 是二次函数,m 不但应满足 $m^2-2m-1=2$,还应满足 $m+1\neq 0$.

【解答】因为原函数为二次函数,所以自变量的最高次项为二次,且二次项系数不为零,则有 $\begin{cases} m^2-2m-1=2 \\ m+1\neq 0 \end{cases}$,解得 $m=3$.

∴当 $m=3$ 时,函数 $y=(m+1)x^{m^2-2m-1}-2x-1$ 是二次函数.

【方法总结】依据二次函数的定义,x 的最高次数是 2,二次项系数 a 必须是非零的实数.

类型3 求函数值

例3 已知二次函数 $y=3(x-1)^2+2$,当 $x=5$ 时,y 的值是_____;当 $y=5$ 时,x 的值是_____.

【分析】求函数值时,只要将自变量的取值代入,即可直接得到;求自变量的值,需要将函数值代入后求解一元二次方程.

【解答】当 $x=5$ 时,$y=50$;

当 $y=5$ 时,$3(x-1)^2+2=5$.

即 $(x-1)^2=1$,解得 $x=0$ 或 $x=2$.

【方法总结】求函数值实际上就是求代数式的值;求二次函数自变量的值实际上就是解一元二次方程.

类型4 根据实际问题求函数解析式

例4 如右图所示,在 $\triangle ABC$ 中,$\angle B=90°$,$AB=12$mm,$BC=24$mm,动点 P 从点 A 开始沿边 AB 向 B 以 2mm/s 的速度移动,动点 Q 从点 B 开始沿边 BC

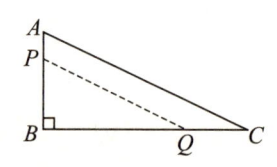

向 C 以 4mm/s 的速度移动. 已知 P、Q 分别从 A、B 同时出发,求 $\triangle PBQ$ 的面积 S 与出发时间 t 的函数解析式,并求出 t 的取值范围.

【分析】本题是动态几何题,欲求 $\triangle PBQ$ 的面积 S 与出发时间 t 的函数解析式,首先要正确用含 t 的代数式表示 PB 和 BQ 的长,再根据面积公式求出 $\triangle PBQ$ 的面积,注意要正确地确定自变量 t 的取值范围.

【解答】依题意,得 $AP=2t$,$BQ=4t$,则 $PB=12-2t$,

$\therefore S=\dfrac{1}{2}PB \times BQ=\dfrac{1}{2}\times(12-2t)\times 4t=-4t^2+24t$.

$\therefore \triangle PBQ$ 的面积 S 与出发时间 t 的函数解析式为 $S=-4t^2+24t$.

$\because \begin{cases} 0<12-2t<12 \\ 0<4t<24 \end{cases}$,$\therefore$ 自变量的取值范围为 $0<t<6$.

【方法总结】一般地,二次函数 $y=ax^2+bx+c$($a \neq 0$)的自变量 x 的取值范围是全体实数,但在实际问题中,二次函数由于受到实际问题的限制,自变量的取值范围往往不是全体实数.

链接中考 真题演练,小试身手

考点1 二次函数的定义

例1 下列函数解析式中,一定为二次函数的是(　　).

A. $y=3x-1$　　　　　　B. $y=ax^2+bx+c$

C. $s=2t^2-2t+1$　　　　D. $y=x^2+\dfrac{1}{x}$

【解析】$y=3x-1$ 是一次函数,故 A 错误;

$y=ax^2+bx+c$($a \neq 0$)是二次函数,故 B 错误;

$s=2t^2-2t+1$ 是二次函数,故 C 正确;

$y=x^2+\dfrac{1}{x}$ 不是二次函数,故 D 错误. 故选 C.

【点评】本题考查了二次函数的定义,$y=ax^2+bx+c$($a \neq 0$)是二次函数，注意二次函数都是整式.

考点2 列二次函数的解析式

例2 在半径为4的圆中，挖去一个半径为 x 的圆面，剩下圆环的面积为 y，试写出 y 与 x 的函数解析式，并指出自变量 x 的取值范围.

【解析】半径为4的圆的面积为 16π，

半径为 x 的圆的面积为 πx^2，

剩下圆环的面积为 $16\pi - \pi x^2$.

因此函数解析式是 $y = -\pi x^2 + 16\pi$，

其中自变量 x 的取值范围是 $0 < x < 4$.

【点评】对于一些实际问题，通过分析，利用公式找到两个变量之间的等量关系，是求函数解析式的关键. 根据问题的实际意义，注意确定自变量的取值范围.

拓展训练 再接再厉，提高能力

1. 若函数 $y = (m-3)x^2 - 5x + 1$ 是二次函数，则必有（　　）.
   A．$m = 3$ B．$m > 3$
   C．$m < 3$ D．$m \neq 3$

2. 二次函数 $y = 2x(x-3)$ 的二次项系数与一次项系数的和为（　　）.
   A．2 B．-2 C．-1 D．-4

3. 若二次函数 $y = ax^2$ 的图象过点 $P(-2, 4)$，则该图象必经过点（　　）.
   A．$(2, 4)$ B．$(-2, -4)$ C．$(2, -4)$ D．$(4, -2)$

4. 下列函数关系中，是二次函数的是（　　）.
   A．在弹性限度内，弹簧的长度 y 与所挂物体质量 x 之间的关系
   B．当距离一定时，火车行驶的时间 t 与速度 v 之间的关系

C．等边三角形的周长 C 与边长 a 之间的关系

D．圆心角为 120° 的扇形面积 S 与半径 R 之间的关系

5．二次函数 $y=\frac{1}{2}(x-2)^2-3$ 中，二次项系数为____，一次项系数为____，常数项为____．

6．下列函数中：①$y=-x^2$；②$y=2x$；③$y=2^2+x^2-x^3$；④$m=3-t-t^2$ 是二次函数的是____（其中 x、t 为自变量）．

7．二次函数 $y=x^2+2x-7$ 的函数值是 8，那么对应的 x 的值是_____．

8．若函数 $y=(m-2)x^{m^2-2}+5x-1$ 是一个二次函数，则 $m=$_____．

9．把下面的二次函数化成一般形式，并指出二次项系数、一次项系数和常数项．

(1) $y=2(x-3)^2-6$． (2) $y=\frac{1}{2}(x-2)(x-3)$．

10．如右图所示，用一段长为 30m 的篱笆围成一个一边靠墙（墙的长度不限）的矩形菜园 $ABCD$，设 AB 边长为 xm，菜园的面积为 ym²．

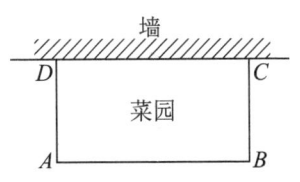

（1）写出菜园的面积 y（m²）与 x（m）之间的函数解析式．（不要求写出自变量 x 的取值范围）

（2）当菜园的面积为 100m² 时，求 AB 边的长．

参 考 答 案

1．D．2．D．3．A．4．D．5．$\frac{1}{2}$，-2，-1．6．①④．7．3 或 -5．8．-2．

9．(1) $y=2x^2-12x+12$，二次项系数是 2，一次项系数是 -12，常数项

是 12.

(2) $y=\frac{1}{2}x^2-\frac{5}{2}x+3$，二次项系数是 $\frac{1}{2}$，一次项系数是 $-\frac{5}{2}$，常数项是 3.

10.（1）菜园的面积 y（m^2）与 x（m）之间的函数解析式为 $y=\frac{1}{2}(30-x)\cdot x$，即 $y=-\frac{1}{2}x^2+15x$.

(2) 当 $y=100$ 时，即 $-\frac{1}{2}x^2+15x=100$，解得 $x_1=10$，$x_2=20$. 所以当菜园的面积为 $100m^2$ 时，AB 边的长为 10m 或 20m.

第12节 二次函数的图象

名师语要 名师点拨，轻松掌握

二次函数是学习函数时的一次升华，需要理解形如 $y=ax^2$，$y=ax^2+k$，$y=a(x-h)^2$，$y=a(x-h)^2+k$ 的二次函数，熟练地画出函数图象并由图象理解开口方向、对称轴和顶点，运用这种类型的二次函数可以解决一些实际问题，帮助同学们体会数形结合思想在函数学习中的重要性.

知识全解 归纳知识，深刻认识

一、二次函数 $y=ax^2$ 的图象

二次函数 $y=ax^2$ 的图象是一条抛物线，图象及其性质如下：

二次项系数	图象	开口方向	顶点坐标	对称轴	函数增减性	y 的最大值或最小值
$a>0$		向上	(0,0)	y 轴（或直线 $x=0$）	当 $x<0$ 时，y 随 x 的增大而减小；当 $x>0$ 时，y 随 x 的增大而增大	当 $x=0$ 时，$y_{最小值}=0$
$a<0$		向下	(0,0)	y 轴（或直线 $x=0$）	当 $x>0$ 时，y 随 x 的增大而减小；当 $x<0$ 时，y 随 x 的增大而增大	当 $x=0$ 时，$y_{最大值}=0$

二、二次函数 $y=ax^2+c$ 的图象

二次函数 $y=ax^2+c$ 的图象是一条抛物线，图象及其性质如下：

抛物线	$y=ax^2+c$（$a>0$）		$y=ax^2+c$（$a<0$）	
顶点坐标	(0,c)		(0,c)	
对称轴	y 轴		y 轴	
位置	当 $c>0$ 时,图象在 x 轴的上方（经过第一、第二象限）		当 $c<0$ 时,图象在 x 轴的下方（经过第三、第四象限）	
	当 $c<0$ 时,图象与 x 轴相交（经过第一、第二、第三、第四象限）		当 $c>0$ 时,图象与 x 轴相交（经过第一、第二、第三、第四象限）	
开口方向	向上		向下	
增减性	在对称轴的左侧,y 随 x 的增大而减小；在对称轴的右侧,y 随 x 的增大而增大		在对称轴的左侧,y 随 x 的增大而增大；在对称轴的右侧,y 随 x 的增大而减小	

三、二次函数 $y=a(x-h)^2$ 的图象

二次函数 $y=a(x-h)^2$ 的图象是一条抛物线，图象及其性质如下：

二次项系数	图象	开口方向	对称轴	顶点坐标	增减性	函数的最值
$a>0$		向上	直线 $x=h$	(h,0)	当 $x<h$ 时,y 随 x 的增大而减小；当 $x>h$ 时,y 随 x 的增大而增大	当 $x=h$ 时,$y_{最小值}=0$
$a<0$		向下	直线 $x=h$	(h,0)	当 $x<h$ 时,y 随 x 的增大而增大；当 $x>h$ 时,y 随 x 的增大而减小	当 $x=h$ 时,$y_{最大值}=0$

四、二次函数 $y=a(x-h)^2+k$ 的图象

二次函数 $y=a(x-h)^2+k$ 的图象是一条抛物线，图象及其性质如下：

二次项系数	图象	开口方向	对称轴	顶点坐标	增减性	函数的最值
$a>0$		向上	直线 $x=h$	(h,k)	当 $x<h$ 时，y 随 x 的增大而减小；当 $x>h$ 时，y 随 x 的增大而增大	当 $x=h$ 时，$y_{最小值}=k$
$a<0$		向下	直线 $x=h$	(h,k)	当 $x<h$ 时，y 随 x 的增大而增大；当 $x>h$ 时，y 随 x 的增大而减小	当 $x=h$ 时，$y_{最大值}=k$

五、二次函数 $y=ax^2+bx+c$ 的图象

二次函数 $y=ax^2+bx+c$ 通过配方转化为 $y=a(x-h)^2+k$ 的形式，其图象是一条抛物线，图象及其性质如下：

二次项系数	图象	开口方向	对称轴	顶点坐标	增减性	函数的最值
$a>0$		向上	直线 $x=-\dfrac{b}{2a}$	$\left(-\dfrac{b}{2a},\dfrac{4ac-b^2}{4a}\right)$	当 $x<-\dfrac{b}{2a}$ 时，y 随 x 的增大而减小；当 $x>-\dfrac{b}{2a}$ 时，y 随 x 的增大而增大	当 $x=-\dfrac{b}{2a}$ 时，$y_{最小值}=\dfrac{4ac-b^2}{4a}$
$a<0$		向下	直线 $x=-\dfrac{b}{2a}$	$\left(-\dfrac{b}{2a},\dfrac{4ac-b^2}{4a}\right)$	当 $x<-\dfrac{b}{2a}$ 时，y 随 x 的增大而增大；当 $x>-\dfrac{b}{2a}$ 时，y 随 x 的增大而减小	当 $x=-\dfrac{b}{2a}$ 时，$y_{最大值}=\dfrac{4ac-b^2}{4a}$

函 数（修订版）

温馨提示

1. a 决定开口方向

当 $a>0$ 时，抛物线开口向上；当 $a<0$ 时，抛物线开口向下.

2. a 和 b 共同决定抛物线对称轴的位置

（1）当 $b=0$ 时，对称轴为 y 轴.

（2）当 a，b 同号时，对称轴在 y 轴左侧.

（3）当 a，b 异号时，对称轴在 y 轴右侧.

3. c 的值决定抛物线与 y 轴交点的位置

（1）当 $c=0$ 时，抛物线过原点.

（2）当 $c>0$ 时，抛物线与 y 轴交于正半轴.

（3）当 $c<0$ 时，抛物线与 y 轴交于负半轴.

4. b^2-4ac 的符号决定抛物线与 x 轴的交点的个数

$b^2-4ac>0 \Leftrightarrow$ 抛物线与 x 轴有 2 个交点；$b^2-4ac=0 \Leftrightarrow$ 抛物线与 x 轴只有 1 个交点；$b^2-4ac<0 \Leftrightarrow$ 抛物线与 x 轴没有交点.

5. 一些特殊代数式的值

当抛物线与 x 轴的一个交点是 $(1,0)$ 时，有 $a+b+c=0$；当抛物线与 x 轴的一个交点是 $(-1,0)$ 时，有 $a-b+c=0$；当抛物线与 x 轴的一个交点是 $(2,0)$ 时，有 $4a+2b+c=0$ 等.

学法指导 经典例题，点拨方法

类型1 一次函数、二次函数图象的性质及其应用

例1 在同一平面直角坐标系中，函数 $y=ax^2+bx$ 与 $y=bx+a$ 的图象可能是（　　）.

A.　　　　　　B.　　　　　　C.　　　　　　D.

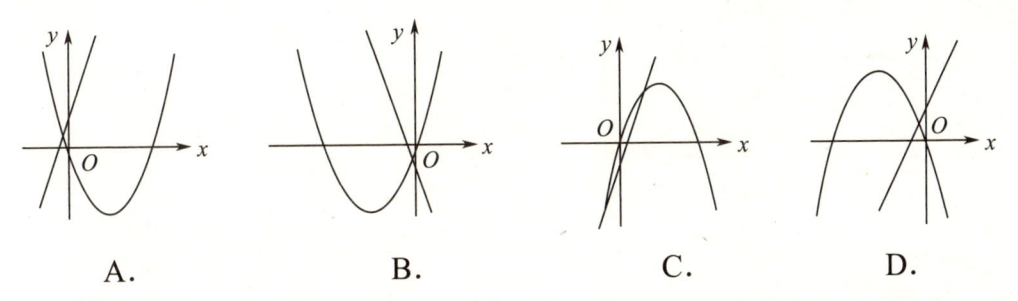

【分析】首先根据图形中给出的一次函数图象确定 a、b 的符号,进而运用二次函数的性质判断图形中给出的二次函数的图象是否符合题意,根据选项逐一讨论,即可解决问题.

【解答】选项 A,对于直线 $y=bx+a$ 来说,由图象可以判断,$a>0$,$b>0$;而对于抛物线 $y=ax^2+bx$ 来说,对称轴 $x=-\dfrac{b}{2a}<0$ 应在 y 轴的左侧,故不合题意,图形错误.

选项 B,对于直线 $y=bx+a$ 来说,由图象可以判断,$a<0$,$b<0$;而对于抛物线 $y=ax^2+bx$ 来说,图象应开口向下,故不合题意,图形错误.

选项 C,对于直线 $y=bx+a$ 来说,由图象可以判断,$a<0$,$b>0$;而对于抛物线 $y=ax^2+bx$ 来说,图象开口向下,对称轴 $y=-\dfrac{b}{2a}$ 位于 y 轴的右侧,故符合题意.

选项 D,对于直线 $y=bx+a$ 来说,由图象可以判断,$a>0$,$b>0$;而对于抛物线 $y=ax^2+bx$ 来说,图象开口向下,$a<0$,故不合题意,图形错误.

故选 C.

【方法总结】此题主要考查了一次函数、二次函数图象的性质及其应用.解题的方法是首先根据一次函数的图象确定 a、b 的符号,进而判断另一个函数的图象是否符合题意;解题的关键是灵活运用一次函数、二次函数的图象性质来分析、判断、解答.

类型2　二次函数图象的平移

例2　抛物线 $y=x^2+bx+c$ 的图象先向右平移 2 个单位长度，再向下平移 3 个单位长度，所得抛物线的函数解析式为 $y=(x-1)^2-4$，则 b、c 的值为（　　）.

A．$b=2$，$c=-6$　　　　B．$b=2$，$c=0$

C．$b=-6$，$c=8$　　　　D．$b=-6$，$c=2$

【解答】还原抛物线，需要将 $y=(x-1)^2-4$ 先向左平移 2 个单位长度，再向上平移 3 个单位长度，即得 $y=(x-1+2)^2-4+3=(x+1)^2-1=x^2+2x$.

对照 $y=x^2+bx+c$ 各项系数，可知 $b=2$，$c=0$.

故选 B．

【方法总结】解决抛物线平移的问题，通常要把解析式配方转化为顶点式，遵循"括号内左加右减，括号外上加下减"的平移原则，确定平移后的解析式.

类型3　利用二次函数图象的对称性解题

例3　如右图所示，二次函数 $y=-x^2+2x+m$ 的图象与 x 轴的一个交点为 $A(3,0)$，另一个交点为 B，且与 y 轴交于点 C.

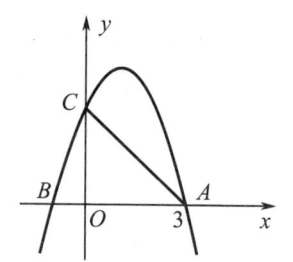

（1）求 m 的值.

（2）求点 B 的坐标.

（3）该二次函数图象上有一点 $D(x,y)$，其中 $x>0$，$y>0$，使 $S_{\triangle ABD}=S_{\triangle ABC}$. 求点 D 的坐标.

【分析】若 $S_{\triangle ABD}=S_{\triangle ABC}$，则点 C 和点 D 的纵坐标相同，即点 C、D 关于对称轴对称.

【解答】(1) 将 (3,0) 代入二次函数解析式 $y=-x^2+2x+m$,

得 $-3^2+2\times 3+m=0$.

解得 $m=3$.

(2) 二次函数的解析式为 $y=-x^2+2x+3$,

令 $y=0$,得 $-x^2+2x+3=0$.

解得 $x=3$ 或 $x=-1$,∴点 B 的坐标为 $(-1,0)$.

(3) ∵ $S_{\triangle ABD}=S_{\triangle ABC}$,点 D 在第一象限,

∴点 C、D 关于二次函数图象的对称轴对称.

由二次函数解析式可得其对称轴方程为 $x=1$,

又∵点 C 的坐标为 $(0,3)$,

∴点 D 的坐标为 $(2,3)$.

【方法总结】在题目已知二次函数解析式、顶点坐标、对称轴、关于对称轴对称的两点坐标时,注意利用二次函数的对称性解题.

链接中考 真题演练,小试身手

考点1 二次函数的图象与其他函数图象的结合

例1 二次函数 $y=ax^2+bx+c$ 的图象如右图所示,则一次函数 $y=bx+c$ 和反比例函数 $y=\dfrac{a}{x}$ 在同一平面直角坐标系中的图象可能是 ( ).

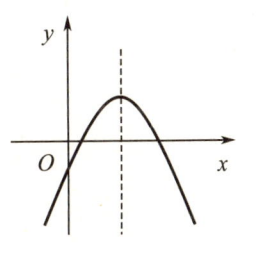

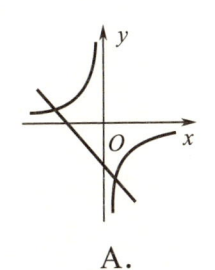

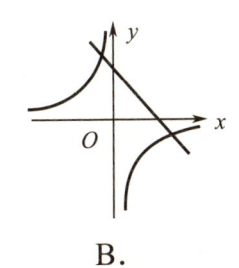

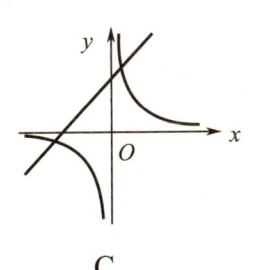

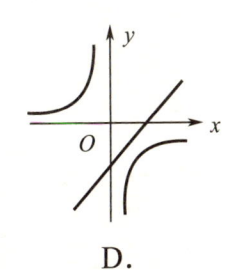

A.   B.   C.   D.

【解析】∵二次函数图象开口方向向下，∴$a<0$.

∵二次函数图象的对称轴为直线$x=-\dfrac{b}{2a}>0$，∴$b>0$.

∵二次函数图象与y轴的负半轴相交，∴$c<0$，

∴$y=bx+c$的图象经过第一、第三、第四象限，

反比例函数$y=\dfrac{a}{x}$图象在第二、第四象限，

只有D选项图象符合．故选D．

【点评】本题主要考查了二次函数与一次函数、反比例函数图象的结合问题，解决此类问题的关键是根据函数图象的特点判断参数符号和交点的情况．

考点2 二次函数的图象上点的坐标特征

例2 若点$P(m,n)$在抛物线$y=ax^2(a\neq 0)$上，则下列各点在抛物线$y=a(x+1)^2$上的是（　　）．

A．$(m,n+1)$　　B．$(m+1,n)$　　C．$(m,n-1)$　　D．$(m-1,n)$

【解析】∵点$P(m,n)$在抛物线$y=ax^2(a\neq 0)$上，∴$n=am^2$．

把$x=m$代入$y=a(x+1)^2$得$y=a(m+1)^2$，故点$(m,n+1)$和点$(m,n-1)$不在抛物线$y=a(x+1)^2$上，故A、C不合题意；

把$x=m+1$代入$y=a(x+1)^2$得$y=a(m+2)^2\neq n$，故点$(m+1,n)$不在抛物线$y=a(x+1)^2$上，故B不合题意；

把$x=m-1$代入$y=a(x+1)^2$得$y=a(m-1+1)^2=am^2=n$，故点$(m-1,n)$在抛物线$y=a(x+1)^2$上，D符合题意．

故选D．

【点评】本题考查了二次函数图象上点的坐标特征：二次函数图象上点的坐标满足其解析式．

考点3 二次函数图象与几何变换

例3 如下页图所示，抛物线$y=-2x^2+8x-6$与x轴交于点A、B，把

抛物线在 x 轴及其上方的部分记作 C_1，将 C_1 向右平移得 C_2，C_2 与 x 轴交于点 B、D. 若直线 $y=x+m$ 与 C_1、C_2 共有 3 个不同的交点，则 m 的取值范围是（　　）．

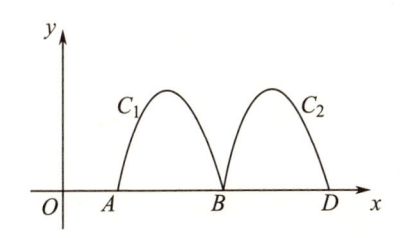

A. $-2<m<\dfrac{1}{8}$ 　　　　B. $-3<m<-\dfrac{7}{4}$

C. $-3<m<-2$ 　　　　D. $-3<m<-\dfrac{15}{8}$

【解析】首先求出点 A 和点 B 的坐标，然后求出 C_2 的解析式，分别求出直线 $y=x+m$ 与抛物线 C_2 相切时 m 的值，以及直线 $y=x+m$ 过点 B 时 m 的值，结合图形（见下图）即可得到答案．

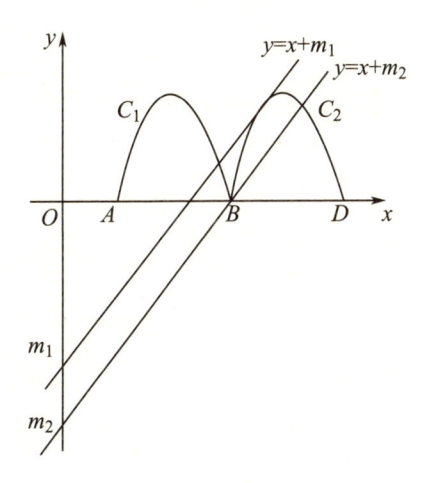

令 $y=-2x^2+8x-6=0$，即 $x^2-4x+3=0$，

解得 $x=1$ 或 3，则点 A（1，0）、B（3，0）．

由于将 C_1 向右平移 2 个单位长度得到 C_2，

则 C_2 的解析式为 $y=-2(x-4)^2+2$ $(3 \leq x \leq 5)$，

当 $y=x+m_1$ 与 C_2 相切时,

令 $y=x+m_1=-2(x-4)^2+2$,

即 $2x^2-15x+30+m_1=0$,

$\Delta=-8m_1-15=0$,

解得 $m_1=-\dfrac{15}{8}$.

当 $y=x+m_2$ 过点 B 时,

即 $0=3+m_2$,

$m_2=-3$.

当 $-3<m<-\dfrac{15}{8}$ 时,直线 $y=x+m$ 与 C_1、C_2 共有 3 个不同的交点,故选 D.

【点评】本题主要考查抛物线与 x 轴交点及二次函数图象与几何变换的知识,解答本题的关键是正确地画出图形,利用数形结合思想进行解题,此题有一定的难度.

拓展训练 再接再厉,提高能力

1. 在平面直角坐标系中,二次函数 $y=a(x-h)^2$ $(a\neq 0)$ 的图象可能是（ ）.

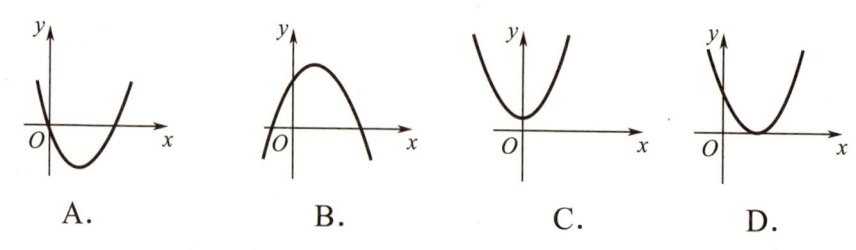

A.   B.   C.   D.

2. 二次函数 $y=ax^2+bx+c$ 的图象如下图所示,则下列关系式错误的是（ ）.

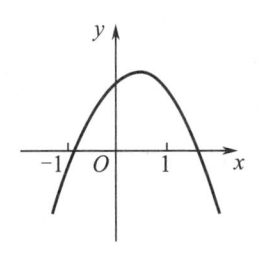

A. $a<0$ B. $b>0$
C. $b^2-4ac>0$ D. $a+b+c<0$

3. 在同一平面直角坐标系中，一次函数 $y=-mx+n^2$ 与二次函数 $y=x^2+m$ 的图象可能是（　　）.

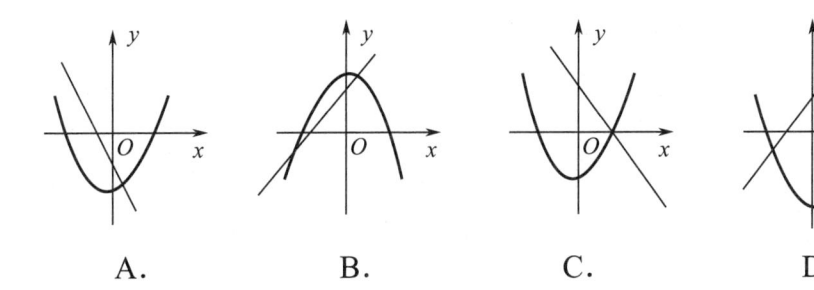

A.　　　　B.　　　　C.　　　　D.

4. 如果一种变换是将抛物线向右平移 2 个单位长度或向上平移 1 个单位长度，我们把这种变换称为抛物线的简单变换．已知抛物线经过两次简单变换后的抛物线是 $y=x^2+1$，则原抛物线的解析式不可能是（　　）.

A. $y=x^2-1$ B. $y=x^2+6x+5$
C. $y=x^2+4x+4$ D. $y=x^2+8x+17$

5. 如右图所示，已知经过原点的抛物线 $y=ax^2+bx+c$（$a\neq 0$）的对称轴是直线 $x=-1$，下列结论中：①$ab>0$，②$a+b+c>0$，③当 $-2<x<0$ 时，$y<0$. 正确的个数是（　　）.

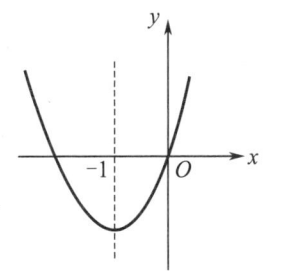

A. 0 B. 1
C. 2 D. 3

6. 将抛物线 $y=(x+3)^2$ 向下平移 1 个单位长度，再向右平移_____个单位长度后，得到的新抛物线经过原点．

7. 已知二次函数 $y=-ax^2+2ax+3$（$a>0$），若点 $P(m,3)$ 在该函数的图象上，且 $m\neq 0$，则 m 的值为_____．

8. 二次函数 $y=\sqrt{3}x^2$ 的图象如右图所示，点 O 为坐标原点，点 A 在 y 轴的正半轴上，点 B、C 在二次函数 $y=\sqrt{3}x^2$ 的图象上，四边形 $OBAC$ 为菱形，且 $\angle OBA=120°$，则菱形 $OBAC$ 的面积为_____．

9. 已知二次函数图象的顶点是 $(-1,2)$，且过点 $(0,\dfrac{3}{2})$．

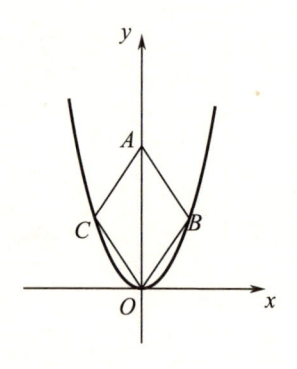

(1) 求二次函数的解析式，并在下图中画出它的图象．

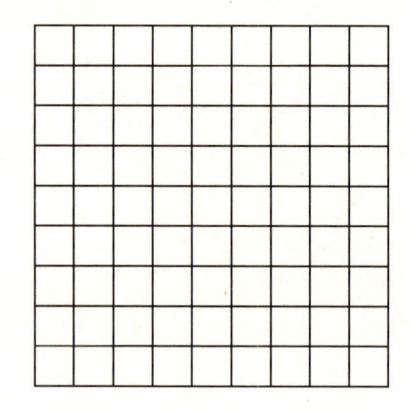

(2) 求证：对任意实数 m，点 $M(m,-m^2)$ 都不在这个二次函数的图象上．

10. 已知二次函数 $y=ax^2+bx+c$（$a\neq 0$）的图象与 y 轴相交于点 $(0,-3)$，并经过点 $(-2,5)$，它的对称轴是 $x=1$，右图为函数图象的一部分．

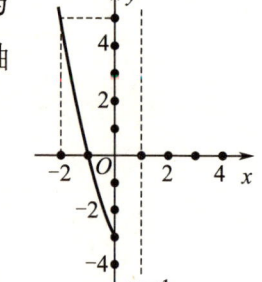

(1) 求函数解析式，并写出函数图象的顶点坐标．

(2) 在原题图上，画出函数图象的其余部分．

(3) 如果点 $P(n,-2n)$ 在上述抛物线上，求 n 的值．

参 考 答 案

1. D. 2. D. 3. D. 4. B. 5. D. 6. 2 或 4. 7. 2. 8. $2\sqrt{3}$.

9.（1）依题意可设此二次函数的解析式为 $y=a(x+1)^2+2$，又因为点 $(0,\dfrac{3}{2})$ 在它的图象上，所以 $\dfrac{3}{2}=a+2$，解得 $a=-\dfrac{1}{2}$，所求为 $y=-\dfrac{1}{2}(x+1)^2+2$.

令 $y=0$，得 $x_1=1$，$x_2=-3$，画出其图象见下图：

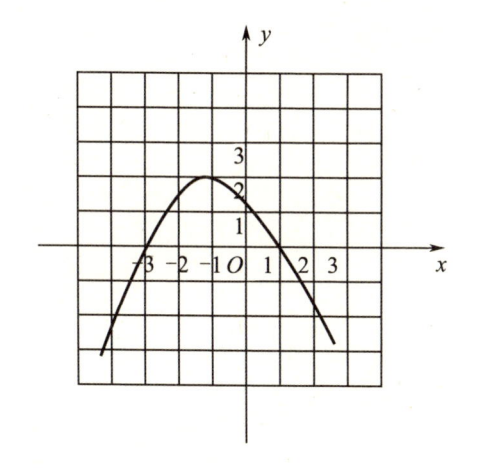

（2）若点 M 在此二次函数的图象上，则 $-m^2=-\dfrac{1}{2}(m+1)^2+2$，得 $m^2-2m+3=0$，方程的判别式 $\Delta=4-12=-8<0$，该方程无实根，所以对任意实数 m，点 $M(m,-m^2)$ 都不在这个二次函数的图象上.

10.（1）把点 $(0,-3)$，$(-2,5)$ 代入 $y=ax^2+bx+c$，且对称轴为 $x=1$，

得 $\begin{cases} c=-3 \\ 4a-2b+c=5 \\ -\dfrac{b}{2a}=1 \end{cases}$，解得 $\begin{cases} a=1 \\ b=-2 \\ c=-3 \end{cases}$.

∴二次函数的解析式为 $y=x^2-2x-3$.

∵ $y=x^2-2x-3=(x-1)^2-4$，∴图象的顶点坐标是（1，-4）.

（2）函数图象如下图所示.

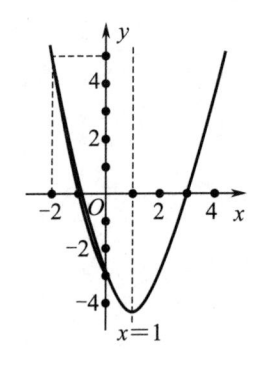

(3) 依题意，得 $n^2-2n-3=-2n$，解得 $n=\pm\sqrt{3}$.

二次函数的性质

第13节

名师语要 名师点拨,轻松掌握

学习二次函数的性质,主要把握两点:一是掌握函数 $y=ax^2$、$y=ax^2+k$、$y=a(x-h)^2$、$y=a(x-h)^2+k$ 的图象之间的关系和它们的性质,对于一般形式的二次函数,会用配方法将其化成顶点式,再结合图象归纳其性质;二是弄清抛物线 $y=ax^2+bx+c$($a\neq0$)的系数 a、b、c 与图象位置之间的关系.

知识全解 归纳知识,深刻认识

二次函数的性质概括如下:

常见解析式 ($a\neq0$)	开口方向 及最值情况	增 减 性	对称轴	顶点坐标	最值
$y=ax^2$	$a>0$时, 图象开口向上,有最小值; $a<0$时, 图象开口向下,有最大值	$a>0$时,在对称轴左侧,y 随 x 的增大而减小,在对称轴右侧,y 随 x 的增大而增大; $a<0$时,在对称轴左侧,y 随 x 的增大而增大,在对称轴右侧,y 随 x 的增大而减小	$x=0$ (y轴)	$(0,0)$	$y=0$
$y=ax^2+k$			$x=0$ (y轴)	$(0,k)$	$y=k$
$y=a(x-h)^2$			$x=h$	$(h,0)$	$y=0$
$y=a(x-h)^2+k$			$x=h$	(h,k)	$y=k$
$y=ax^2+bx+c$			$x=-\dfrac{b}{2a}$	$\left(-\dfrac{b}{2a},\dfrac{4ac-b^2}{4a}\right)$	$y=\dfrac{4ac-b^2}{4a}$

函 数（修订版）

温馨提示

（1）抛物线与 y 轴的交点在 x 轴上方（交于 y 轴正半轴）时，$c>0$，反之 $c<0$，可记为"a 看开口，c 看截距"。

（2）因抛物线顶点的横坐标为 $-\dfrac{b}{2a}$，若顶点在 y 轴的左侧，$-\dfrac{b}{2a}<0$，所以 a、b 同号，反之 a、b 异号，可记为"左边同号右边异号"。

（3）抛物线与 x 轴有两个交点，则 $\Delta>0$；没有交点，则 $\Delta<0$；只有一个交点，则 $\Delta=0$。

学法指导 经典例题，点拨方法

类型 1 根据二次函数的增减性比较大小

例 1 已知二次函数 $y=3x^2+4$，点 $A(x_1,y_1)$、$B(x_2,y_2)$、$C(x_3,y_3)$、$D(x_4,y_4)$ 在其图象上，且 $x_2<x_4<0$，$0<x_3<x_1$，$|x_2|>|x_1|$，$|x_3|>|x_4|$，则（　　）。

　　A. $y_1>y_2>y_3>y_4$　　　　B. $y_1<y_2<y_3<y_4$

　　C. $y_2<y_3<y_1<y_4$　　　　D. $y_2>y_1>y_3>y_4$

【分析】在利用二次函数的增减性解题时，对称轴是非常重要的．根据 x_1、x_2、x_3、x_4 与对称轴的大小关系，判断 y_1、y_2、y_3、y_4 的大小关系．

【解答】根据条件将 x_1、x_2、x_3、x_4 在数轴上依次表示出来（见右图），在这些自变量对应的抛物线上找出相应点的位置，根据图象可以看出 $y_2>y_1>y_3>y_4$，故选 D．

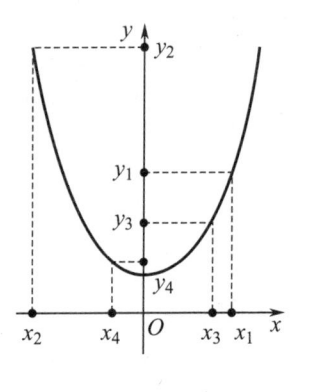

【方法总结】解答这类问题有两种方法：一种是依据图象法，即标出所研究的点在图象上的位置，根据位置的高低直接判断；另一种方法是看这

些点与对称轴的距离远近，根据增减性做出判断，但这种方法比较抽象，不直观，一般选用第一种方法.

类型2 二次函数图象与系数的关系

例2 已知二次函数 $y=ax^2+bx+c+2$ 的图象如右图所示，顶点为 $(-1,0)$，下列结论：①$abc<0$；②$b^2-4ac=0$；③$a>2$；④$4a-2b+c>0$. 其中正确结论的个数是（　　）.

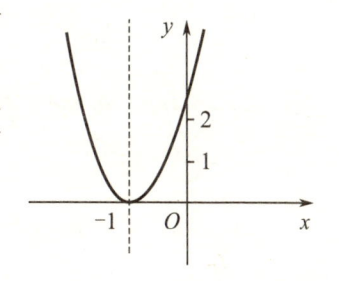

  A．1　　　　B．2
  C．3　　　　D．4

【解答】∵抛物线开口向上，∴$a>0$，

∵对称轴在 y 轴左边，∴$b>0$.

∵抛物线与 y 轴的交点在 x 轴的上方，且大于2，

∴$c+2>2$，∴$c>0$，∴$abc>0$，∴结论①不正确；

∵二次函数 $y=ax^2+bx+c+2$ 的图象与 x 轴只有一个交点，

∴$\Delta=0$，即 $b^2-4a(c+2)=0$，∴结论②不正确.

∵对称轴 $x=-\dfrac{b}{2a}=-1$，∴$b=2a$.

∵$b^2-4ac=8a$，∴$4a^2-4ac=8a$，∴$a=c+2$.

∵$c>0$，∴$a>2$，∴结论③正确；

∵对称轴是 $x=-1$，而且 $x=0$ 时，$y>2$，

∴$x=-2$ 时，$y>2$，∴$4a-2b+c+2>2$，

∴$4a-2b+c>0$，∴结论④正确.

综上所述，可得正确结论的个数是2.

故选B．

【方法总结】此题主要考查了二次函数的图象与系数的关系，要熟练掌握，解答此题的关键要明确3点：①二次项系数 a 决定抛物线的开口方

向和大小：当 $a>0$ 时，抛物线开口向上；当 $a<0$ 时，抛物线开口向下；②一次项系数 b 和二次项系数 a 共同决定对称轴的位置，当 a 与 b 同号时（$ab>0$），对称轴在 y 轴左侧；当 a 与 b 异号时（$ab<0$），对称轴在 y 轴右侧（简称"左同右异"）；③常数项 c 决定抛物线与 y 轴的交点，抛物线与 y 轴交于 $(0,c)$.

链接中考 真题演练，小试身手

考点1 求抛物线的顶点坐标

例1 二次函数 $y=-x^2+2x-3$ 图象的顶点坐标是_____．

【解析】此题既可以利用顶点坐标公式求得顶点坐标，也可以利用配方法求出其顶点的坐标．

∵$y=-x^2+2x-3=-(x^2-2x+1)-2=-(x-1)^2-2$，

∴顶点坐标是 $(1,-2)$.

故答案为 $(1,-2)$.

【点评】本题考查了二次函数的性质，求抛物线的顶点坐标有两种方法：公式法和配方法．

考点2 求抛物线的对称轴

例2 如右图所示，抛物线 $y=ax^2+bx+c$ 与 x 轴相交于点 $A(1,0)$、$B(3,0)$，与 y 轴相交于点 C，点 D 在抛物线上，当 $CD \parallel x$ 轴时，$CD=$_____．

【解析】∵抛物线 $y=ax^2+bx+c$ 与 x 轴相交于点 $A(1,0)$、$B(3,0)$，

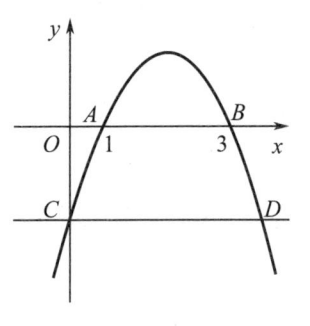

∴该抛物线的对称轴为直线 $x=\dfrac{1+3}{2}=2$.

∵抛物线与 y 轴相交于点 C，点 D 在抛物线上，$CD \parallel x$ 轴，

∴点 D 的横坐标为 $2 \times 2 - 0 = 4$，

∴$CD = 4 - 0 = 4$，故答案为 4.

【点评】本题考查二次函数图象上点的坐标特征，解答本题的关键是明确题意，先根据点 A 和点 B 的坐标求出该抛物线的对称轴，再根据二次函数的对称性利用数形结合的思想解答.

考点3　求二次函数的增减性

例3　已知抛物线 $y = ax^2 - 2ax + b$（$a > 0$）经过 $A(2n+3, y_1)$、$B(n-1, y_2)$ 两点，若 A、B 分别位于抛物线对称轴的两侧，且 $y_1 < y_2$，则 n 的取值范围是_____.

【解析】抛物线的对称轴为 $x = -\dfrac{-2a}{2a} = 1$，

∵$a > 0$，∴抛物线开口向上.

若点 A 在对称轴 $x = 1$ 的左侧，点 B 在对称轴 $x = 1$ 的右侧，

由题意可得 $\begin{cases} 2n+3 < 1 \\ n-1 > 1 \\ 1-(2n+3) < n-1-1 \end{cases}$ ，

不等式组无解.

若点 B 在对称轴 $x = 1$ 的左侧，点 A 在对称轴 $x = 1$ 的右侧，

由题意可得 $\begin{cases} 2n+3 > 1 \\ n-1 < 1 \\ 1-(n-1) > 2n+3-1 \end{cases}$ ，

解得 $-1 < n < 0$，

∴n 的取值范围为 $-1 < n < 0$.

故答案为 $-1 < n < 0$.

【点评】本题主要考查二次函数的增减性及二次函数图象上点的坐标的特征，能根据题意正确列出不等式组是解决本题的关键.

拓展训练 再接再厉，提高能力

1. 二次函数 $y=\dfrac{1}{2}(x-4)^2+5$ 的开口方向、对称轴、顶点坐标分别是（　　）.

　　A．向上，直线 $x=4$，$(4,5)$　　B．向上，直线 $x=-4$，$(-4,5)$
　　C．向上，直线 $x=4$，$(4,-5)$　　D．向下，直线 $x=-4$，$(-4,5)$

2. 若抛物线 $y=(x-m)^2+(m+1)$ 的顶点在第一象限，则 m 的取值范围为（　　）.

　　A．$m>1$　　　　　　　　B．$m>0$
　　C．$m>-1$　　　　　　　D．$-1<m<0$

3. 如右图所示，二次函数 $y=ax^2+bx+c$ 的图象与 x 轴的一个交点为 $(3,0)$，对称轴是直线 $x=1$，下列结论正确的是（　　）.

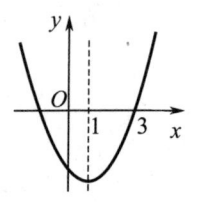

　　A．$abc<0$　　　　　　　B．$2a+b=0$
　　C．$4ac>b^2$　　　　　　D．点 $(-2,0)$ 在函数图象上

4. 抛物线 $y=ax^2+bx+c$ 上部分点的横坐标 x、纵坐标 y 的对应值如下表：

x	-2	-1	0	1
y	0	4	6	6

下列结论不正确的是（　　）.

　　A．抛物线的开口向下
　　B．抛物线的对称轴为直线 $x=\dfrac{1}{2}$
　　C．抛物线与 x 轴的一个交点坐标为 $(2,0)$
　　D．函数 $y=ax^2+bx+c$ 的最大值为 $\dfrac{25}{4}$

5. 如右图所示，抛物线 $y=ax^2+bx+c$（a，b，c 为常数，$a\neq 0$）关于直线 $x=1$ 对称．下列五个结论：

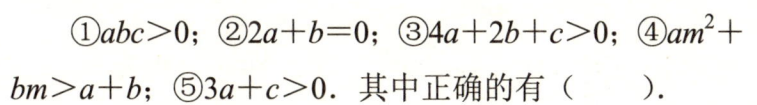

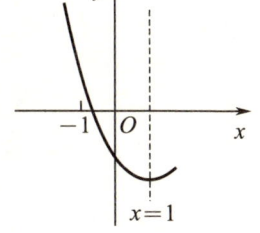

①$abc>0$；②$2a+b=0$；③$4a+2b+c>0$；④$am^2+bm>a+b$；⑤$3a+c>0$．其中正确的有（　　）．

  A．4 个　　　　　　　　　　B．3 个

  C．2 个　　　　　　　　　　D．1 个

6．二次函数 $y=-3(x+4)^2-1$ 的对称轴是_____，顶点坐标是_____．当 $x=$_____时，函数有最_____值，是_____．

7．已知二次函数 $y=(x-2)^2+3$，当 x_____时，y 随 x 的增大而减小．

8．经过 $A(2-3b,m)$、$B(4b+c-1,m)$ 两点的抛物线 $y=-\dfrac{1}{2}x^2+bx-b^2+2c$（$x$ 为自变量）与 x 轴有交点，则线段 AB 的长为_____．

9．已知抛物线 $y=-x^2+bx+c$ 经过点 $A(3,0)$、$B(-1,0)$．

（1）求抛物线的解析式．

（2）求抛物线的顶点坐标．

10．已知抛物线 $y=a(x-3)^2+2$ 经过点 $(1,-2)$．

（1）求 a 的值．

（2）若点 $A(m,y_1)$、$B(n,y_2)$（$m<n<3$）都在该抛物线上，试比较 y_1 与 y_2 的大小．

参 考 答 案

1．A．2．B．3．B．4．C．5．B．

6．$x=-4$，$(-4,-1)$，-4，大，-1．7．<2．8．12．

9．（1）解法一：∵抛物线 $y=-x^2+bx+c$ 经过点 $A(3,0)$、$B(-1,0)$，

∴ $\begin{cases} -9+3b+c=0 \\ -1-b+c=0 \end{cases}$，解得 $\begin{cases} b=2 \\ c=3 \end{cases}$，

∴ 抛物线的解析式为 $y=-x^2+2x+3$.

解法二：抛物线的解析式为 $y=-(x-3)(x+1)$，即 $y=-x^2+2x+3$.

（2）解法一：∵ $y=-x^2+2x+3=-(x-1)^2+4$，

∴ 抛物线的顶点坐标为（1,4）.

解法二：$x=-\dfrac{2}{2\times(-1)}=1$，$y=\dfrac{4\times(-1)\times 3-2^2}{4\times(-1)}=4$，

则抛物线的顶点坐标为（1,4）.

10. （1）∵ 抛物线 $y=a(x-3)^2+2$ 经过点（1,-2），

∴ $a(1-3)^2+2=-2$，解得 $a=-1$.

（2）解法一：由（1）得 $a=-1<0$，抛物线的开口向下，

在对称轴 $x=3$ 的左侧，y 随 x 的增大而增大.

∵ $m<n<3$，∴ $y_1<y_2$.

解法二：由（1）得 $y=-(x-3)^2+2$，

∴ 当 $x=m$ 时，$y_1=-(m-3)^2+2$；

当 $x=n$ 时，$y_2=-(n-3)^2+2$；

$y_1-y_2=(n-3)^2-(m-3)^2=(n-m)(m+n-6)$.

∵ $m<n<3$，∴ $n-m>0$，$m+n<6$，即 $m+n-6<0$，

∴ $(n-m)(m+n-6)<0$.

∴ $y_1<y_2$.

二次函数解析式的确定

第14节

名师语要 名师点拨，轻松掌握

> 确定二次函数的解析式一般采用待定系数法，应根据已知条件的不同特点，适当选取二次函数的一般式、顶点式或交点式，以使计算最简便.

知识全解 归纳知识，深刻认识

一、二次函数解析式的求法

用待定系数法可求二次函数的解析式，确定二次函数一般需要 3 个独立的条件，根据不同的条件选择不同的设法.

（1）一般式：设函数解析式为 $y=ax^2+bx+c$（$a\neq 0$），将已知的 3 个点的坐标代入上式，得到关于 a、b、c 的方程组，求解出 a、b、c 的值便可.

（2）顶点式：设函数解析式为 $y=a(x-h)^2+k$（$a\neq 0$），将已知的顶点坐标和另一个点的坐标代入上式，求解出 a 的值便可.

（3）交点式：设函数解析式为 $y=a(x-x_1)(x-x_2)$（$a\neq 0$），将已知的抛物线与 x 轴的交点坐标代入上式，再将另一个点的坐标代入上式，求解出 a 的值便可.

二、根据平移规则求函数解析式

1. 上下平移

如右图所示，二次函数 $y=ax^2$ 的图象向上或向下平移 k（$k>0$）个单位长度有如下规律：上下平移，只要在常数项后加上或减去 k 即可，简称"上加下减".

$$y=ax^2 \xrightarrow[\text{向下平移}k\text{个单位长度}]{\text{向上平移}k\text{个单位长度}} \begin{array}{l} y=ax^2+k \\ y=ax^2-k \end{array}$$

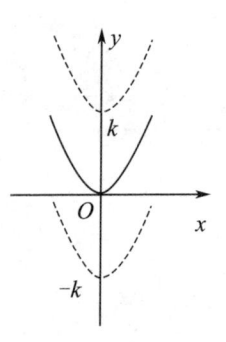

2. 左右平移

如下图所示，二次函数 $y=ax^2$ 的图象向左或向右平移 h（$h>0$）个单位长度有如下规律：左右平移，只要在 x 后加上或减去 h，简称"左加右减".

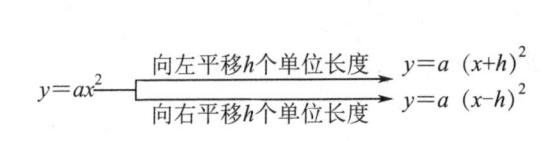

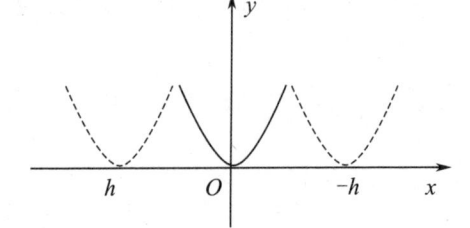

$$y=ax^2 \xrightarrow[\text{向右平移}h\text{个单位长度}]{\text{向左平移}h\text{个单位长度}} \begin{array}{l} y=a(x+h)^2 \\ y=a(x-h)^2 \end{array}$$

学法指导 经典例题，点拨方法

类型1 已知三点求解析式

例1 如右图所示，已知二次函数 $y=ax^2+bx+c$ 的图象经过点 $A(-1,-1)$、$B(0,2)$、$C(1,3)$.

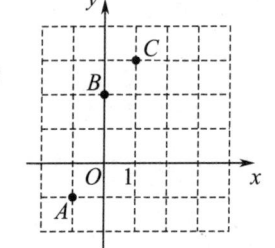

（1）求二次函数的解析式.

（2）画出二次函数的图象.

【分析】（1）将 $A(-1,-1)$、$B(0,2)$、$C(1,3)$ 三点坐标代入函数解析式，利用待定系数法求该函数的解析式即可.（2）根据二次函数的解析式作图.

【解答】（1）根据题意，得 $\begin{cases} a-b+c=-1 \\ c=2 \\ a+b+c=3 \end{cases}$，解得 $\begin{cases} a=-1 \\ b=2 \\ c=2 \end{cases}$，

∴所求的解析式是 $y=-x^2+2x+2$.

（2）二次函数的图象如右图所示.

【方法总结】 已知任意三点求解析式通常用一般式列方程组求解.

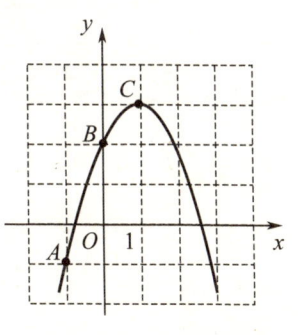

类型2 用顶点式求二次函数的解析式

例2 抛物线 $y=-x^2+bx+c$ 的图象如下图所示，求此抛物线的解析式.

【分析】 本题可采用多种解法.

【解答】 解法一：用一般式求抛物线的解析式，采用原题设法，设 $y=-x^2+bx+c$.

由图象知该抛物线的对称轴是 $x=1$，且过点 (3,0)，

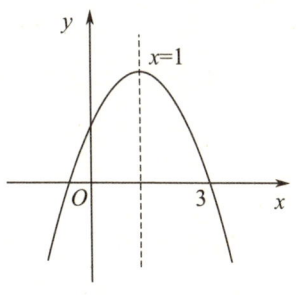

所以 $\begin{cases} -\dfrac{b}{-2}=1 \\ -9+3b+c=0 \end{cases}$，解得 $\begin{cases} b=2 \\ c=3 \end{cases}$.

所以，抛物线的解析式为 $y=-x^2+2x+3$.

解法二：用顶点式求抛物线的解析式，由抛物线的对称轴是 $x=1$，可设 $y=-(x-1)^2+k$.

由抛物线经过点 (3,0)，得 $-(3-1)^2+k=0$，解得 $k=4$.

所以，抛物线的解析式为 $y=-(x-1)^2+4=-x^2+2x+3$.

解法三：用交点式求抛物线的解析式，设 $y=-(x-x_1)(x-x_2)$.

由图象知该抛物线的对称轴是 $x=1$，且过点 (3,0)，

所以，抛物线也经过 (−1,0).

因此，抛物线的解析式为 $y=-(x+1)(x-3)=-x^2+2x+3$.

【方法总结】当已知二次函数的顶点坐标或二次函数的对称轴、最值时，可设二次函数的解析式为顶点式：$y=a(x-h)^2+k$，其中顶点坐标为 (h,k)，再将另一个点的坐标代入，求出 a 的值后变形为二次函数的一般式即可。

类型3 交点型

例3 如右图所示，二次函数的图象过 A、C、B 三点，点 A 的坐标为 $(-1,0)$，点 B 的坐标为 $(4,0)$，点 C 在 y 轴的正半轴上，且 $AB=OC$，求二次函数的解析式。

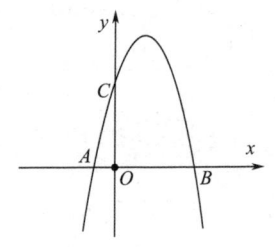

【分析】题中给出的条件是函数图象与 x 轴的两交点，可用交点式求解。

【解答】$\because$ 抛物线过点 $A(-1,0)$、$B(4,0)$，

$\therefore AB=|4-(-1)|=5$，

$\because AB=OC$，$\therefore C(0,5)$。

设函数的解析式为 $y=a(x+1)(x-4)$。

$\because$ 抛物线过点 $C(0,5)$，

$\therefore 5=a(0+1)(0-4)$，解得 $a=-\dfrac{5}{4}$。

$\therefore y=a(x+1)(x-4)=-\dfrac{5}{4}(x^2-3x-4)$。

【方法总结】当已知二次函数的图象与 x 轴有两个交点 $(x_1,0)$、$(x_2,0)$ 时，可设函数的解析式为 $y=a(x-x_1)(x-x_2)$。

类型4 根据平移规则求函数解析式

例4 将抛物线 $y=x^2-2$ 向上平移 1 个单位长度后，得到新的抛物线，那么新的抛物线的解析式是_____。

【分析】根据二次函数图象的平移规律"上加下减"求解.

【解答】由"上加下减"的原则可知,将抛物线 $y=x^2-2$ 向上平移 1 个单位长度后,得到新的抛物线,那么新的抛物线的解析式是 $y=x^2-2+1$,即 $y=x^2-1$.

【方法总结】根据二次函数平移规则"上加下减"作答.

链接中考 真题演练,小试身手

考点1 二次函数解析式

例1 将二次函数 $y=x^2-2x+3$ 化为 $y=(x-h)^2+k$ 的形式,结果为( ).

  A. $y=(x+1)^2+4$ B. $y=(x+1)^2+2$

  C. $y=(x-1)^2+4$ D. $y=(x-1)^2+2$

【解析】 $y=x^2-2x+3$
$$=(x^2-2x+1)+2$$
$$=(x-1)^2+2$$

故选 D.

【点评】本题考查了二次函数不同形式的转化,熟记配方法的操作是解题的关键.

考点2 二次函数的平移

例2 在平面直角坐标系中,将二次函数 $y=(x+1)^2+3$ 的图象向右平移 2 个单位长度,再向下平移 1 个单位长度,得到新抛物线.新抛物线的函数解析式为( ).

  A. $y=(x+3)^2+2$ B. $y=(x-1)^2+2$

  C. $y=(x-1)^2+4$ D. $y=(x+3)^2+4$

【解析】 将二次函数 $y=(x+1)^2+3$ 的图象向右平移 2 个单位长度，再向下平移 1 个单位长度，新抛物线的函数解析式为 $y=(x+1-2)^2+3-1$，即 $y=(x-1)^2+2$.

故选 B.

【点评】 本题主要考查二次函数的几何变换，掌握"左加右减，上加下减"的法则是解题的关键.

拓展训练 再接再厉，提高能力

1. 抛物线 $y=x^2+bx+c$ 经过点 $A(-1,0)$、$B(3,0)$，则抛物线的函数解析式为（　　）.

   A. $y=x^2-2x-3$　　　　　　B. $y=x^2-2x+3$

   C. $y=x^2+2x+3$　　　　　　D. $y=x^2+2x-3$

2. 抛物线的形状、开口方向与 $y=\dfrac{1}{2}x^2-4x+3$ 相同，顶点为 $(-2,1)$，则函数解析式为（　　）.

   A. $y=\dfrac{1}{2}(x-2)^2+1$　　　　B. $y=-\dfrac{1}{2}(x+2)^2-1$

   C. $y=\dfrac{1}{2}(x+2)^2+1$　　　　D. $y=-\dfrac{1}{2}(x+2)^2+1$

3. 将抛物线 $y=x^2-6x+5$ 向上平移 2 个单位长度，再向右平移 1 个单位长度后，得到的抛物线解析式是（　　）.

   A. $y=(x-4)^2-6$　　　　　B. $y=(x-4)^2-2$

   C. $y=(x-2)^2-2$　　　　　D. $y=(x-1)^2-3$

4. 若二次函数 $y=ax^2+bx+c$ 的图象与 x 轴交于 $A(1,0)$、$B(3,0)$ 两点，与 y 轴交于点 $C(0,3)$，则二次函数的解析式是_____.

5. 若抛物线 $y=ax^2+bx+c$ 的顶点是 $A(2,1)$，且经过点 $B(1,0)$，则抛物线的函数解析式为_____.

6. 一个二次函数 $y=ax^2+bx+c$ 的顶点在 y 轴的正半轴上，且其对称轴左侧的部分是上升的，那么这个二次函数的解析式可以是_____．

7. 在平面直角坐标系 xOy 中，一个图形上的点都在一边平行于 x 轴的矩形内部（包括边界），这些矩形中面积最小的矩形称为该图形的关联矩形．例如：函数 $y=(x-2)^2$（$0\leq x\leq 3$）的图象（见右图抛物线中的实线部分），它的关联矩形为矩形 $OABC$．若二次函数 $y=\dfrac{1}{4}x^2+bx+c$（$0\leq x\leq 3$）图象的关联矩形恰好也是矩形 $OABC$，则 $b=$_____．

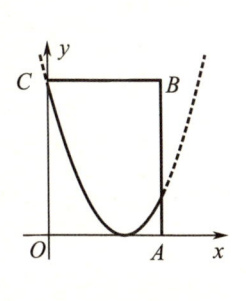

8. 已知二次函数 $y=ax^2+bx+c$ 的图象经过点 A（3,0）、B（2,-3）、C（0,-3）．

（1）求此函数的解析式和对称轴．

（2）在对称轴上是否存在一点 P，使得△PAB 中 $PA=PB$？若存在，求出点 P 的坐标；若不存在，请说明理由．

9. 设二次函数 $y=ax^2+bx+1$（$a\neq 0$，b 是实数）．已知函数值 y 和自变量 x 的部分对应取值如下表所示：

x	…	−1	0	1	2	3	…
y	…	m	1	n	1	p	…

（1）若 $m=4$，

①求二次函数的解析式；

②写出 x 的取值范围，使得 y 随 x 的增大而减小．

（2）若在 m、n、p 这三个实数中，只有一个是正数，求 a 的取值范围．

10. 如下页图所示，抛物线 $y_1=-x^2+2$ 向右平移 1 个单位长度得到抛物线 y_2，回答下列问题：

（1）抛物线 y_2 的顶点坐标为_____．

（2）阴影部分的面积 $S=$_____．

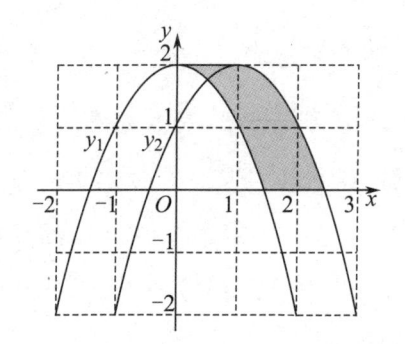

（3）若再将抛物线 y_2 绕原点旋转 180°得到抛物线 y_3，求抛物线 y_3 的解析式.

参 考 答 案

1．A． 2．C． 3．B． 4．$y=x^2-4x+3$． 5．$y=-x^2+4x-3$．

6．$y=-x^2+1$（答案不唯一）． 7．$\dfrac{7}{12}$ 或 $-\dfrac{25}{12}$．

8．(1) ∵抛物线经过点 A（3,0）、B（2,-3）、C（0,-3），

∴$\begin{cases}9a+3b+c=0\\4a+2b+c=-3\\c=-3\end{cases}$，解得 $\begin{cases}a=1\\b=-2\\c=-3\end{cases}$．

∴这个函数的解析式为 $y=x^2-2x-3$，

对称轴为 $x=-\dfrac{b}{2a}=-\dfrac{-2}{2\times1}=1$．

(2) 存在．

设点 P 的坐标为（1,y），在△PAB 中，∵$PA=PB$，

∴$\sqrt{y^2+4}=\sqrt{(3+y)^2+1}$，即 $y^2+4=y^2+6y+10$，

∴$y=-1$，∴点 P 的坐标为（1,-1）．

9．(1)①由题意得 $\begin{cases}a-b+1=4\\4a+2b+1=1\end{cases}$，解得 $\begin{cases}a=1\\b=-2\end{cases}$，

140

∴二次函数的解析式是 $y=x^2-2x+1$.

②∵$y=x^2-2x+1=(x-1)^2$,

∴抛物线开口向上，对称轴为直线 $x=1$,

∴当 $x<1$ 时，y 随 x 的增大而减小.

（2）∵$x=0$ 和 $x=2$ 时的函数值都是 1,

∴抛物线的对称轴为直线 $x=-\dfrac{b}{2a}=1$,

∴（1,n）是顶点，（-1,m）和（3,p）关于对称轴对称，

若在 m、n、p 这三个实数中，只有一个是正数，则抛物线必须开口向下，且 $m\leqslant 0$,

∵$-\dfrac{b}{2a}=1$，∴$b=-2a$，∴二次函数为 $y=ax^2-2ax+1$,

∴$m=a+2a+1\leqslant 0$，∴$a\leqslant -\dfrac{1}{3}$.

10.（1）(1,2).

（2）2.

（3）由题意可知抛物线 y_3 的顶点与抛物线 y_2 的顶点关于原点成中心对称，故 y_3 的顶点坐标为 (-1,-2).

设 y_3 的解析式为 $y_3=a(x+1)^2-2$，由对称性得 $a=1$，所以 $y_3=(x+1)^2-2$.

第15节 二次函数与一元二次方程

名师语要 名师点拨，轻松掌握

一元二次方程 $ax^2+bx+c=0$（$a\neq 0$）和二次函数 $y=ax^2+bx+c$（$a\neq 0$）"两兄弟"之间的联系非常密切．从"数"的角度看，方程的根为二次函数的函数值为 0 时 x 的值；从"形"的角度看，二次函数的图象与 x 轴交点的横坐标就是方程的根．同学们要弄清 3 个问题：①二次函数与一元二次方程的关系；②二次函数的图象和 x 轴交点的个数与一元二次方程根的个数之间的关系；③会利用二次函数的图象求一元二次方程的近似根．

知识全解 归纳知识，深刻认识

一、二次函数和一元二次方程之间的关系

一般地，从二次函数 $y=ax^2+bx+c$（$a\neq 0$）的图象可知以下结论．

（1）如果抛物线 $y=ax^2+bx+c$（$a\neq 0$）与 x 轴有公共点，公共点的横坐标是 x_0，那么当 $x=x_0$ 时，函数的值是 0，因此 $x=x_0$ 就是方程 $ax^2+bx+c=0$（$a\neq 0$）的一个根．

（2）一元二次方程 $ax^2+bx+c=0$（$a\neq 0$）与二次函数 $y=ax^2+bx+c$（$a\neq 0$）二者之间的联系与区别，如下表所示：

判别式：b^2-4ac	二次函数 $y=ax^2+bx+c\,(a\neq 0)$	图象	一元二次方程 $ax^2+bx+c=0\,(a\neq 0)$ 的根
$b^2-4ac>0$	与 x 轴有两个不同的交点：$(x_1,0)$、$(x_2,0)$		有两个不同的根 $x=x_1$，$x=x_2$
$b^2-4ac=0$	与 x 轴有唯一一个交点 $\left(-\dfrac{b}{2a},0\right)$		有两个相等的根 $x_1=x_2=-\dfrac{b}{2a}$
$b^2-4ac<0$	与 x 轴没有交点		没有实数根

二、求一元二次方程的近似解

由于抛物线是一个连续不间断的曲线，因此在题目没有确切给出抛物线与 x 轴交点坐标的情况下，可以用逼近法估计相应一元二次方程的根．

利用二次函数的图象求一元二次方程的近似根的一般步骤如下：

（1）画出函数 $y=ax^2+bx+c$（其中 a、b、c 为常数，$a\neq 0$）的图象．

（2）确定抛物线与 x 轴交点的个数，看交点在哪两个数之间．

（3）列表．在两个数之间取值估计．近似根在对应 y 值的正负交换的地方，当 x 由 x_1 取到 x_2 时，对应的 y 值出现 $y_1>0$，$y_2<0$ 时，则 x_1、x_2 中必有一个是方程的近似根．

温馨提示

用图象法求一元二次方程的近似根，重要的是求解方程的思路，而不是过度追求结果的准确性．一般需要我们求近似根的方程，其根往往是无理数，所以列表时很难取到精确根．

学法指导 经典例题，点拨方法

类型1 二次函数与一元二次方程的关系

例1 已知二次函数 $y=x^2-3x+m$（m 为常数）的图象与 x 轴的一个交点为 $(1,0)$，则关于 x 的一元二次方程 $x^2-3x+m=0$ 的两实数根是（　　）.

    A．$x_1=1$，$x_2=-1$　　　　B．$x_1=1$，$x_2=2$

    C．$x_1=1$，$x_2=0$　　　　D．$x_1=1$，$x_2=3$

【解答】解法一：把 $x=1$ 代入 $x^2-3x+m=0$，得 $m=2$.

由 $x^2-3x+2=0$，解得 $x_1=1$，$x_2=2$．故选 B．

解法二：由二次函数 $y=x^2-3x+m$ 可知，其对称轴为直线 $x=-\dfrac{-3}{2}=\dfrac{3}{2}$．

设二次函数图象与 x 轴的另一个交点为 $(n,0)$，则 $\dfrac{1}{2}(1+n)=\dfrac{3}{2}$，解得 $n=2$．

故关于 x 的一元二次方程 $x^2-3x+m=0$ 的两实数根是 $x_1=1$，$x_2=2$，应选 B．

【方法总结】函数与方程有着广泛的联系，如果把函数中的两个变量视为未知数，那么函数解析式就是一个二元方程；函数与横轴的交点的横坐标，就是函数值为 0 时得到的方程的解；两个函数图象的交点坐标，是两个函数解析式组成的方程组的解；待定系数法求函数解析式，也是通过列方程（组）确定各项系数的值的．

类型2 利用二次函数的图象求一元二次方程的近似根

例2 如果二次函数 $y=ax^2+bx+c$（其中 a、b、c 为常数，$a\neq 0$）的部分图象如下页图所示，它的对称轴过点 $(-1,0)$，那么关于 x 的方程 $ax^2+bx+c=0$ 的一个正根可能是（　　）.

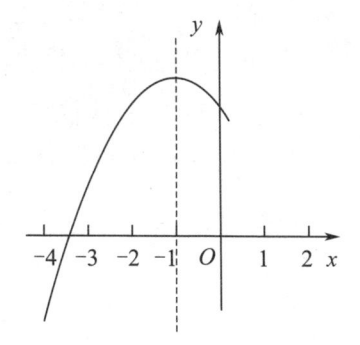

A. 0.5　　　B. 1.5　　　C. 2.5　　　D. 3.5

【解答】∵抛物线的对称轴为 $x=-1$，与 x 轴的一个交点的横坐标在 -4、-3 之间，∴抛物线与 x 轴的另一交点的横坐标在 1、2 之间，∴关于 x 的方程 $ax^2+bx+c=0$ 的一个正根可能是 1.5．故选 B．

【方法总结】用图象法求一元二次方程的近似根，是将对"数"的计算转化为对"形"的探究，体现了数形结合思想的重要性．

链接中考 真题演练，小试身手

考点1 根据交点的个数求字母的值

例1 若函数 $y=mx^2+(m+2)x+\dfrac{1}{2}m+1$ 的图象与 x 轴只有一个交点，那么 m 的值为（　　）．

A. 0　　　　　　　　　　B. 0 或 2

C. 2 或 -2　　　　　　　D. 0，2 或 -2

【解析】分为两种情况：①当函数是二次函数时，

∵函数 $y=mx^2+(m+2)x+\dfrac{1}{2}m+1$ 的图象与 x 轴只有一个交点，

∴$\varDelta=(m+2)^2-4m\left(\dfrac{1}{2}m+1\right)=0$ 且 $m\ne 0$，

解得 $m=\pm 2$．

② 当函数是一次函数时，$m=0$，

此时函数解析式是 $y=2x+1$，与 x 轴只有一个交点．故选 D．

【点评】二次函数与 x 轴交点的个数可以根据相应一元二次方程的根的个数得到，解此类题的关键是讨论相应一元二次方程的根的情况．

考点 2 确定交点个数

例 2 二次函数 $y=x^2-mx+m-2$（m 为实数）的图象与 x 轴的交点个数是（　　）．

A．0　　　　　B．1　　　　　C．2　　　　　D．不能确定

【解析】求二次函数 $y=x^2-mx+m-2$（m 为实数）的图象与 x 轴的交点个数，实质上就是求一元二次方程 $x^2-mx+m-2=0$ 的根的个数．因为 $b^2-4ac=m^2-4\times 1\times(m-2)=(m-2)^2+4>0$，所以方程 $x^2-mx+m-2=0$ 有两个不相等的实数根，故此二次函数与 x 轴有两个交点，故选 C．

【点评】解此题要明确抛物线的图象与 x 轴的交点个数与方程 $x^2-mx+m-2=0$ 解的个数有关系．

考点 3 二次函数与一元二次方程的根的关系

例 3 二次函数 $y=x^2+3x+n$ 的图象与 x 轴的一个交点在 y 轴右侧，则 n 的值可以是_____．（填一个值即可）

【解析】设二次函数 $y=x^2+3x+n$ 的图象与 x 轴交点的横坐标为 x_1，x_2，

即二元一次方程 $x^2+3x+n=0$ 的根为 x_1，x_2，

由根与系数的关系得 $x_1+x_2=-3$，$x_1\cdot x_2=n$，

又 $\because$ 一次函数 $y=x^2+3x+n$ 的图象与 x 轴的一个交点在 y 轴右侧，

$\therefore x_1$，x_2 异号，$\therefore n<0$．

故答案为 -3（答案不唯一）．

【点评】本题主要考查了二次函数的图象与一次函数图象的交点问题，解题时要将问题转化成一元二次方程问题．

拓展训练 再接再厉，提高能力

1. 下列二次函数的图象中，不与 x 轴相交的是（　　）.

   A．$y=2x^2-3$ 　　　　　　B．$y=-2x^2+3$

   C．$y=-x^2-3x$ 　　　　　D．$y=-2(x+1)^2-3$

2. 已知二次函数 $y=ax^2+bx+c$（$a\neq0$）的图象如右图所示，对称轴为直线 $x=1$，则下列结论正确的是（　　）.

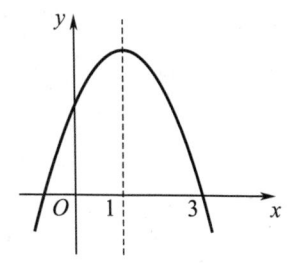

   A．$ac>0$

   B．方程 $ax^2+bx+c=0$ 的两根是 $x_1=-1$，$x_2=3$

   C．$2a-b=0$

   D．当 $x>0$ 时，y 随 x 的增大而减小

3. 已知二次函数 $y=x^2+bx-2$ 的图象与 x 轴的一个交点为 $(1,0)$，则它与 x 轴的另一个交点坐标是（　　）.

   A．$(1,0)$　　B．$(2,0)$　　C．$(-2,0)$　　D．$(-1,0)$

4. 已知函数 $y=(k-3)x^2+2x+1$ 的图象与 x 轴有交点，则 k 的取值范围是（　　）.

   A．$k<4$ 　　　　　　　　B．$k\leqslant 4$

   C．$k<4$ 且 $k\neq 3$ 　　　D．$k\leqslant 4$ 且 $k\neq 3$

5. 在平面直角坐标系中，直线 $y=kx+1$ 与抛物线 $y=\dfrac{1}{4}x^2$ 交于 A，B 两点，如右图所示，设 $A(x_1,y_1)$，$B(x_2,y_2)$，则下列结论正确的个数为（　　）.

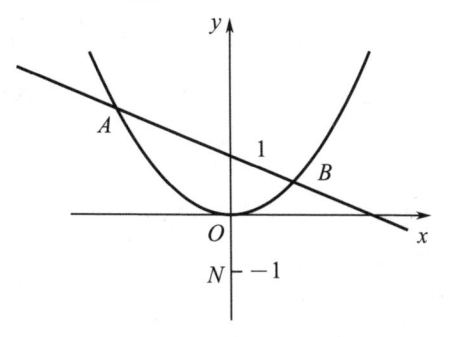

   ① $x_1 \cdot x_2=-4$；

②$y_1+y_2=4k^2+2$；

③当线段 AB 长取最小值时，$\triangle AOB$ 的面积为 2；

④若点 $N(0,-1)$，则 $AN \perp BN$.

A. 1   B. 2   C. 3   D. 4

6. 若关于 x 的一元二次方程 $x^2-2x+m=0$ 有两个相等的实数根，则 $m=$ _____，此时抛物线 $y=x^2-2x+m$ 与 x 轴有_____个交点.

7. 若二次函数 $y=-x^2+2x+k$ 的部分图象如右图所示，则关于 x 的一元二次方程 $-x^2+2x+k=0$ 的一个解为 $x_1=3$，另一个解为 $x_2=$ _____.

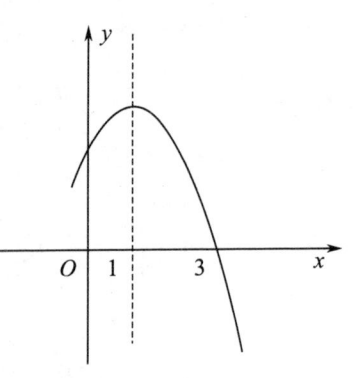

8. 若一个点的坐标满足 $(k,2k)$，我们将这样的点定义为"倍值点". 若关于 x 的二次函数 $y=(t+1)x^2+(t+2)x+s$（s，t 为常数，$t \neq -1$）总有两个不同的倍值点，则 s 的取值范围是_____.

9. (1) 请在下图的平面直角坐标系中画出二次函数 $y=x^2-2x$ 的大致图象.

(2) 根据方程的根与函数图象的关系，将方程 $x^2-2x=1$ 的根在图上近似地表示出来(描点).

(3) 观察图象，直接写出方程 $x^2-2x=1$ 的根.（精确到 0.1）.

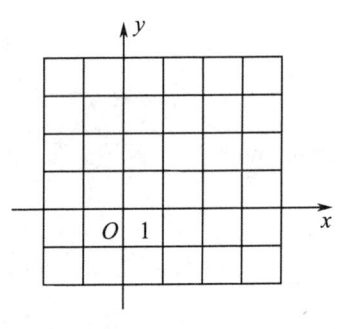

10. 为加强劳动教育，落实五育并举. 孝礼中学在当地政府的支持下,建成了一处劳动实践基地，2023 年计划将其中 1000m² 的土地全部种植甲、乙两种蔬菜. 经调查发现：甲种蔬菜种植成本 y（单位：元/m²）与其种植面积 x（单位：m²）的函数关系如下页图所示，其中 $200 \leqslant x \leqslant 700$；乙种蔬菜的种植成本为 50 元/m².

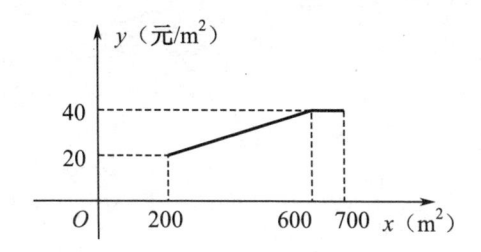

（1）当 $x=$ ___ m² 时，$y=35$ 元/m².

（2）设 2023 年甲、乙两种蔬菜总种植成本为 W 元，如何分配两种蔬菜的种植面积，使 W 最小？

（3）学校计划今后每年在这 1000m² 的土地上，均按（2）中的方案种植蔬菜，因技术改进，预计种植成本逐年下降．若甲种蔬菜种植成本平均每年下降 10%，乙种蔬菜种植成本平均每年下降 a%，当 a 为何值时，2025 年的总种植成本为 28920 元？

参 考 答 案

1．D．2．B．3．C．4．B．5．C．6．1，1．7．-1．8．$-1<s<0$．

9．（1）如右图所示，$y=x^2-2x=(x-1)^2-1$，作出顶点，作出与 x 轴的交点．

（2）正确作出点 M、N（见右图）．

（3）方程的根为 -0.4，2.4（合理即可）．

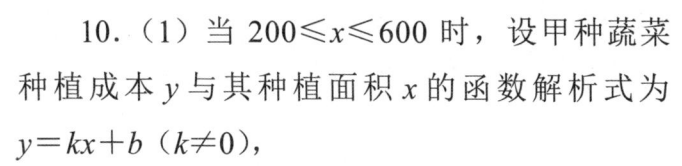

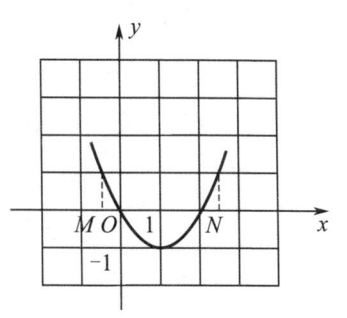

10．（1）当 $200\leqslant x\leqslant 600$ 时，设甲种蔬菜种植成本 y 与其种植面积 x 的函数解析式为 $y=kx+b$（$k\neq 0$），

把（200,20），（600,40）代入，得 $\begin{cases}200k+b=20\\600k+b=40\end{cases}$，解得 $\begin{cases}k=\dfrac{1}{20}\\b=10\end{cases}$，

∴ $y = \dfrac{1}{20}x + 10$.

当 $600 < x \leqslant 700$ 时，$y = 40$，

∴ 当 $y = 35$ 时，$35 = \dfrac{1}{20}x + 10$，解得 $x = 500$，故答案为 500.

(2) 当 $200 \leqslant x \leqslant 600$ 时，$W = x\left(\dfrac{1}{20}x + 10\right) + 50(1000 - x) = \dfrac{1}{20}(x - 400)^2 + 42000$，

∵ $\dfrac{1}{20} > 0$，∴ 抛物线开口向上，

∴ 当 $x = 400$ 时，W 有最小值，最小值为 42000，此时，$1000 - x = 1000 - 400 = 600$.

当 $600 < x \leqslant 700$ 时，$W = 40x + 50(1000 - x) = -10x + 50000$，

∵ $-10 < 0$，∴ 当 $x = 700$ 时，W 有最小值，为 $-10 \times 700 + 50000 = 43000$.

∵ $42000 < 43000$，

∴ 当甲种蔬菜的种植面积为 400m^2，乙种蔬菜的种植面积为 600m^2 时，W 最小.

(3) 由 (2) 可知，甲、乙两种蔬菜总种植成本为 42000 元，乙种蔬菜的种植成本为 $50 \times 600 = 30000$（元），

则甲种蔬菜的种植成本为 $42000 - 30000 = 12000$（元）.

由题意得 $12000(1 - 10\%)^2 + 30000(1 - a\%)^2 = 28920$，

设 $a\% = m$，整理得 $(1 - m)^2 = 0.64$，

解得 $m_1 = 0.2 = 20\%$，$m_2 = 1.8$（不符合题意，舍去），

∴ $a\% = 20\%$，∴ $a = 20$.

答：当 a 为 20 时，2025 年的总种植成本为 28920 元.

二次函数的应用

第 16 节

名师语要 名师点拨，轻松掌握

> 用二次函数的知识解决实际问题，有利润问题、面积问题、抛物线形建立平面直角坐标系问题，以及一些联系生活的实际问题．希望同学们切实掌握解题技巧，体会二次函数在解决实际问题中的作用．

知识全解 归纳知识，深刻认识

一、利用二次函数解决实际问题

应用二次函数的有关知识解决实际问题的一般思路是：①理解问题；②分析问题中的变量和常量，以及它们之间的关系；③用函数解析式表示它们之间的关系；④用数学方法求解；⑤检验结果的合理性．

温馨提示

（1）对一些实际问题，要注意数形结合思想的运用．建立适当的平面直角坐标系是解题的关键，建立的方法一般是不唯一的，但是要以建立的平面直角坐标系便于后面求解函数解析式为首要原则．

（2）建立不同的平面直角坐标系，得到的函数解析式不尽相同．在设函数解析式时，应根据题目的已知条件和图形特点选择恰当的形式．

二、常见类型

1. 抛物线形实际问题

在现实生活中，一些物体的形态为抛物线形，如有些桥梁、大门、水流、跳绳以及投球、跳水的路线；还有一些事件中数据的变化图象为抛物线形．解与之相关的实际问题，就要用到二次函数的知识．

2. 利用二次函数解决市场营销问题

在成本核算、市场经营、商品销售、消费购买等商业行为中，需要建立起相关数量之间的二次函数模型，并根据二次函数的性质解决利润最大化、成本最小化、优选购买方案等问题．

（1）商品利润问题的基本关系式为：商品的利润＝（商品的售价－成本）×销售量．

（2）求何时获得最大利润就是求当自变量取何值时，函数值取最大值的问题．

（3）对于求在什么条件下可以使材料最省、用时最少、效率最高等问题，大多数都可归结为求二次函数的最大值和最小值问题．

3. 利用二次函数解决实际生活中的图形问题

借助现实生活中常见的几何图形中蕴含的相关公式，建立二次函数解析式，进而利用函数性质解决图形面积、周长、线段长度等问题．

4. 利用二次函数解决其他实际问题

二次函数在经济生活领域以外有着广泛应用，其解题策略一般是先确定二次函数解析式，再利用函数性质解决实际问题．

学法指导 经典例题，点拨方法

类型1 抛物线形实际问题

例1 如下页图所示，已知一抛物线形大门，其地面宽度 $AB=18$ m．一同学站在门内,在离门脚 B 点 1m 远的 D 处,垂直地面立起一根长 1.7m 的木杆,其顶端恰好顶在抛物线形门上的 C 处.根据这些条件,请你求出该大门的高 h.

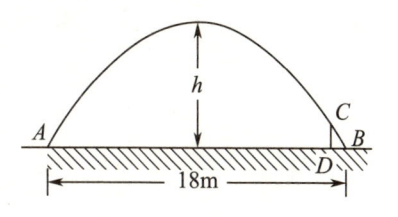

【解答】解法一:如下图所示,建立平面直角坐标系.设抛物线的解析式为 $y=ax^2+bx$ $(a\neq 0)$.

由题意知 B、C 两点的坐标分别为 $B(18,0)$、$C(17,1.7)$,

把 B、C 两点的坐标代入抛物线的解析式得

$\begin{cases}18^2a+18b=0\\17^2a+17b=1.7\end{cases}$,解得 $\begin{cases}a=-0.1\\b=1.8\end{cases}$,

∴抛物线的解析式为 $y=-0.1x^2+1.8x=-0.1(x-9)^2+8.1$.

∴该大门的高 h 为 8.1m.

解法二:如右图所示,建立平面直角坐标系.设抛物线的解析式为 $y=ax^2$.

由题意得 B、C 两点的坐标分别为 $B(9,-h)$、$C(8,-h+1.7)$.

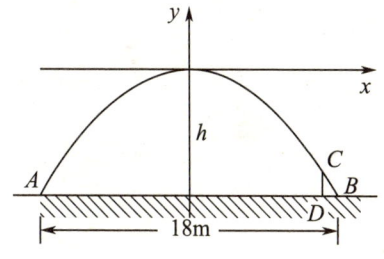

把 B、C 两点的坐标代入 $y=ax^2$,得 $\begin{cases}-h=81a\\-h+1.7=64a\end{cases}$,

解得 $\begin{cases}a=-0.1\\h=8.1\end{cases}$,

∴$y=-0.1x^2$.

∴该大门的高 h 为 8.1m.

【方法总结】根据大门的外形,建立平面直角坐标系是解题的关键步骤.其建立方法不同,导致所设解析式不同.此题还可以以 AB 所在直线为 x 轴,AB 中点为原点,建立平面直角坐标系.建立平面直角坐标系,

要力求使解答方便．不论采取何种方法，所得结果是一样的，可谓"殊途同归"．

类型2 变量关系图象为抛物线形问题

例2 善于不断改进学习方法的小迪发现，对解题进行回顾反思，学习效果更好．某天，小迪有 20min 的时间可用于学习．假设小迪用于解题的时间 x（单位：min）与学习收益量 y 的关系如图1所示，用于回顾反思的时间 x（单位：min）与学习收益量 y 的关系如图2所示（其中 OA 是抛物线的一部分，A 为抛物线的顶点），且用于回顾反思的时间不超过用于解题的时间．

（1）求小迪解题的学习收益量 y 与用于解题的时间 x 之间的函数解析式．

（2）求小迪回顾反思的学习收益量 y 与用于回顾反思的时间 x 之间的函数解析式．

（3）小迪如何分配解题和回顾反思的时间，才能使这 20min 的学习收益总量最大？

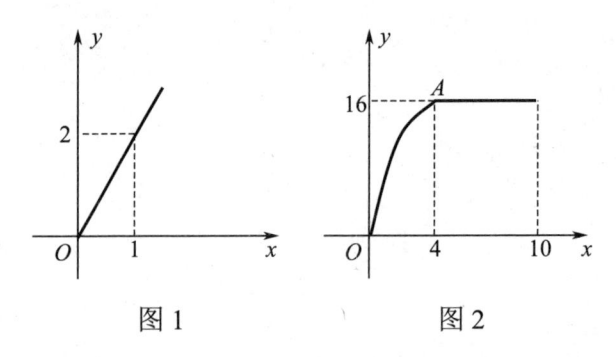

图1

图2

【解答】（1）由图1可知，设 $y=kx$（$k \neq 0$）．当 $x=1$ 时，$y=2$，解得 $k=2$．
∴ $y=2x$（$0 \leqslant x \leqslant 20$）．

（2）由图2可知，当 $0 \leqslant x < 4$ 时，设 $y=a(x-4)^2+16$．
当 $x=0$ 时，$y=0$，∴ $0=16a+16$．∴ $a=-1$．

∴ $y=-(x-4)^2+16$,即 $y=-x^2+8x$.

当 $4 \leqslant x \leqslant 10$ 时,$y=16$.

因此,$y=\begin{cases}-x^2+8x, & 0 \leqslant x<4 \\ 16, & 4 \leqslant x \leqslant 10\end{cases}$.

(3) 设小迪用于回顾反思的时间为 $x(0 \leqslant x \leqslant 10)$ min,学习收益总量为 y,则她用于解题的时间为 $(20-x)$ min.

当 $0 \leqslant x<4$ 时,$y=-x^2+8x+2(20-x)=-x^2+6x+40=-(x-3)^2+49$.
当 $x=3$ 时,$y_{最大}=49$.

当 $4 \leqslant x \leqslant 10$ 时,$y=16+2(20-x)=56-2x$.

y 随 x 的增大而减小,因此当 $x=4$ 时,$y_{最大}=48$.

综上所述,当 $x=3$ 时,$y_{最大}=49$,此时 $20-x=17$.

答:小迪用于回顾反思的时间为 3 min,用于解题的时间为 17 min 时,学习收益总量最大.

【方法总结】 图 2 中的函数图象,以点 A 为界,分别为抛物线和线段,形成分段函数.对于分段函数,一般先确定不同取值范围内的函数解析式,再根据函数性质解题.在解题过程中,一定要注意不同函数解析式对应的自变量取值范围.一般地,临界点的坐标能满足两个不同的解析式,这可以作为检验的一个依据.

类型 3 二次函数在营销问题方面的应用

例 3 九(1)班数学兴趣小组经过市场调查,整理出某种商品在第 x($1 \leqslant x \leqslant 90$)天的售价与销量的相关信息,如下表所示:

时间 x/天	$1 \leqslant x<50$	$50 \leqslant x \leqslant 90$
售价/(元/件)	$x+40$	90
每天的销量/件	$200-2x$	

已知该商品的进价为每件 30 元,设每天销售该商品的利润为 y 元.

(1) 求出 y 与 x 的函数解析式.

(2) 销售该商品第几天时,当天的销售利润最大?最大利润是多少?

(3) 该商品在销售过程中,共有多少天每天销售利润不低于 4800 元?请直接写出结果.

【解答】(1) 当 $1 \leqslant x < 50$ 时, $y = (200-2x)(x+40-30) = -2x^2 + 180x + 2000$;

当 $50 \leqslant x \leqslant 90$ 时, $y = (200-2x)(90-30) = -120x + 12000$.

综上所述, $y = \begin{cases} -2x^2 + 180x + 2000, & 1 \leqslant x < 50 \\ -120x + 12000, & 50 \leqslant x \leqslant 90 \end{cases}$.

(2) 当 $1 \leqslant x < 50$ 时,二次函数开口向下,二次函数的对称轴为 $x = 45$,

当 $x = 45$ 时, $y_{最大} = -2 \times 45^2 + 180 \times 45 + 2000 = 6050$.

当 $50 \leqslant x \leqslant 90$ 时, y 随 x 的增大而减小,

当 $x = 50$ 时, $y_{最大} = 6000$.

综上所述,第 45 天时,该商品当天销售利润最大,最大利润是 6050 元.

(3) 当 $20 \leqslant x \leqslant 60$ 时,每天销售利润不低于 4800 元.

【方法总结】 解决二次函数的实际应用问题关键是由题意列出二次函数解析式,利用二次函数的性质得到最大值或最小值,并注意根据实际问题进行验证.最大销售利润的问题常利用函数的增减性来解答,要注意应在自变量的取值范围内求最大值(或最小值).

类型 4　二次函数在图形问题中的应用

例 4　为了改善市民的生活环境,我市在某河滨空地处修建了一个如下页图所示的休闲文化广场,在 Rt△ABC 内修建矩形水池 DEFG,使顶点 D、E 在斜边 AB 上,F、G 分别在直角边 BC、AC 上;又分别以 AB、BC、AC 为直径作半圆,它们交出两弯新月(图中阴影部分),两弯新月部分栽植花草,其余空地铺设地砖.其中 $AB = 24\sqrt{3}$ m,$\angle BAC = 60°$.设 $EF = x$ m,$DE = y$ m.

（1）求 y 与 x 之间的函数解析式.

（2）当 x 为何值时，矩形 $DEFG$ 的面积最大？最大面积是多少？

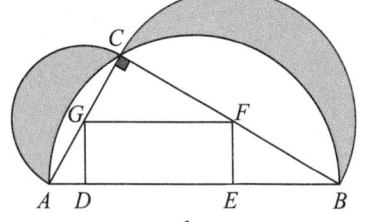

（3）求两弯新月（图中阴影部分）的面积，并求当 x 为何值时，矩形 $DEFG$ 的面积等于两弯新月面积的 $\dfrac{1}{3}$.

【解答】（1）在 Rt$\triangle ABC$ 中，由题意可得 $AC=12\sqrt{3}$ m，$BC=36$ m，$\angle ABC=30°$，

$\therefore AD=\dfrac{DG}{\tan 60°}=\dfrac{x}{\sqrt{3}}=\dfrac{\sqrt{3}}{3}x$，$BE=\dfrac{EF}{\tan 30°}=\sqrt{3}x$.

又 $\because AD+DE+BE=AB$，$\therefore y=24\sqrt{3}-\dfrac{4}{3}\sqrt{3}x$（$0<x<18$）.

（2）$S_{\text{矩形}DEFG}=xy=x\left(24\sqrt{3}-\dfrac{4}{3}\sqrt{3}x\right)=-\dfrac{4}{3}\sqrt{3}(x-9)^2+108\sqrt{3}$，

$\therefore$ 当 $x=9$ 时，矩形 $DEFG$ 的面积最大，最大面积是 $108\sqrt{3}$ m^2.

（3）记以 AC 为直径的半圆、BC 为直径的半圆、AB 为直径的半圆面积分别为 S_1、S_2、S_3，两弯新月面积为 S，则 $S_1=\dfrac{1}{8}\pi AC^2$，$S_2=\dfrac{1}{8}\pi BC^2$，$S_3=\dfrac{1}{8}\pi AB^2$.

由 $AC^2+BC^2=AB^2$，可知 $S_1+S_2=S_3$，$S_1+S_2-S=S_3-S_{\triangle ABC}$，$\therefore S=S_{\triangle ABC}$，

$\therefore S=\dfrac{1}{2}\times 12\sqrt{3}\times 36=216\sqrt{3}$ m^2.

由 $-\dfrac{4}{3}\sqrt{3}(x-9)^2+108\sqrt{3}=\dfrac{1}{3}\times 216\sqrt{3}$，解得 $x=9\pm 3\sqrt{3}$，符合题意.

$\therefore$ 当 $x=9\pm 3\sqrt{3}$ 时，矩形 $DEFG$ 的面积等于两弯新月面积的 $\dfrac{1}{3}$.

【方法总结】本题考查二次函数在实际生活中的应用，涉及矩形的性质、解直角三角形、三角形的面积、勾股定理、二次函数的性质等知识，综合性很强，利用数形结合思想是解题的关键.

函　数（修订版）

链接中考 真题演练，小试身手

考点1　最大利润

例1 某公司的化工产品成本为30元/千克．销售部门规定：一次性销售1000千克以内时，以50元/千克的价格销售；一次性销售不低于1000千克时，销售价格每增加1千克降低0.01元．考虑到降价对利润的影响，一次性销售不低于1750千克时，均以某一固定价格销售．一次性销售利润y（元）与一次性销售量x（千克）的函数关系如右图所示．

（1）当一次性销售800千克时，利润为多少元？

（2）求一次性销售量在1000～1750千克之间时的最大利润．

（3）当一次性销售多少千克时利润为22100元？

【解析】（1）根据题意，当$x=800$时，$y=800\times(50-30)=800\times20=16000$，

∴当一次性销售800千克时，利润为16000元．

（2）设一次性销售量在1000～1750千克之间时，销售价格为$50-30-0.01(x-1000)=-0.01x+30$，

∴$y=x(-0.01x+30)=-0.01x^2+30x=-0.01(x^2-3000x)=-0.01(x-1500)^2+22500$，

∵$-0.01<0$，$1000\leqslant x\leqslant 1750$，

∴当$x=1500$时，y有最大值，最大值为22500，

∴一次性销售量在1000～1750千克之间时的最大利润为22500元．

（3）①当一次性销售量在1000～1750千克之间时，利润为22100元，

则 $-0.01(x-1500)^2+22500=22100$,

解得 $x_1=1700$, $x_2=1300$;

②当一次性销售不低于 1750 千克时,均以某一固定价格销售,

设此时函数解析式为 $y=kx$,

由(2)知,当 $x=1750$ 时,$y=-0.01(1750-1500)^2+22500=21875$,

∴ $B(1750,21875)$.

把 B 的坐标代入解析式得 $21875=1750k$,

解得 $k=12.5$,

∴ 当一次性销售不低于 1750 千克时函数解析式为 $y=12.5x$.

当 $y=22100$ 时,则 $22100=12.5x$,

解得 $x=1768$.

综上所述,当一次性销售 1300、1700 或 1768 千克时,利润为 22100 元.

【点评】最大利润问题是生活中经常遇到的问题,这类问题通常是先求出两个变量的函数关系,再求函数的最值.

考点2 最大面积

例2 如右图所示,要围一个矩形菜园 ABCD,其中一边 AD 是墙,且 AD 的长不能超过 26m,其余的三边 AB、BC、CD 用篱笆围成,且这三边的和为 40m,有下列结论:①AB 的长可以为 6m;②AB 的长有两个不同的值满足菜园 ABCD 的面积为 192m²;③菜园 ABCD 的面积的最大值为 200m². 其中,正确结论的个数是(   ).

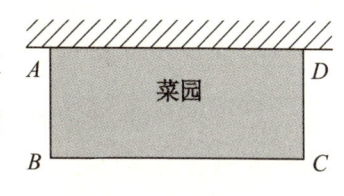

  A. 0   B. 1

  C. 2   D. 3

【解析】设 AD 边长 xm,则 AB 边长 $\dfrac{40-x}{2}$m,

当 $AB=6$ 时,$\dfrac{40-x}{2}=6$,解得 $x=28$,

∵ AD 的长不能超过 26m，∴ $x \leq 26$，故①不正确；

∵ 菜园 $ABCD$ 的面积为 192m²，∴ $x \cdot \dfrac{40-x}{2} = 192$，

整理得 $x^2 - 40x + 384 = 0$，解得 $x = 24$ 或 $x = 16$，

∴ AB 的长有两个不同的值满足菜园 $ABCD$ 的面积为 192m²，故②正确；

设矩形菜园的面积为 ym²，

根据题意得 $y = x \cdot \dfrac{40-x}{2} = -\dfrac{1}{2}(x^2 - 40x) = -\dfrac{1}{2}(x - 20)^2 + 200$，

∵ $-\dfrac{1}{2} < 0$，$20 < 26$，

∴ 当 $x = 20$ 时，y 有最大值，最大值为 200．

故③正确．∴ 正确的有 2 个，故选 C．

【点评】二次函数在几何图形中的应用，实际上融代数与几何为一体，往往涉及最大面积、最小距离等问题，解决问题的过程中需要根据面积公式等知识建立函数关系，运用函数的最值来求解．

考点3 抛物线类

例3 一次足球训练中，小明从球门正前方 8m 处的 A 点射门，球射向球门的路线为抛物线．当球飞行的水平距离为 6m 时，球达到最高点，此时球离地面 3m．已知球门高 OB 为 2.44m，现以 O 为原点建立如下图所示的平面直角坐标系．

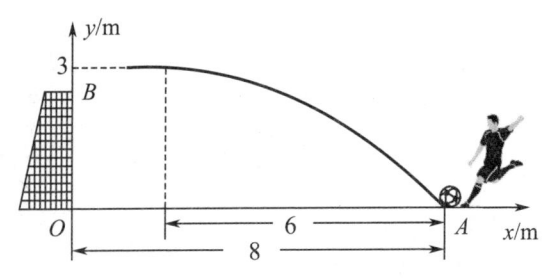

(1) 求抛物线的函数解析式，并通过计算判断球能否射进球门（忽略其他因素）．

（2）对本次训练进行分析，若射门路线的形状、最大高度均保持不变，则当时他应该带球向正后方移动多少米射门，才能让足球经过点 O 正上方 2.25m 处？

【解析】（1）∵ 8－6＝2，∴ 抛物线的顶点坐标为 (2,3)，

设抛物线为 $y=a(x-2)^2+3$，把点 $A(8,0)$ 代入，得 $36a+3=0$，

解得 $a=-\dfrac{1}{12}$，

∴ 抛物线的函数解析式为 $y=-\dfrac{1}{12}(x-2)^2+3$.

当 $x=0$ 时，$y=-\dfrac{1}{12}\times 4+3=\dfrac{8}{3}>2.44$，

∴ 球不能射进球门．

（2）设小明带球向正后方移动 mm，则移动后的抛物线为 $y=-\dfrac{1}{12}(x-2-m)^2+3$，

把点 (0,2.25) 代入，得 $2.25=-\dfrac{1}{12}(0-2-m)^2+3$，

解得 $m=-5$（舍去）或 $m=1$，

∴ 当时他应该带球向正后方移动 1m 射门，才能让足球经过点 O 正上方 2.25m 处.

【点评】本题考查二次函数的应用，解题的关键是读懂题意，合理求解函数解析式，把实际问题转化为数学问题.

拓展训练 再接再厉，提高能力

1. 若击出的高尔夫球飞行时距地面的高度 y（m）与水平距离 x（m）之间的函数解析式为 $y=-\dfrac{1}{90}(x-30)^2+10$，则高尔夫球在飞行过程中的最大高度为（　　）.

  A．10m   B．20m   C．30m   D．60m

2．某广场上有一喷水池，水从地面喷出，如右图所示，以水平地面为 x 轴，出水点为原点，建立平面直角坐标系，水在空中划出的曲线是抛物线 $y=-x^2+4x$（单位：m）的一部分，则水喷出的最大高度是（　　）．

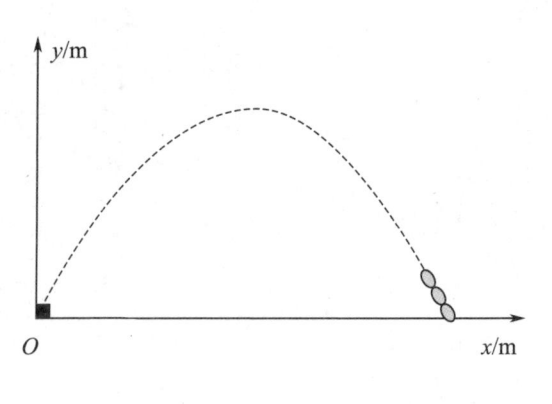

　　A．4m　　　B．3m　　　C．2m　　　D．1m

3．河北省赵县的赵州桥的桥拱是近似的抛物线形，建立如下图所示的平面直角坐标系，其函数解析式为 $y=-\dfrac{1}{25}x^2$，当水面离桥拱顶的高度 DO 是4m时，水面宽度 AB 为（　　）．

　　A．－20m　　B．10m　　C．20m　　D．－10m

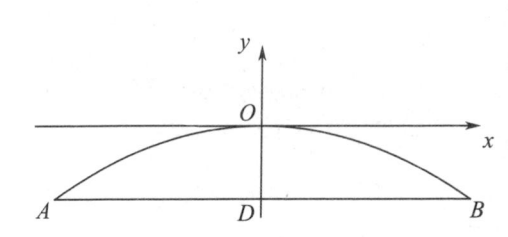

4．某公园草坪的防护栏是由100段形状相同的抛物线组成的．为了牢固起见，每段防护栏需要在间距0.4m处加设一根不锈钢的支柱，防护栏的最高点距底部0.5m（见右图），则这条防护栏需要不锈钢支柱的总长度至少为（　　）．

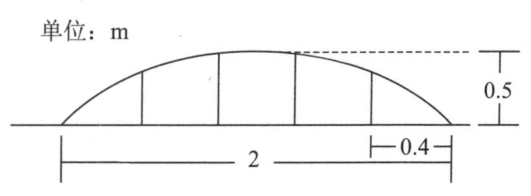

　　A．50m　　　B．100m　　　C．160m　　　D．200m

5. 某农场拟建两间矩形饲养室，一面靠墙（墙足够长），中间用一道墙隔开，并在如右图所示的 3 处各留 1m 宽的门．已知计划中的材料可建墙体（不包括门）总长为 27m，则能建成的饲养室面积最大为_____m².

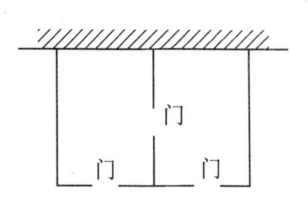

6. "安居工程"新建成的一批楼房都是 8 层高，房子的价格 y（元/m²）随楼层数 x（楼）的变化而变化（$x=1$，2，3，4，5，6，7，8）；已知点（x,y）都在一个二次函数的图象上（见右图），则 6 楼房子的价格为_____元/m².

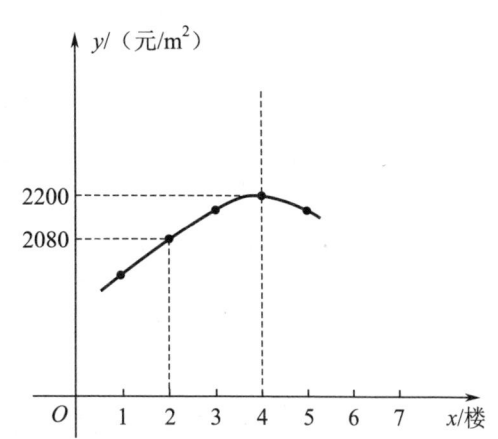

7. 2023 年 5 月 28 日，C919 商业首航完成——中国民航商业运营国产大飞机正式起步．12 时 31 分航班抵达北京首都国际机场，穿过隆重的"水门礼"（寓意"接风洗尘"，是国际民航中高级别的礼仪）．如图 1 所示，在一次"水门礼"的预演中，两辆消防车面向飞机喷射水柱，喷射的两条水柱近似看作形状相同的抛物线的一部分．如图 2 所示，当两辆消防车喷水口 A、B 的水平距离为 80m 时，两条水柱在抛物线的顶点 H 处相遇．此时相遇点 H 距地面 20m，喷水口 A、B 均距地面 4m．若两辆消防车同时后退 10m，两条水柱的形状及喷水口 A'、B' 到地面的距离均保持不变，则此时两条水柱相遇点 H' 距地面_____m．

图 1

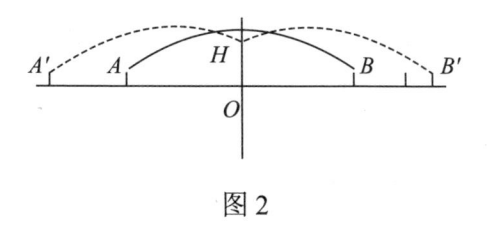

图 2

8．如右图所示，某房地产公司要在一块矩形 OBCD 地上建造一个矩形公园 GHCK，为了使文物保护区△OEF 不被破坏，矩形公园的顶点 G 不能在文物保护区内．已知 OB＝200m，OD＝160m，OE＝60m，OF＝40m．当 GH 多长时，矩形公园的面积最大？最大面积是多少（精确到 1m²）？

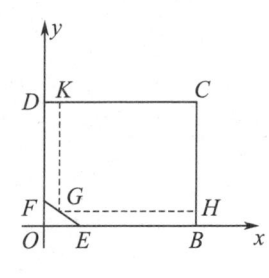

9．一名运动员在 10m 高的跳台进行跳水，身体（看成一点）在空中的运动轨迹是一条抛物线，运动员离水面的高度 y（m）与离起跳点 A 的水平距离 x（m）之间的函数关系如右图所示，运动员离起跳点 A 的水平距离为 1m 时达到最高点，当运动员离起跳点 A 的水平距离为 3m 时离水面的距离为 7m．

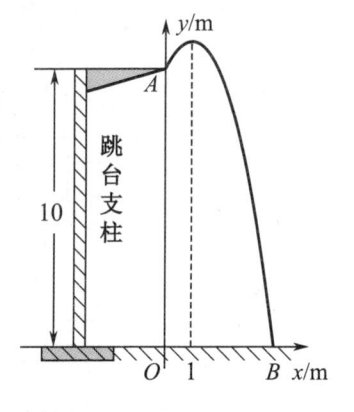

（1）求 y 关于 x 的函数解析式．

（2）求运动员从起跳点到入水点的水平距离 OB 的长．

10．随着科技的发展，扫地机器人（图 1）已广泛应用于生活中．某公司推出一款新型扫地机器人，经统计该产品 2022 年每个月的销售情况，发现每台的销售价格随销售月份的变化而变化．设该产品 2022 年第 x（x 为整数）月每台的销售价格为 y（单位：元），y 与 x 的函数关系如图 2 所示（图中 ABC 为一折线）．

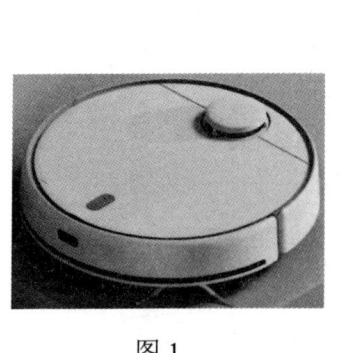

图 1

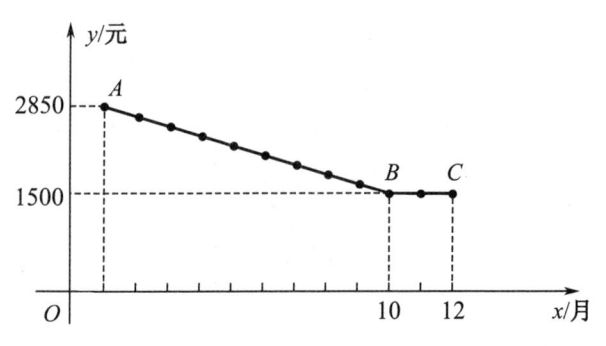

图 2

（1）当 $1\leqslant x\leqslant 10$ 时，求每台的销售价格 y 与 x 之间的函数解析式.

（2）设该产品 2022 年第 x 月的销售数量为 m（单位：万台），m 与 x 的关系可以用 $m=\dfrac{1}{10}x+1$ 来描述，求哪个月的销售收入最多，最多为多少万元？（销售收入＝每台的销售价格×销售数量）

参 考 答 案

1．A．2．A．3．C．4．C．5．75．6．2080．7．19．

8．根据题意，得点 E 的坐标为（60,0），点 F 的坐标为（0,40），设点 G 的坐标为 (x,y)，易得 $y=-\dfrac{2}{3}x+40$．

矩形公园的面积 $S=(200-x)(160-y)=(200-x)(160+\dfrac{2}{3}x-40)=-\dfrac{2}{3}x^2+\dfrac{40}{3}x+24000$．

所以当 $GH=190$ m 时，矩形公园的面积最大，最大面积约为 24067m^2．

9．（1）根据题意可得，抛物线过点（0,10）和（3,7），对称轴为直线 $x=1$，设 y 关于 x 的函数解析式为 $y=ax^2+bx+c$，

∴ $\begin{cases} c=10 \\ 9a+3b+c=7 \\ -\dfrac{b}{2a}=1 \end{cases}$，解得 $\begin{cases} a=-1, \\ b=2, \\ c=10, \end{cases}$

∴ y 关于 x 的函数解析式为 $y=-x^2+2x+10$．

（2）在 $y=-x^2+2x+10$ 中，令 $y=0$，得 $0=-x^2+2x+10$，

解得 $x=\sqrt{11}+1$ 或 $x=-\sqrt{11}+1$（舍去），

∴ 运动员从起跳点到入水点的水平距离 OB 的长为 $(\sqrt{11}+1)$ m．

10．（1）当 $1\leqslant x\leqslant 10$ 时，设每台的销售价格 y 与 x 之间的函数解析式

为 $y=kx+b$ ($k\neq 0$)，∵图象过 A (1,2850)，B (10,1500) 两点，

∴ $\begin{cases} k+b=2850 \\ 10k+b=1500 \end{cases}$，解得 $\begin{cases} k=-150 \\ b=3000 \end{cases}$，

∴当 $1\leqslant x\leqslant 10$ 时，每台的销售价格 y 与 x 之间的函数解析式为 $y=-150x+3000$.

（2）设销售收入为 w 万元.

①当 $1\leqslant x\leqslant 10$ 时，$w=(-150x+3000)(\frac{1}{10}x+1)=-15(x-5)^2+3375$，∵$-15<0$，∴当 $x=5$ 时，$w_{最大}=3375$；

②当 $10<x\leqslant 12$ 时，$w=1500(\frac{1}{10}x+1)=150x+1500$，

∴w 随 x 的增大而增大，∴当 $x=12$ 时，$w_{最大}=150\times 12+1500=3300$；

∵$3375>3300$，∴第 5 个月的销售收入最多，最多为 3375 万元.

函数中的最值问题

第 17 节

名师语要 名师点拨，轻松掌握

函数中的最值问题是中考的一个重要考点，它在代数问题、几何问题和实际问题中有广泛的应用，尤其是二次函数最值问题是核心，综合性较强．

知识全解 归纳知识，深刻认识

一、配方法

将二次函数解析式化为 $y=a(x-h)^2+k$ 的形式，顶点坐标为 (h,k)，当 $a>0$ 时，y 有最小值，即当 $x=h$ 时，y 的最小值为 k；当 $a<0$ 时，y 有最大值，即当 $x=h$ 时，y 的最大值为 k．

二、公式法

直接利用顶点坐标公式：当 $a>0$ 时，y 有最小值，即当 $x=-\dfrac{b}{2a}$ 时，y 的最小值为 $\dfrac{4ac-b^2}{4a}$；当 $a<0$ 时，y 有最大值，即当 $x=-\dfrac{b}{2a}$ 时，y 的最大值为 $\dfrac{4ac-b^2}{4a}$．

函 数（修订版）

> **温馨提示**
>
> （1）二次函数在某一范围内的最值问题，一定要作出函数在所给范围内的图象草图，观察函数图象的最高点和最低点，结合函数的增减性，即可求出函数的最值．
>
> （2）分段函数的最值问题，应先求出每一段解析式的最值，其中最小的，就是分段函数的最小值；最大的，就是分段函数的最大值．
>
> （3）实际生活中的最值问题，自变量的取值一般都是有特殊范围的，因此在列函数解析式时，应先求出自变量的取值范围．

学法指导 经典例题，点拨方法

类型1 生活中的最值问题

例1 鄂州市化工材料经销公司购进一种化工材料若干，价格为30元/kg，物价部门规定其销售单价不高于60元/kg，不低于30元/kg．经市场调查发现，日销售量 y（kg）是销售单价 x（元）的一次函数，且当 $x=60$ 时，$y=80$；$x=50$ 时，$y=100$．在销售过程中，每天还要支付其他费用450元．

（1）求 y 与 x 的函数解析式，并写出自变量 x 的取值范围．

（2）求该公司销售该原料日获利 w（元）与销售单价 x（元）之间的函数解析式．

（3）当销售单价为多少元时，该公司日获利最大？最大利润是多少元？

【分析】（1）根据待定系数法求出一次函数的解析式．（2）利用利润=（售价－进价）×销售量列函数解析式．（3）利用二次函数在自变量的取值范围内的增减性来求最值．

【解答】（1）设 $y=kx+b$（$k\neq 0$），由题意得

$\begin{cases} 80=60k+b \\ 100=50k+b \end{cases}$，解得 $\begin{cases} k=-2 \\ b=200 \end{cases}$，

∴ $y = -2x + 200$ ($30 \leq x \leq 60$).

（2）$w = (x-30)(-2x+200) - 450 = -2x^2 + 260x - 6450$ ($30 \leq x \leq 60$).

（3）$w = -2(x-65)^2 + 2000$,

由于 $-2 < 0$，抛物线开口向下，当 $x < 65$ 时，y 随 x 的增大而增大.

∵ $30 \leq x \leq 60$，∴ 当 $x = 60$ 时，w 有最大值，$w_{最大} = 1950$，

∴ 销售单价为 60 元时，该公司日获利最大，最大利润是 1950 元.

【方法总结】解此类题的关键是厘清各种数量关系，需要利用等量关系列方程、列函数解析式，利用函数的增减性及自变量的取值范围设计最优方案.

类型 2 几何图形中的最值问题

例 2 在矩形 $ABCD$ 中，$AB = 2$，$AD = 3$，P 是 BC 上的任意一点（P 与 B、C 不重合），过点 P 作 $AP \perp PE$，垂足为 P，PE 交 CD 于点 E，如右图所示.

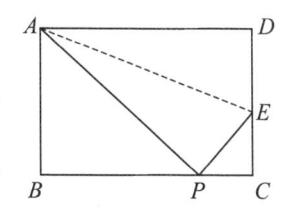

（1）连接 AE，当 $\triangle APE$ 与 $\triangle ADE$ 全等时，求 BP 的长.

（2）若设 BP 的长为 x，CE 的长为 y，试确定 y 与 x 的函数解析式. 当 x 取何值时，y 的值最大？最大值是多少？

【分析】（1）根据全等三角形的对应边相等知 $AP = AD = 3$，然后在 Rt$\triangle ABP$ 中利用勾股定理可以求得 BP 的长.（2）根据相似三角形的对应边成比例列出关于 x、y 的解析式，通过二次函数的最值求法来求 y 的最大值.

【解答】（1）∵ $\triangle APE \cong \triangle ADE$，

∴ $AP = AD = 3$.

在 Rt$\triangle ABP$ 中，$BP = \sqrt{AP^2 - AB^2} = \sqrt{3^2 - 2^2} = \sqrt{5}$.

（2）∵ $AP \perp PE$，

∴ Rt$\triangle ABP \sim$ Rt$\triangle PCE$.

$\therefore \dfrac{AB}{PC} = \dfrac{BP}{CE}$,即 $\dfrac{2}{3-x} = \dfrac{x}{y}$.

$\therefore y = -\dfrac{1}{2}x^2 + \dfrac{3}{2}x = -\dfrac{1}{2}(x-\dfrac{3}{2})^2 + \dfrac{9}{8}$.

$\therefore$ 当 $x = \dfrac{3}{2}$ 时，y 有最大值，最大值是 $\dfrac{9}{8}$.

【方法总结】解答与相似三角形有关的函数最值问题时，通常是借助相似三角形的性质把对应边的关系转化为二次函数，从而求得最值.

链接中考 真题演练，小试身手

考点1 一次函数最值问题

例1 近年来，市民交通安全意识逐步增强，头盔需求量增大．某商店购进甲、乙两种头盔，已知购进甲种头盔 20 只，乙种头盔 30 只，共花费 2920 元，甲种头盔的单价比乙种头盔的单价高 11 元．

（1）甲、乙两种头盔的单价各是多少元？

（2）商店决定再次购进甲、乙两种头盔共 40 只，正好赶上厂家进行促销活动，促销方式如下：甲种头盔按单价的八折出售，乙种头盔每只降价 6 元出售．如果此次购进甲种头盔的数量不低于乙种头盔数量的一半，那么应购进多少只甲种头盔，使此次购买头盔的总费用最低？最低费用是多少元？

【解析】（1）设甲种头盔的单价为 x 元，乙种头盔的单价为 y 元，根据题意，得 $\begin{cases} 20x+30y=2920 \\ x-y=11 \end{cases}$，解得 $\begin{cases} x=65 \\ y=54 \end{cases}$.

答：甲种头盔的单价是 65 元，乙种头盔的单价是 54 元．

（2）设再次购进甲种头盔 m 只，总费用为 w 元，根据题意，得 $m \geq \dfrac{1}{2}(40-m)$，解得 $m \geq \dfrac{40}{3}$，

$w=65×0.8m+(54-6)(40-m)=4m+1920$,

∵$4>0$,∴w 随着 m 的增大而增大,

当 $m=14$ 时,w 取得最小值,

即购进 14 只甲种头盔时,总费用最低,最低费用为 $14×4+1920=1976$.

答:购进 14 只甲种头盔时,总费用最低,最低费用为 1976 元.

【点评】本题考查了一次函数、二元一次方程组和一元一次不等式的应用,理解题意并根据题意建立相应解析式,再根据一次函数的增减性即可确定最低总费用.

考点2 二次函数最值问题

例2 已知二次函数 $y=x^2+bx+c$(b,c 为常数).

(1)当 $b=2$,$c=-3$ 时,求二次函数的最小值.

(2)当 $c=5$ 时,若在函数值 $y=1$ 的情况下,只有一个自变量 x 与其对应,求此时二次函数的解析式.

(3)当 $c=b^2$ 时,若在自变量 x 的值满足 $b≤x≤b+3$ 的情况下,与其对应的函数值 y 的最小值为 21,求此时二次函数的解析式.

【解析】(1)当 $b=2$,$c=-3$ 时,二次函数的解析式为 $y=x^2+2x-3$,即 $y=(x+1)^2-4$.

∴当 $x=-1$ 时,二次函数的值最小,为 -4.

(2)当 $c=5$ 时,二次函数的解析式为 $y=x^2+bx+5$.

由题意,得方程 $x^2+bx+5=1$ 有两个相等的实数根,

则 $\Delta=b^2-16=0$,解得 $b_1=4$,$b_2=-4$.

此时二次函数的解析式为 $y=x^2+4x+5$ 或 $y=x^2-4x+5$.

(3)当 $c=b^2$ 时,二次函数的解析式为 $y=x^2+bx+b^2$.

它的图象是开口向上,对称轴为 $x=-\dfrac{b}{2}$ 的抛物线.

① 若 $\frac{-b}{2}<b$，即 $b>0$ 时，在自变量 x 的值满足 $b\leqslant x\leqslant b+3$ 的情况下，与其对应的函数值 y 随 x 的增大而增大，故当 $x=b$ 时，$y=b^2+b\times b+b^2=3b^2$ 为最小值．

∴ $3b^2=21$，解得 $b_1=-\sqrt{7}$（舍），$b_2=\sqrt{7}$．

② 若 $b\leqslant -\frac{b}{2}\leqslant b+3$，即 $-2\leqslant b\leqslant 0$ 时，

当 $x=-\frac{b}{2}$ 时，$y=\left(-\frac{b}{2}\right)^2+b\times\left(-\frac{b}{2}\right)+b^2=\frac{3b^2}{4}$ 为最小值．

所以 $\frac{3b^2}{4}=21$，解得 $b_1=-2\sqrt{7}$（舍），$b_2=2\sqrt{7}$（舍）．

③ 若 $-\frac{b}{2}>b+3$，即 $b<-2$ 时，

在自变量 x 的值满足 $b\leqslant x\leqslant b+3$ 的情况下，与其对应的函数值 y 随 x 的增大而减小，故当 $x=b+3$ 时，$y=(b+3)^2+b(b+3)+b^2=3b^2+9b+9$ 为最小值．所以 $3b^2+9b+9=21$，即 $b^2+3b-4=0$，解得 $b_1=1$（舍），$b_2=-4$．

综上所述，$b=\sqrt{7}$ 或 $b=-4$．

∴ 此时二次函数的解析式为 $y=x^2+\sqrt{7}x+7$ 或 $y=x^2-4x+16$．

【点评】 求二次函数的最值，通常把二次函数配方成顶点形式，并结合抛物线的开口方向求解；如果需要研究的问题有多种情况出现，为防止求得的解遗漏，通常采用分类讨论的方法．

考点3 动态几何最值问题

例3 如右图所示，在平面直角坐标系中，菱形 $OABC$ 的一边 OC 在 x 轴的正半轴上，顶点 A 的坐标为 $(2,2\sqrt{3})$，点 D 是边 OC 上的动点，过点 D 作 $DE\perp OB$，交边 OA 于点 E，作 $DF\parallel OB$，交边 BC 于点 F，连接 EF，设 $OD=x$，

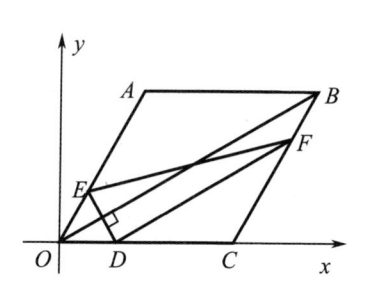

△DEF 的面积为 S.

（1）求 S 关于 x 的函数解析式.

（2）当 x 取何值时，S 的值最大？请求出最大值.

【解析】（1）如右图所示，过点 A 作 $AG \perp OC$ 于点 G，连接 AC.

∵顶点 A 的坐标为（2,2$\sqrt{3}$），

∴$OA = \sqrt{2^2 + (2\sqrt{3})^2} = 4$，$OG = 2$，$AG = 2\sqrt{3}$，

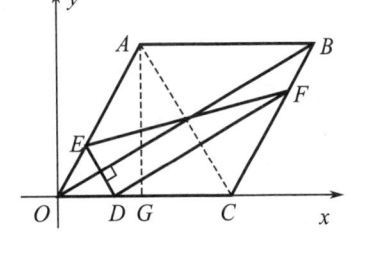

∴$\cos \angle AOG = \dfrac{OG}{AO} = \dfrac{1}{2}$，∴$\angle AOG = 60°$.

∵四边形 OABC 是菱形，

∴$\angle BOC = \angle AOB = 30°$，$AC \perp BO$，$AO = OC$，

∴△AOC 是等边三角形，∴$\angle ACO = 60°$.

∵$DE \perp OB$，∴$DE \parallel AC$，

∴$\angle EDO = \angle ACO = 60°$，∴△EOD 是等边三角形，∴$ED = OD = x$.

∵$DF \parallel OB$，∴△CDF∽△COB，∴$\dfrac{DF}{OB} = \dfrac{CD}{CO}$.

∵$A(2, 2\sqrt{3})$，$AO = 4$，则 $B(6, 2\sqrt{3})$，

∴$OB = \sqrt{6^2 + (2\sqrt{3})^2} = 4\sqrt{3}$，

∴$\dfrac{DF}{4\sqrt{3}} = \dfrac{4-x}{4}$，∴$DF = \sqrt{3}(4-x)$，

∴$S = \dfrac{1}{2} x \times \sqrt{3}(4-x) = -\dfrac{\sqrt{3}}{2} x^2 + 2\sqrt{3} x$（$0 \leqslant x \leqslant 4$）.

（2）∵$S = -\dfrac{\sqrt{3}}{2} x^2 + 2\sqrt{3} x = -\dfrac{\sqrt{3}}{2}(x-2)^2 + 2\sqrt{3}$（$0 \leqslant x \leqslant 4$），

∴当 $x = 2$ 时，S 有最大值，最大值为 $2\sqrt{3}$.

【点评】本题考查了等边三角形的判定与性质，用函数知识来求最值问题是解题的关键.

拓展训练 再接再厉，提高能力

1. $y=x^2+(1-a)x+1$ 是关于 x 的二次函数,当 x 的取值范围是 $1 \leqslant x \leqslant 3$ 时,y 在 $x=1$ 时取得最大值,则实数 a 的取值范围是（　　）.

    A. $a \leqslant -5$　　B. $a \geqslant 5$　　C. $a=3$　　D. $a \geqslant 3$

2. 在平面直角坐标系中,二次函数 $y=x^2+mx+m^2-m$（m 为常数）的图象经过点（0,6）,其对称轴在 y 轴左侧,则该二次函数有（　　）.

    A. 最大值 5　　B. 最大值 $\dfrac{15}{4}$　　C. 最小值 5　　D. 最小值 $\dfrac{15}{4}$

3. 已知 M、N 两点关于 y 轴对称,且点 M 在反比例函数 $y=\dfrac{1}{2x}$ 的图象上,点 N 在一次函数 $y=x+3$ 的图象上,设点 M 的坐标为（a,b）,则二次函数 $y=abx^2+(a+b)x$（　　）.

    A. 有最小值,且最小值是 $\dfrac{9}{2}$　　B. 有最大值,且最大值是 $-\dfrac{9}{2}$

    C. 有最大值,且最大值是 $\dfrac{9}{2}$　　D. 有最小值,且最小值是 $-\dfrac{9}{2}$

4. 如右图所示,已知点 A（4,0）,O 为坐标原点,P 是线段 OA 上任意一点（不含端点 O、A）,过 P、O 两点的二次函数 y_1 和过 P、A 两点的二次函数 y_2 的图象开口均向下,它们的顶点分别为 B、C,射线 OB 与射线 AC 相交于点 D.当 $OD=AD=3$ 时,这两个二次函数的最大值之和等于（　　）.

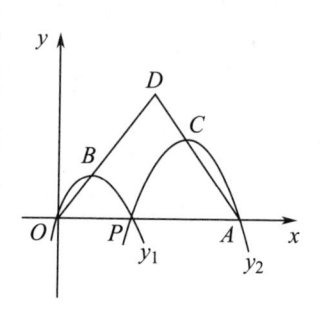

    A. $\sqrt{5}$　　B. $\dfrac{4}{3}\sqrt{5}$　　C. 3　　D. 4

5. 设二次函数 $y=a(x-m)(x-m-k)$（$a>0$,m、k 是实数）,则（　　）.

    A. 当 $k=2$ 时,函数 y 的最小值为 $-a$

    B. 当 $k=2$ 时,函数 y 的最小值为 $-2a$

C. 当 $k=4$ 时，函数 y 的最小值为 $-a$

D. 当 $k=4$ 时，函数 y 的最小值为 $-2a$

6. 如右图所示，P 是抛物线 $y=-x^2+x+2$ 在第一象限上的点，过点 P 分别向 x 轴和 y 轴引垂线，垂足分别为 A、B，则四边形 $OAPB$ 周长的最大值为_____．

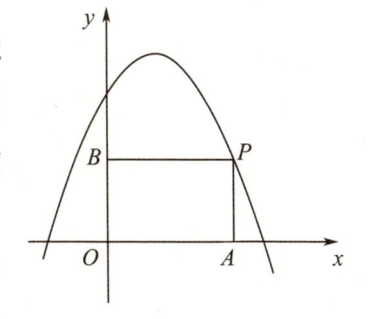

7. 已知：在面积为 7 的梯形 $ABCD$ 中，$AD \parallel BC$，$AD=3$，$BC=4$，P 为边 AD 上不与 A、D 重合的一动点，Q 是边 BC 上的任意一点，连接 AQ、DQ，过 P 作 $PE \parallel DQ$，交 AQ 于点 E，作 $PF \parallel AQ$，交 DQ 于点 F（见右图），则 $\triangle PEF$ 面积的最大值是_____．

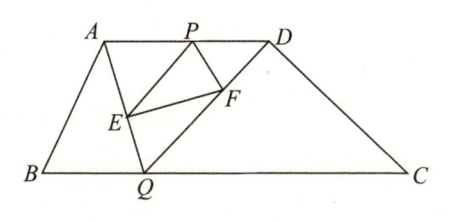

8. 已知二次函数 $y=a(x-1)^2-a$（$a \neq 0$），当 $-1 \leqslant x \leqslant 4$ 时，y 的最小值为 -4，则 a 的值为_____．

9. 如下图所示，在矩形 $ABCD$ 中，$AB=m$（m 是大于 0 的常数），$BC=8$，E 为线段 BC 上的动点（不与 B、C 重合）．连接 DE，作 $EF \perp DE$，EF 与射线 BA 交于点 F，设 $CE=x$，$BF=y$．

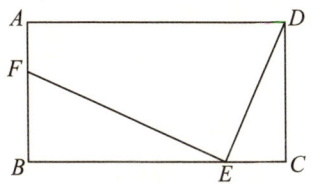

（1）求 y 关于 x 的函数解析式．

（2）若 $m=8$，求 x 为何值时，y 的值最大，最大值是多少？

（3）若 $y=\dfrac{12}{m}$，要使 $\triangle DEF$ 为等腰三角形，m 的值应为多少？

10. 已知二次函数 $y=x^2+(m-2)x+m-4$，其中 $m>2$．

（1）当该函数的图象经过原点 $O(0,0)$ 时，求此时函数图象的顶点 A 的坐标．

（2）求证：二次函数 $y=x^2+(m-2)x+m-4$ 的顶点在第三象限．

（3）如右图所示，在（1）的条件下，若平移该二次函数的图象，使其顶点在直线 $y=-x-2$ 上运动，平移后所得函数的图象与 y 轴的负半轴的交点为 B，求 $\triangle AOB$ 面积的最大值.

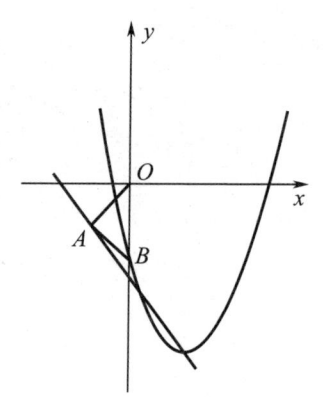

参 考 答 案

1. B. 2. D. 3. D. 4. A. 5. A. 6. 6. 7. $\dfrac{3}{4}$. 8. 4 或 $-\dfrac{1}{2}$.

9. （1）∵$EF \perp DE$，∴$\angle BEF = 90° - \angle CED = \angle CDE$.

又∵$\angle B = \angle C = 90°$，∴$\triangle BEF \sim \triangle CDE$，

∴$\dfrac{BF}{CE} = \dfrac{BE}{DC}$，即 $\dfrac{y}{x} = \dfrac{8-x}{m}$，解得 $y = \dfrac{8x-x^2}{m}$.

（2）由（1）得 $y = \dfrac{8x-x^2}{m}$，

将 $m=8$ 代入，得 $y = -\dfrac{1}{8}x^2 + x = -\dfrac{1}{8}(x^2-8x) = -\dfrac{1}{8}(x-4)^2 + 2$，

所以当 $x=4$ 时，y 取得最大值，为 2.

（3）∵$\angle DEF = 90°$，∴只有当 $DE=EF$ 时，$\triangle DEF$ 为等腰三角形，

∴$\triangle BEF \cong \triangle CDE$，∴$BE=CD=m$，

此时 $m=8-x$，解方程 $\dfrac{12}{m} = \dfrac{8x-x^2}{m}$，得 $x=6$ 或 $x=2$.

当 $x=2$ 时，$m=6$；当 $x=6$ 时，$m=2$.

10. （1）把 $O(0,0)$ 代入 $y=x^2+(m-2)x+m-4$，

得 $m-4=0$，解得 $m=4$，∴$y=x^2+2x=(x+1)^2-1$，∴函数图象的顶点 A 的坐标为 $(-1,-1)$.

（2）由抛物线顶点坐标公式得 $y=x^2+(m-2)x+m-4$ 的顶点为

$(\dfrac{2-m}{2}, \dfrac{-m^2+8m-20}{4})$，∵ $m>2$，∴ $2-m<0$，∴ $\dfrac{2-m}{2}<0$，

∵ $\dfrac{-m^2+8m-20}{4}=-\dfrac{1}{4}(m-4)^2-1 \leqslant -1<0$，

∴二次函数 $y=x^2+(m-2)x+m-4$ 的顶点在第三象限．

（3）设平移后图象对应的二次函数解析式为 $y=x^2+bx+c$，其顶点为 $(-\dfrac{b}{2}, \dfrac{4c-b^2}{4})$，当 $x=0$ 时，$B(0,c)$，将 $(-\dfrac{b}{2}, \dfrac{4c-b^2}{4})$ 代入 $y=-x-2$ 得 $\dfrac{4c-b^2}{4}=\dfrac{b}{2}-2$，∴ $c=\dfrac{b^2+2b-8}{4}$．

∵ $B(0,c)$ 在 y 轴的负半轴上，∴ $c<0$，

∴ $OB=-c=-\dfrac{b^2+2b-8}{4}$，过点 A 作 $AH \perp OB$ 于点 H，如下图所示：

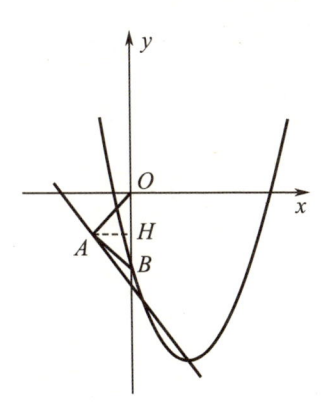

∵ $A(-1,-1)$，∴ $AH=1$，在 $\triangle AOB$ 中，

$S_{\triangle AOB}=\dfrac{1}{2}OB \cdot AH=\dfrac{1}{2} \times (-\dfrac{b^2+2b-8}{4}) \times 1 = -\dfrac{1}{8}b^2-\dfrac{1}{4}b+1$

$=-\dfrac{1}{8}(b+1)^2+\dfrac{9}{8}$

∵ $-\dfrac{1}{8}<0$，∴ 当 $b=-1$ 时，$c<0$，$S_{\triangle AOB}$ 取最大值，最大值为 $\dfrac{9}{8}$．

函数中的动点问题

第 18 节

名师语要 名师点拨，轻松掌握

函数中的动点问题是以几何知识和图形为背景，渗透运动变化的一类几何问题，它集质点的运动、线段的移动、图形的变化、探究存在性和开放性于一体，集几何、代数知识于一身，是数与形的巧妙结合．此类问题常常情境新颖、解法灵活、难度大、思考性和挑战性强，能更好地考查学生的综合能力，近年来受到各地中考命题者的青睐．

知识全解 归纳知识，深刻认识

以运动的观点来探索几何图形规律的问题被称为动态几何问题，其特点是图形中的某个元素（点、线、段、角等）或整个几何图形按某种规律运动，图形的各个元素在运动变化的过程中互相依存、和谐统一，体现了数学中的"变"与"不变"，以及由简单到复杂、由特殊到一般的辩证思想，它集代数与几何、概率统计等众多知识于一身，渗透了分类讨论、转化、数形结合、函数、方程等重要数学思想方法，问题具有开放性、综合性．解决动态几何问题的基本策略是：把握图形的运动规律，寻求图形运动中的一般与特殊位置关系；在"动"中求"静"，在"静"中探求"动"的一般规律，通过探索、归纳、猜想，获得图形在运动过程中的规律．当求变量之间的关系时，通常建立函数模型或不等式模型求解；在解决有关特殊点、特殊值的问题时，常结合图形建立方程模型求解．

函数中的动点问题 第18节

> **温馨提示**
>
> （1）点动型问题是在三角形、矩形、梯形等一些几何图形上，设计一个或几个动点，并对这些点在运动变化过程中伴随着的等量关系、变量关系、图形的特殊形态、图形间的特殊关系等进行研究考查．解决点动型问题，要用运动变化的眼光研究问题，关注运动过程中量与量之间的关系，常常要建立函数模型、方程模型、不等式模型求解．
>
> （2）线动型问题的一般形式是直线或线段按照一定的方向进行平移，其实质是点动，因此线动的问题可以转化为点动的问题来求解．解决线动型问题的关键是抓住直线（或线段）平移过程中，直线（或线段）与其他线的交点、截线的变化情况，从中找出等量关系或变量关系建立方程或函数解析式；并且，运动变化过程中的特殊位置关系对解决问题极为重要．

学法指导 经典例题，点拨方法

类型1 点动型问题

例1 在平面直角坐标系 xOy 中，一次函数 $y=\dfrac{3}{4}x+3$ 的图象是直线 l_1，l_1 与 x 轴、y 轴分别相交于 A、B 两点．直线 l_2 过点 $C(a,0)$ 且与 l_1 垂直，其中 $a>0$，点 P、Q 同时从 A 点出发，其中点 P 沿射线 AB 运动，速度为每秒移动4个单位长度；点 Q 沿射线 AO 运动，速度为每秒移动5个单位长度（见右图）．

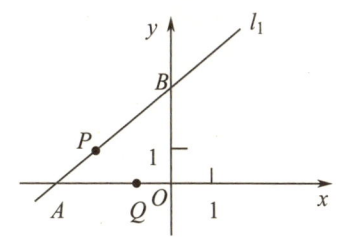

（1）写出点 A 的坐标和 AB 的长．

（2）当点 P、Q 运动了 t 秒时，以点 Q 为圆心，PQ 长为半径的⊙Q 与直线 l_2、y 轴都相切，求此时 a 的值．

【分析】（1）∵一次函数 $y=\dfrac{3}{4}x+3$ 的图象与 x 轴、y 轴分别相交于 A、B 两点，∴当 $y=0$ 时，$x=-4$；当 $x=0$ 时，$y=3$，然后利用勾股定理，可求出 AB 的长．（2）因为 P、Q 是动点，$\odot Q$ 与直线 l_2、y 轴都相切，要分类讨论：①当 $\odot Q$ 在 y 轴右侧与 y 轴相切时；②当 $\odot Q$ 在 y 轴左侧与 y 轴相切时，然后利用相似求解．

【解答】（1）$A(-4,0)$，$AB=5$．

（2）由题意得 $AP=4t$，$AQ=5t$，$\dfrac{AP}{OA}=\dfrac{AQ}{AB}=t$．

又∵$\angle PAQ=\angle QAB$，∴$\triangle APQ\backsim\triangle AOB$，

∴$\angle APQ=\angle AOB=90°$．

∵点 P 在 l_1 上，∴$\odot Q$ 在运动过程中保持与 l_1 相切．

① 当 $\odot Q$ 在 y 轴右侧与 y 轴相切时，设 l_2 与 $\odot Q$ 相切于点 D，如下图所示，由 $\triangle APQ\backsim\triangle AOB$ 得 $\dfrac{PQ}{3}=\dfrac{4+PQ}{5}$，∴$PQ=6$．

连接 QD，则 $QD=PQ$，$\triangle QDC\backsim\triangle APQ\backsim\triangle AOB$，得 $\dfrac{QD}{OA}=\dfrac{QC}{AB}$．

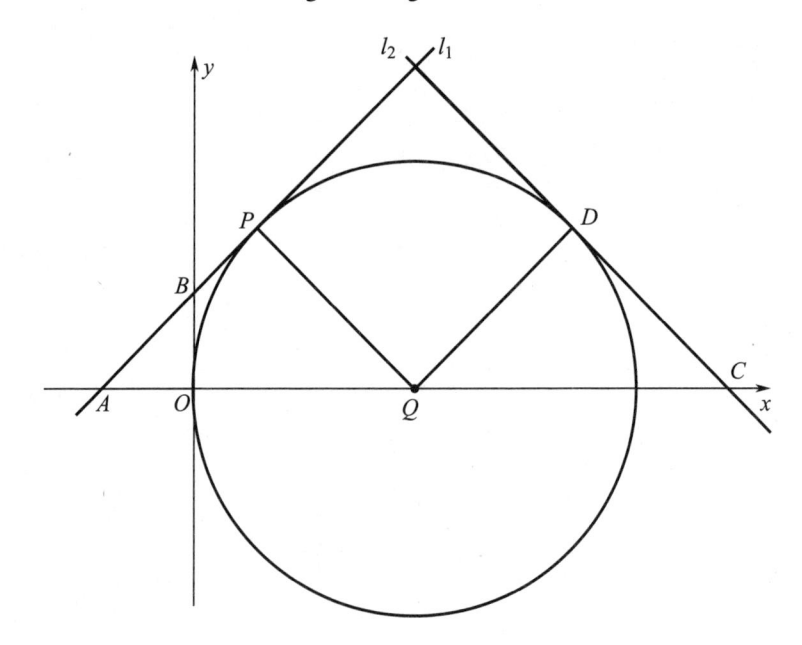

∴ $\dfrac{PQ}{OA} = \dfrac{QC}{AB}$,$\dfrac{6}{4} = \dfrac{QC}{5}$,∴ $QC = \dfrac{15}{2}$,$a = OQ + QC = \dfrac{27}{2}$.

②当⊙Q 在 y 轴左侧与 y 轴相切时，设 l_2 与⊙Q 相切于点 D，如右图所示，由△APQ∽△AOB 得 $\dfrac{PQ}{3} = \dfrac{4-PQ}{5}$，∴ $PQ = \dfrac{3}{2}$.

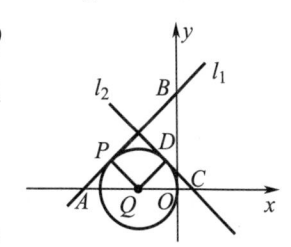

连接 QD，则 $QD = PQ$，由△QDC∽△APQ∽△AOB，得 $\dfrac{QD}{OA} = \dfrac{QC}{AB}$,

∴ $\dfrac{QD}{OA} = \dfrac{\frac{3}{2}}{4} = \dfrac{QC}{5}$,

∴ $QC = \dfrac{15}{8}$，$a = QC - OQ = \dfrac{3}{8}$. ∴ a 的值为 $\dfrac{27}{2}$ 或 $\dfrac{3}{8}$.

【方法总结】 点动型问题中，随着点的移动，相关图形会发生变化，可能产生一些特殊位置或特定的关系，而相似问题是最常见的一种设问形式，主要考查了分类讨论思想和数形结合思想.

类型2 线动型问题

例2 如图 1 所示，四边形 $OABC$ 是矩形，点 A、C 的坐标分别为 $(-3, 0)$、$(0, 1)$，点 D 是线段 BC 上的动点（与端点 B、C 不重合），过点 D 作直线 l：$y = \dfrac{1}{2}x + b$，交折线 OAB 于点 E.

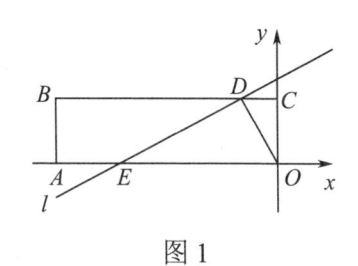

(1) 记△ODE 的面积为 S，求 S 关于 b 的函数解析式.

(2) 当点 E 在线段 OA 上时，且 $\tan \angle DEO = \dfrac{1}{2}$. 若矩形 $OABC$ 关于直线 DE 的对称图形为四边形 $O_1A_1B_1C_1$，试探究四边形 $O_1A_1B_1C_1$ 与矩形 $OABC$ 的重叠部分的面积是否发生变化，如不变，求出该重叠部分的面积；若改变，请说明理由.

【分析】（1）解答本小题时注意分类讨论，有直线 l 与折线 OAB 的交点在 OA 上或在 BA 上两种情况，借助三角形、矩形各图形之间的面积关系，可求得 S 关于 b 的函数解析式.（2）根据轴对称的性质可画出矩形 $O_1A_1B_1C_1$，即可得到四边形 $O_1A_1B_1C_1$ 与矩形 $OABC$ 的重叠部分的四边形 $DNEM$（见图 3）. 不难证明四边形 $DNEM$ 是菱形，根据题目中的已知条件，可求得菱形 $DNEM$ 的面积为常数 $\dfrac{5}{4}$，可判定出问题的结论.

【解答】（1）由题意得 $B(-3,1)$. 若直线 l 经过点 $A(-3,0)$ 时，则 $b=\dfrac{3}{2}$；

若直线 l 经过点 $B(-3,1)$ 时，则 $b=\dfrac{5}{2}$；若直线 l 经过点 $C(0,1)$ 时，则 $b=1$.

① 若直线 l 与折线 OAB 的交点在 OA 上，即 $1<b\leqslant\dfrac{3}{2}$ 时，如图 1 所示，此时点 $E(-2b,0)$，

$\therefore S=\dfrac{1}{2}OE\cdot CO=\dfrac{1}{2}\times 2b\times 1=b.$

② 若直线 l 与折线 OAB 的交点在 BA 上，即 $\dfrac{3}{2}<b<\dfrac{5}{2}$ 时，如图 2 所示，此时点 $E(-3,b-\dfrac{3}{2})$，$D(-2b+2,1)$，

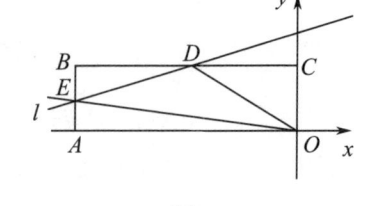

$\therefore S=S_{矩形OABC}-(S_{\triangle OCD}+S_{\triangle DBE}+S_{\triangle OAE})$

$=3-[\dfrac{1}{2}(2b-2)\times 1+\dfrac{1}{2}\times(5-2b)(\dfrac{5}{2}-b)+\dfrac{1}{2}\times 3(b-\dfrac{3}{2})]$

$=\dfrac{5}{2}b-b^2.$

图 2

$\therefore S=\begin{cases} b, & 1<b\leqslant\dfrac{3}{2} \\ \dfrac{5}{2}b-b^2, & \dfrac{3}{2}<b<\dfrac{5}{2}\end{cases}$

（2）如图 3 所示，设 O_1A_1 与 CB 相交与点 M，OA 与 C_1B_1 相交与点 N，则矩形 $O_1A_1B_1C_1$ 与矩形 $OABC$ 的重叠部分的面积为四边形 $DNEM$ 的面积.

由题意知，$DM \parallel NE$，$DN \parallel ME$，∴四边形 $DNEM$ 为平行四边形.

根据轴对称知，$\angle MED = \angle NED$，又∵$\angle MDE = \angle NED$，∴$\angle MED = \angle MDE$，∴$MD = ME$，∴四边形 $DNEM$ 为菱形.

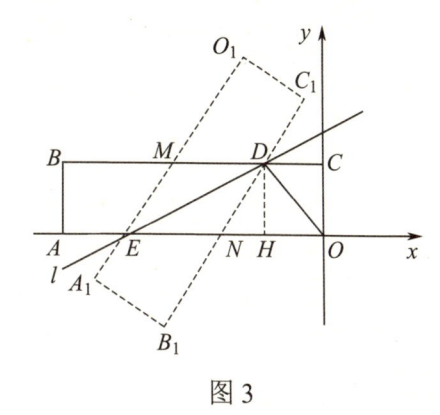

过点 D 作 $DH \perp OA$，垂足为 H，依题意知，$\tan \angle DEH = \dfrac{1}{2}$，$DH = 1$，

∴$HE = 2$，设菱形 $DNEM$ 的边长为 a，则在 $Rt\triangle DHN$ 中，由勾股定理知 $a^2 = (2-a)^2 + 1$，∴$a = \dfrac{5}{4}$.

∴$S_{四边形DNEM} = NE \cdot DH = \dfrac{5}{4}$.

∴矩形 $O_1A_1B_1C_1$ 与矩形 $OABC$ 的重叠部分的面积不发生变化，面积始终为 $\dfrac{5}{4}$.

【方法总结】线动型问题和点动型问题一样，首先是分析背景图形，其次是研究运动变化全过程. 此题中，图形引入动直线后，形成了关于面积的函数关系，体现了代数与几何的结合.

链接中考 真题演练，小试身手

考点1 图形中的函数问题

例1 如下图所示，$\triangle ABC$ 是边长为 4 的等边三角形，动点 E、F 均以每秒移动 1 个单位长度的速度同时从点 A 出发，E 沿折线 $A \to B \to C$ 方向运动，F 沿折线 $A \to C \to B$ 方向运动，当两点相遇时停止运动．设运动的时间为 t 秒，点 E、F 的距离为 y．

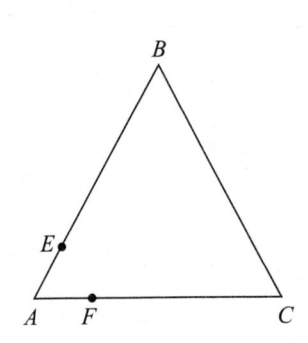

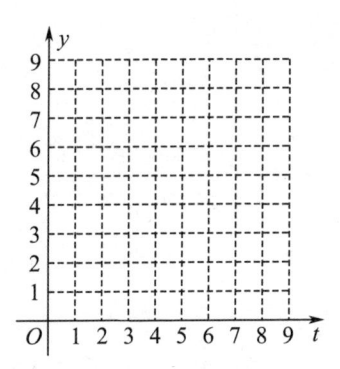

（1）请直接写出 y 关于 t 的函数解析式并注明自变量 t 的取值范围．

（2）在给定的平面直角坐标系中，画出这个函数的图象，并写出该函数的一条性质．

（3）结合函数图象，直接写出点 E、F 相距 3 个单位长度时 t 的值．

【解析】（1）当点 E、F 分别在 AB、AC 上运动时，$\triangle AEF$ 为边长等于 t 的等边三角形，

∴点 E、F 的距离等于 AE、AF 的长，

∴当 $0 < t \leqslant 4$ 时，y 关于 t 的函数解析式为 $y = t$．

当点 E、F 都在 BC 上运动时，点 E、F 之间的距离等于 $4 - 2(t - 4)$，

∴当 $4 < t \leqslant 6$ 时，y 关于 t 的函数解析式为 $y = 4 - 2(t - 4) = 12 - 2t$，

∴ y 关于 t 的函数解析式为 $y = \begin{cases} t, & 0 < t \leqslant 4 \\ -2t + 12, & 4 < t \leqslant 6 \end{cases}$．

（2）由（1）中得到的函数解析式可知：当 $t = 0$ 时，$y = 0$；当 $t = 4$ 时，$y = 4$；当 $t = 6$ 时，$y = 0$，分别描出三个点 $(0,0)$、$(4,4)$、$(6,0)$，然后顺次连线，如右图所示．

根据函数图象可知这个函数的其中一条性质：当 $0 < t \leqslant 4$ 时，y 随 t 的增大而增大．（答案不唯一）

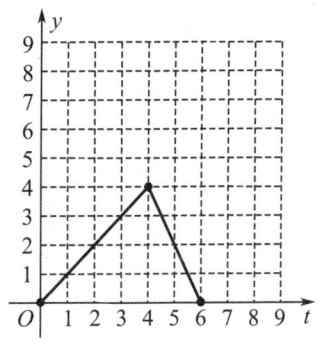

(3) 把 $y=3$ 分别代入 $y=t$ 和 $y=12-2t$ 中，得 $3=t$，$3=12-2t$，解得 $t=3$ 或 $t=4.5$，

∴点 E、F 相距 3 个单位长度时 t 的值为 3 或 4.5.

【点评】（1）在几何图形中，由于动点、动线或者动面等运动变化，导致相应的线段长度、角度、面积等几何元素的形状、位置和大小随之改变，使题目的研究对象呈现出丰富多彩的形式，比如求图形变化中两个变量之间的关系，求出特定位置的长度、角度、面积等几何量，确定图形的形状或者关系所具备的条件，等等．（2）解题时要注意：图形有时会出现多种不同的情况，应进行分类讨论，避免漏解．

考点2 图象中的几何问题

例2 如图 1 所示，$A(-5,0)$，$B(-3,0)$．点 C 在 y 轴的正半轴上，$\angle CBO=45°$，$CD // AB$，$\angle CDA=90°$．点 P 从点 $Q(4,0)$ 出发，沿 x 轴向左以每秒移动 1 个单位长度的速度运动，运动时间为 t 秒．

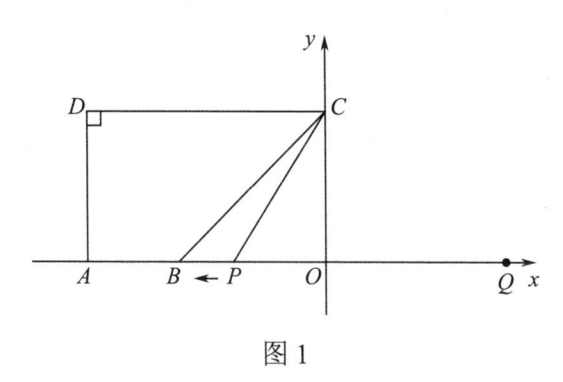

图 1

（1）求点 C 的坐标．

（2）当 $\angle BCP=15°$ 时，求 t 的值．

（3）以点 P 为圆心，PC 的长为半径的 $\odot P$ 随点 P 的运动而变化，当 $\odot P$ 与四边形 $ABCD$ 的边（或边所在的直线）相切时，求 t 的值．

【解析】（1）∵ $\angle BCO=\angle CBO=45°$，∴ $OC=OB=3$.

又∵点 C 在 y 轴的正半轴上，∴点 C 的坐标为（0,3）.

(2) 分两种情况讨论：

①当点 P 在点 B 右侧时，如图 2 所示.

若 $\angle BCP=15°$，得 $\angle PCO=30°$. 故 $OP=OC·\tan30°=\sqrt{3}$. 此时 $t=4+\sqrt{3}$.

②当点 P 在点 B 左侧时，如图 3 所示.

由 $\angle BCP=15°$，得 $\angle PCO=60°$.

故 $PO=OC·\tan60°=3\sqrt{3}$. 此时 $t=4+3\sqrt{3}$.

∴ t 的值为 $4+\sqrt{3}$ 或 $4+3\sqrt{3}$.

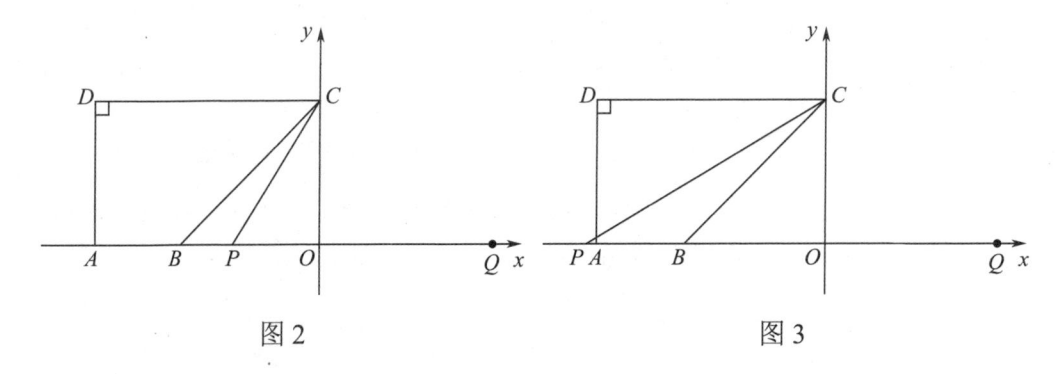

图 2

图 3

(3) 由题意知，若⊙P 与四边形 $ABCD$ 的边相切，有以下 3 种情况：

①当⊙P 与 BC 相切于点 C 时，有 $\angle BCP=90°$，从而 $\angle OCP=45°$，得到 $OP=3$，此时 $t=1$；

②当⊙P 与 CD 相切于点 C 时，有 $PC \perp CD$，即点 P 与点 O 重合，此时 $t=4$；

③当⊙P 与 AD 相切时，由题意得 $\angle DAO=90°$，

∴点 A 为切点，如图 4 所示. $PC^2=PA^2=(9-t)^2$，$PO^2=(t-4)^2$.

于是 $(9-t)^2=(t-4)^2+3^2$，解得 $t=5.6$.

∴ t 的值为 1、4 或 5.6.

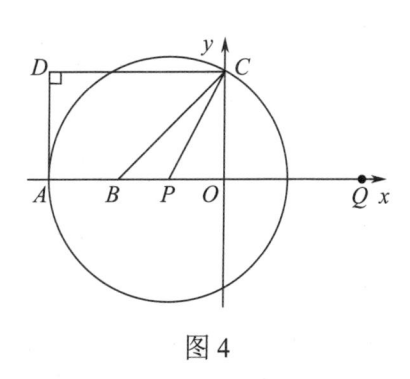

图 4

【点评】(1)图象中的几何问题,常在一个平面直角坐标系中利用函数图象或特定坐标点构造几何图形,在某些点、线、面的运动过程中,研究所得图形的线段长度、图形面积、图形形状、位置及图形之间的相互关系等.(2)解题时主要运用数形结合思想,明确图形与函数之间的关系,如函数图象与 x 轴的交点问题,等价于函数值为 0 时方程的解的问题;函数图象与 y 轴的交点问题,等价于自变量为 0 时的方程的解的问题,所以常数项就是函数图象与 y 轴的交点的纵坐标;两个函数图象的交点问题,等价于两个解析式组成的方程组的解的问题;只要知道直线上的两个点的坐标,就能求出它的解析式等.(3)求取值范围时,可以求起始位置和终止位置两个特殊位置的值,从而确定取值范围.

拓展训练 再接再厉,提高能力

1. 如下图所示,正方形 $ABCD$ 的边长为 4,动点 P 从点 B 出发沿折线 $BCDA$ 做匀速运动,设点 P 运动的路程为 x,$\triangle PAB$ 的面积为 y,下列图象能表示 y 与 x 之间的函数关系的是 (   ).

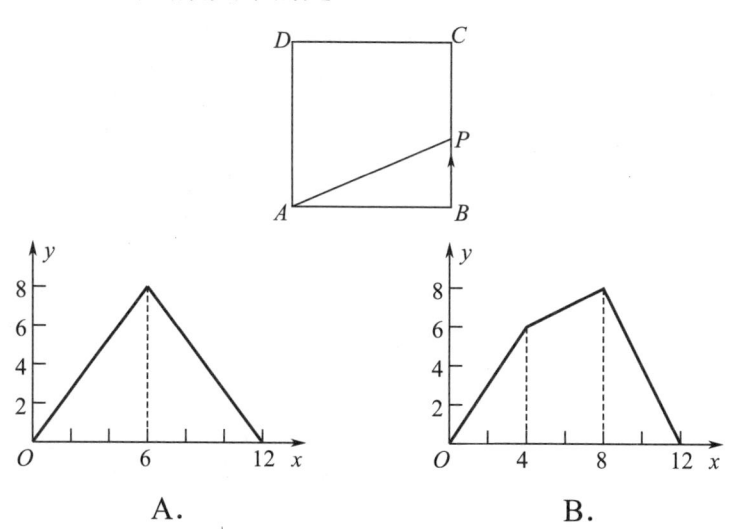

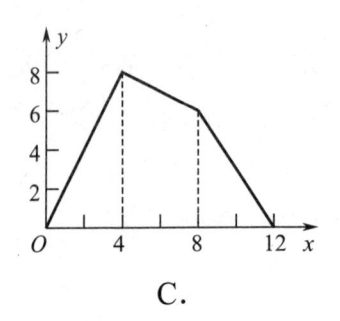

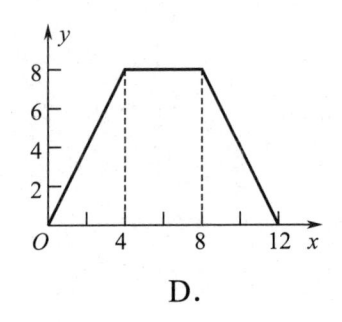

C.　　　　　　　　　　　　D.

2. 如下左图所示，在△ABC中，AB=10，BC=6，AC=8，点P为线段AB上的动点，以每秒移动1个单位长度的速度从点A向点B移动，到达点B时停止．过点P作PM⊥AC于点M．作PN⊥BC于点N，连接MN，线段MN的长度y与点P的运动时间t（秒）的函数关系如下右图所示，则函数图象最低点E的坐标为（　　）．

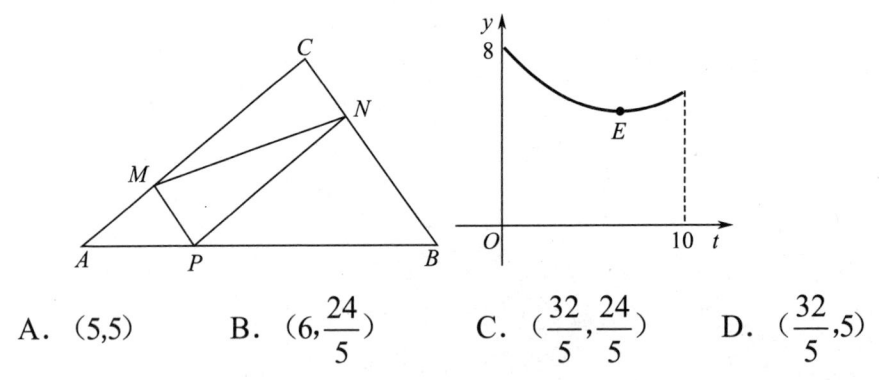

A．(5,5)　　　B．$(6, \dfrac{24}{5})$　　　C．$(\dfrac{32}{5}, \dfrac{24}{5})$　　　D．$(\dfrac{32}{5}, 5)$

3. 如图1所示，点P从等边三角形ABC的顶点A出发，沿直线运动到三角形内部一点，再从该点沿直线运动到顶点B．设点P运动的路程为x，$\dfrac{PB}{PC}=y$，图2是点P运动时y随x变化的图象，则等边三角形ABC的边长为（　　）．

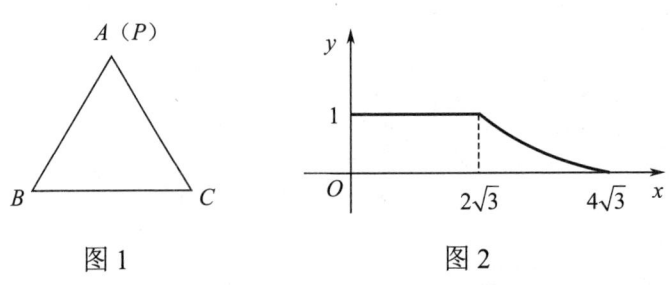

图1

图2

A. 6　　　　B. 3　　　　C. $4\sqrt{3}$　　　　D. $2\sqrt{3}$

4. 如右图所示，正方形 ABCD 的边长为 4，M、N 分别是 BC、CD 上的两个动点，且始终保持 $AM \perp MN$. 当 BM＝____时，四边形 ABCN 的面积最大．

5. 如下图所示，△ABC 为等边三角形，AB＝6，动点 O 在△ABC 的边上从点 A 出发，沿 $A \to C \to B \to A$ 的路线匀速运动一周，速度为每秒移动 1 个单位长度，以 O 为圆心、$\sqrt{3}$ 为半径的圆在运动过程中与△ABC 的边第二次相切时是出发后的第_____秒．

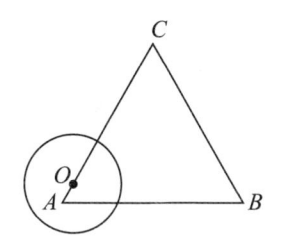

6. 如右图所示，在边长为 2cm 的正方形 ABCD 中，点 Q 为 BC 边的中点，点 P 为对角线 AC 上一动点，连接 PB、PQ，则△PBQ 周长的最小值为_____cm．

7. 如下图所示，$\angle APB = 60°$，PA、PB 分别交数轴于点 F、E，直线 MN 是 $\angle APB$ 的角平分线所在的直线，且 MN⊥数轴于点 D，点 D 所表示的数为 2．若 $\angle APB$ 的顶点 P 从 D 点出发沿着直线 NM 向上平移，那么请对下列问题进行解答：

(1) 当 $PD = \sqrt{3}$ 时，求点 E 所表示的实数．

(2) 在上述图形移动的过程中，设点 E 表示的实数为 y．

① 若设 PD 的长为 x，试求 y 与 x 之间的函数解析式；

② 若点 F 表示的实数为 m，则 y 与 m 之间又有何关系？

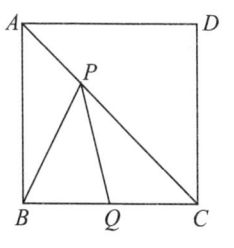

8. 如图1所示，已知正方形 $OABC$ 的边长为2，顶点 A、C 分别在 x 轴、y 轴的正半轴上，M 是 BC 的中点．点 $P(0,m)$ 是线段 OC 上一动点（C 点除外），直线 PM 交 AB 的延长线于点 D.

（1）求点 D 的坐标（用含 m 的代数式表示）.

（2）当 $\triangle APD$ 是等腰三角形时，求 m 的值．

（3）设过 P、M、B 三点的抛物线与 x 轴的正半轴交于点 E，过点 O 作直线 ME 的垂线，垂足为 H（见图2）．当点 P 从点 O 向点 C 运动时，点 H 也随之运动．请直接写出点 H 经过的路径长（不必写解答过程）．

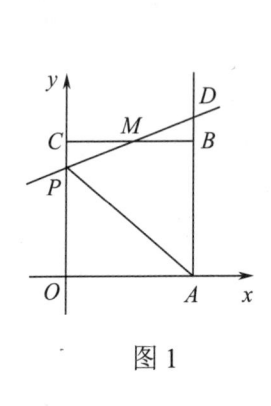

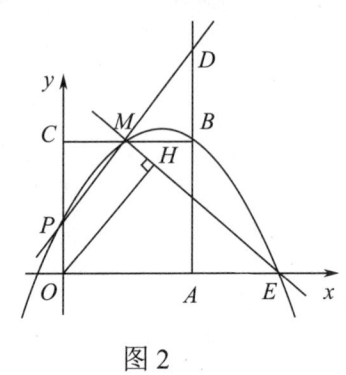

图1

图2

9. 综合与实践

问题提出

某兴趣小组开展综合实践活动：在 $Rt\triangle ABC$ 中，$\angle C=90°$，D 为 AC 上一点，$CD=\sqrt{2}$，动点 P 以每秒移动 1 个单位长度的速度从点 C 出发，在三角形边上沿 $C \to B \to A$ 匀速运动，到达点 A 时停止，以 DP 为边作正方形 $DPEF$．设点 P 的运动时间为 t 秒，正方形 $DPEF$ 的面积为 S，探究 S 与 t 的关系．

初步感知

（1）如图1所示，当点 P 由点 C 运动到点 B 时，

① 当 $t=1$ 时，$S=$_____；

② S 关于 t 的函数解析式为_____．

（2）当点 P 由点 B 运动到点 A 时，经探究发现 S 是关于 t 的二次函数，

并绘制出了图 2 所示的图象．请根据图象信息，求 S 关于 t 的函数解析式及线段 AB 的长．

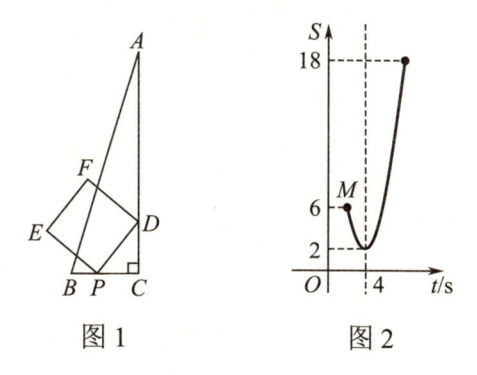

图 1

图 2

延伸探究

（3）若存在 3 个时刻 t_1、t_2、t_3（$t_1<t_2<t_3$）对应的正方形 $DPEF$ 的面积均相等．

①$t_1+t_2=$＿＿＿；

②当 $t_3=4t_1$ 时，求正方形 $DPEF$ 的面积．

参 考 答 案

1．D． 2．C． 3．A． 4．2． 5．4． 6．$1+\sqrt{5}$．

7．（1）PD 是 $\angle APB$ 的角平分线，则 $\angle DPE=30°$．因为 $PD\perp DE$，所以可根据勾股定理得 $PD=\sqrt{3}DE$；当 $PD=\sqrt{3}$ 时，$DE=1$，所以此时点 E 表示 3．

（2）①由（1）可得 $PD=\sqrt{3}DE$，$DE=\dfrac{\sqrt{3}}{3}PD$，则点 E 表示的实数为 $(\dfrac{\sqrt{3}}{3}x+2)$，$\therefore y=\dfrac{\sqrt{3}}{3}x+2$；

②由于点 E 与点 F 关于直线 PD 对称，$\therefore DF=DE=2-m$，即 $y-2=$

$2-m$，∴y 与 m 的关系是 $y=4-m$．

8．(1) 由题意得 $CM=BM$，∵$\angle PMC=\angle DMB$，∴Rt$\triangle PMC \cong$ Rt$\triangle DMB$，∴$DB=PC$，∴$DB=2-m$，$AD=4-m$，∴点 D 的坐标为 $(2,4-m)$．

(2) 分 3 种情况：①若 $AP=AD$，则 $4+m^2=(4-m)^2$，解得 $m=\dfrac{3}{2}$；

②若 $PD=PA$，过 P 作 $PF \perp AB$ 于点 F，则 $AF=FD$，$AF=FD=\dfrac{1}{2}AD=\dfrac{1}{2}(4-m)$，又∵$OP=AF$，∴$m=\dfrac{1}{2}(4-m)$，解得 $m=\dfrac{4}{3}$；

③若 $DP=DA$，∵$\triangle PMC \cong \triangle DMB$，∴$PM=\dfrac{1}{2}PD=\dfrac{1}{2}(4-m)$，

∵$PC^2+CM^2=PM^2$，

∴$(2-m)^2+1=\dfrac{1}{4}(4-m)^2$，解得 $m_1=\dfrac{2}{3}$，$m_2=2$（舍去）．

综上所述，当 $\triangle APD$ 是等腰三角形时，m 的值为 $\dfrac{3}{2}$、$\dfrac{4}{3}$ 或 $\dfrac{2}{3}$．

(3) 点 H 经过的路径长为 $\dfrac{\sqrt{5}}{4}\pi$．

9．(1) ①当 $t=1$ 时，$CP=1$，

又∵$\angle C=90°$，$CD=\sqrt{2}$，

∴$S=DP^2=CP^2+CD^2=1^2+(\sqrt{2})^2=3$．故答案为 3；

②当点 P 由点 C 运动到点 B 时，$CP=t$，

∵$\angle C=90°$，$CD=\sqrt{2}$，

∴$S=DP^2=CP^2+CD^2=t^2+(\sqrt{2})^2=t^2+2$．故答案为 $S=t^2+2$．

(2) 由图 2 可得，当点 P 运动到点 B 时，$PD^2=BD^2=6$，当点 P 运动到点 A 时，$PD^2=AD^2=18$，抛物线的顶点坐标为 $(4,2)$，

∴$BC=\sqrt{BD^2-CD^2}=\sqrt{6-2}=2$，$AD=\sqrt{18}=3\sqrt{2}$，∴$M(2,6)$．

设 $S=a(t-4)^2+2$，将 $M(2,6)$ 代入，得 $4a+2=6$，

解得 $a=1$，∴$S=(t-4)^2+2=t^2-8t+18$，

$\therefore AC = AD + CD = 3\sqrt{2} + \sqrt{2} = 4\sqrt{2}$.

在 Rt△ABC 中，$AB = \sqrt{AC^2 + BC^2} = \sqrt{(4\sqrt{2})^2 + 2^2} = 6$，

$CB + AB = 2 + 6 = 8$，$\therefore$ 抛物线的解析式为 $S = t^2 - 8t + 18$（$2 \leqslant t \leqslant 8$）.

（3）①如右图所示，有 $\angle AHD = 90° = \angle C$，

$\because \angle DAH = \angle BAC$，$\therefore \triangle ADH \backsim \triangle ABC$，

$\therefore \dfrac{DH}{BC} = \dfrac{AD}{AB} = \dfrac{AH}{AC}$，即 $\dfrac{DH}{2} = \dfrac{3\sqrt{2}}{6} = \dfrac{AH}{4\sqrt{2}}$，

$\therefore DH = \sqrt{2}$，$AH = 4$，$\therefore BH = 2$，$DH = CD$.

$\because$ 存在 3 个时刻 t_1、t_2、t_3（$t_1 < t_2 < t_3$）对应的正方形 $DPEF$ 的面积均相等，

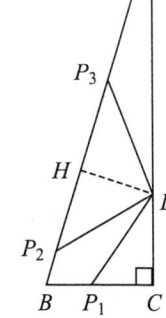

$\therefore DP_1 = DP_2 = DP_3$，$\therefore CP_1 = t_1$，$P_2H = 4 - t_2$，

在 Rt△CDP_1 和 Rt△HDP_2 中，$\begin{cases} CD = HD \\ DP_1 = DP_2 \end{cases}$，

$\therefore$ Rt△$CDP_1 \cong$ Rt△HDP_2（HL），$\therefore CP_1 = HP_2$，$\therefore t_1 = 4 - t_2$，

$\therefore t_1 + t_2 = 4$. 故答案为 4；

② $\because DP_3 = DP_1$，$DH = DC$，$\angle DHP_3 = \angle C = 90°$，

$\therefore$ Rt△$DHP_3 \cong$ Rt△DCP_1（HL），$\therefore P_3H = CP_1$，

$\because P_3H = t_3 - 4$，$\therefore t_3 - 4 = t_1$.

$\because t_3 = 4t_1$，$\therefore t_1 = \dfrac{4}{3}$，$\therefore S = \left(\dfrac{4}{3}\right)^2 + 2 = \dfrac{34}{9}$.

函数与几何综合

第 19 节

名师语要 名师点拨，轻松掌握

函数与几何结合形成的问题，往往形式灵活、立意新颖，能更好地考查学生灵活运用数学知识的能力及数学思想方法的掌握情况，因而这种问题成为近几年各地中考的热门题型．这类问题又可分为几何图形中元素间的函数关系问题和函数图象中的几何图形问题两类．

知识全解 归纳知识，深刻认识

一、几何中的函数问题

几何中的函数问题就是几何图形问题中蕴含变动元素，解决问题需要建立函数解析式，并根据函数性质来讨论解决．在解决此类问题时，首先要观察分析几何图形的特征，依据相关图形的性质（如直角三角形的性质、特殊四边形的性质、平行线分线段成比例定理及其推论、全等三角形的性质、相似三角形的性质、圆的基本性质、圆中的比例线段等）找出几何元素之间的关系，然后将它们的关系用数学式子表示出来，并整理成函数解析式，在此函数解析式的基础上再来解决问题．这类问题大多是建立面积与线段间的函数关系，平时应注意对常见图形的面积求法及灵活地将非特殊图形的面积转化为特殊图形的面积的训练．

二、函数中的几何问题

函数中的几何问题是在函数图象上构造几何图形，主体是函数．这类问题难度较大，从设计方法上看都注重创新，在考查意图上，都突出对数学思想方法和能力（特别是对思维能力、探究能力、创新能力、综合运用知识能力）的考查．因此，在解决这类问题时，需要灵活运用函数的有关知识，并注意挖掘题目中的一些隐藏条件，注意数形结合、分类讨论等数学思想方法的运用．

温馨提示

> 函数与几何综合问题涉及的知识面广、跨度大、综合性强，应用数学方法多，纵横联系较复杂，结构新颖灵活，要求学生有良好的心理素质和过硬的数学基本功，能灵活地运用所学知识和基本技能．除此之外，一些基本的数学思想在解决问题中起着重要作用．

学法指导 经典例题，点拨方法

类型 1 几何中的函数问题

例1 已知：如下图所示，AB 是半圆 O 的直径，弦 $CD \parallel AB$，动点 P、Q 分别在线段 OC、CD 上，且 $OP=DQ$，AP 的延长线与射线 OQ 相交于点 E、与弦 CD 相交于点 F（点 F 与点 C、D 不重合），$AB=20$，$\cos\angle AOC=\dfrac{4}{5}$．设 $OP=x$，$\triangle CPF$ 的面积为 y．

（1）求证：$AP=OQ$．

（2）求 y 关于 x 的函数解析式，并写出它的定义域．

（3）当 $\triangle OPE$ 是直角三角形时，求线段 OP 的长．

备用图

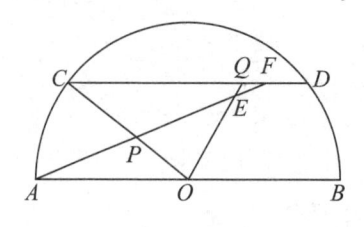

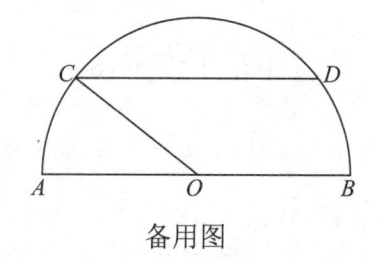

【分析】(1) 连接 OD, 证 $\triangle AOP \cong \triangle ODQ$, 可得 $AP=OQ$. (2) 作 $PH \perp OA$ 于点 H. 解 $Rt\triangle OPH$, 可用含 x 的代数式表示 PH 的长, 则 $\triangle AOP$ 的面积可用含有 x 的代数式表示. 易证 $\triangle PFC \sim \triangle PAO$, 根据相似三角形面积比与对应边的比之间的关系可确定 y 关于 x 的函数解析式. (3) 当 $\triangle OPE$ 是直角三角形时, 由于没有确定哪个角为直角, 则需分 $\angle POE=90°$、$\angle OPE=90°$ 或 $\angle OEP=90°$ 三种情况进行分析讨论.

【解答】(1) 连接 OD, 如下图所示.

$\because OC=OD$, $\therefore \angle DCO=\angle CDO$.

$\because CD \parallel AB$, $\therefore \angle DCO=\angle AOP$, $\therefore \angle AOP=\angle CDO$.

在 $\triangle AOP$ 与 $\triangle ODQ$ 中, $\begin{cases} AO=OD \\ \angle AOP=\angle CDO \\ OP=DQ \end{cases}$,

$\therefore \triangle AOP \cong \triangle ODQ$ (SAS).

$\therefore AP=OQ$.

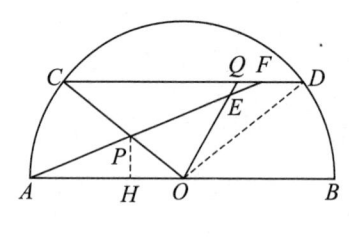

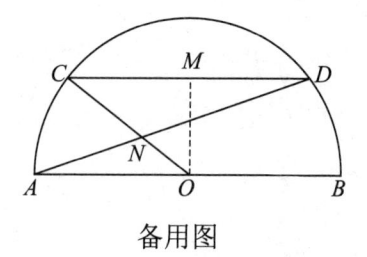

备用图

(2) 如上图所示, 作 $PH \perp OA$ 于点 H.

在 $Rt\triangle OPH$ 中, $\cos \angle AOC = \dfrac{OH}{OP} = \dfrac{4}{5}$, $\therefore \dfrac{OH}{x} = \dfrac{4}{5}$, $OH = \dfrac{4}{5}x$.

由勾股定理可求得 $PH=\dfrac{3}{5}x$.

$\therefore S_{\triangle AOP}=\dfrac{1}{2}AO\cdot PH=\dfrac{1}{2}\times 10\times \dfrac{3}{5}x=3x$.

$\because CD//AB$，$\therefore \triangle PFC\backsim\triangle PAO$.

$\therefore \dfrac{y}{S_{\triangle AOP}}=\left(\dfrac{CP}{OP}\right)^2=\left(\dfrac{10-x}{x}\right)^2$，即 $\dfrac{y}{3x}=\dfrac{100-20x+x^2}{x^2}$.

$\therefore y=\dfrac{3x^2-60x+300}{x}$.

在备用图中连接 AD，交 OC 于点 N，作 $OM\perp CD$ 于点 M，

$\therefore CD=2CM$.

在 Rt$\triangle OCM$ 中，$\cos\angle MCO=\cos\angle AOC=\dfrac{CM}{OC}=\dfrac{4}{5}$，$OC=10$，

$\therefore CM=8$，$CD=16$.

$\because CD//AB$，$\therefore \triangle AON\backsim\triangle DCN$，

$\therefore \dfrac{OA}{CD}=\dfrac{ON}{CN}$，$\therefore \dfrac{10}{16}=\dfrac{ON}{10-ON}$，解得 $ON=\dfrac{50}{13}$.

由题意可知 $ON<OP<OA$，即 $\dfrac{50}{13}<x<10$.

$\therefore y=\dfrac{3x^2-60x+300}{x}\left(\dfrac{50}{13}<x<10\right)$.

（3）分 3 种情况讨论：

①当 $\angle POE=90°$ 时，

在 Rt$\triangle COQ$ 中，$CQ=\dfrac{OC}{\cos\angle QCO}=\dfrac{OC}{\cos\angle AOC}=\dfrac{10}{\frac{4}{5}}=\dfrac{25}{2}$，

$OP=DQ=CD-CQ=16-\dfrac{25}{2}=\dfrac{7}{2}$.

$\because \dfrac{7}{2}<\dfrac{50}{13}$，$\therefore$ 此种情况不符合题意，应舍去.

②当 $\angle OPE=90°$ 时，$\angle APO=90°$.

在 Rt$\triangle AOP$ 中，$OP=OA\cdot \cos\angle AOP=10\times\dfrac{4}{5}=8$.

③∠OEP＝90°时，易知这种情况不存在.

综上所述，线段OP的长为8.

【方法总结】 在解决这类与几何相关的函数问题时，要注意以下几点.

（1）按顺序做题．往往压轴题的第一问难度不大，容易解决．且各问题之间往往有承接关系，后面的问题往往会用到前面已解决的问题．（2）寻找基本图形，避免其他无关线、角的影响．当图形中的线、角比较多时，要能准确分离出所需的图形，这有利于解题时厘清思路．（3）注意数学思想方法的运用．压轴题往往注重对思想方法的考查，对于动态问题、图形形状不确定的问题，在求解时往往需要用到分类讨论的方法，分析出所有可能的情况，画出图形便于问题的解决，不要遗漏其中的某种情况．

类型2 函数中的几何问题

例2 如右图所示，抛物线 $y=ax^2+bx+2$ 与坐标轴交于 A、B、C 三点，其中 $B(4,0)$、$C(-2,0)$. 连接 AB、AC，在第一象限内的抛物线上有一动点 D，过点 D 作 $DE\perp x$ 轴，垂足为点 E，交 AB 于点 F.

（1）求此抛物线的解析式.

（2）在 DE 上作点 G，使 G 点与 D 点关于 F 点对称．以 G 为圆心，GD 长为半径作圆，当⊙G 与其中一条坐标轴相切时，求点 G 的横坐标.

（3）过 D 点作直线 $DH/\!/AC$，交 AB 于点 H，当△DHF 的面积最大时，在抛物线和直线 AB 上分别取 M、N 两点，并使 D、H、M、N 四点组成平行四边形，请你直接写出符合要求的 M、N 两点的横坐标.

【分析】（1）根据 B、C 两点在抛物线 $y=ax^2+bx+2$ 上，将坐标代入

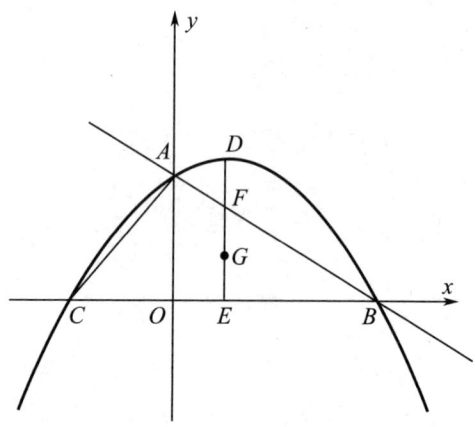

抛物线得到方程组，求出 a、b 的值，即可解答．（2）先求出直线 AB 的解析式为 $y=-\dfrac{1}{2}x+2$，设 F 点的坐标为 $(x,-\dfrac{1}{2}x+2)$，则 D 点的坐标为 $(x,-\dfrac{1}{4}x^2+\dfrac{1}{2}x+2)$，根据 G 点与 D 点关于 F 点对称，所以 G 点的坐标为 $(x,\dfrac{1}{4}x^2-\dfrac{3}{2}x+2)$，若以 G 为圆心，GD 长为半径作圆，使得⊙G 与其中一条坐标轴相切，分两种情况解答：①若⊙G 与 x 轴相切，则必须有 $DG=GE$；②若⊙G 与 y 轴相切，则必须有 $DG=OE$．（3）结合△DHF 的最大面积和平行四边形的性质进行求解．

【解答】（1）把 $B(4,0)$、$C(-2,0)$ 两点的坐标代入 $y=ax^2+bx+2$ 得 $\begin{cases}16a+4b+2=0\\4a-2b+2=0\end{cases}$，解得 $\begin{cases}a=-\dfrac{1}{4}\\b=\dfrac{1}{2}\end{cases}$，

所以此抛物线的解析式是 $y=-\dfrac{1}{4}x^2+\dfrac{1}{2}x+2$．

（2）由抛物线 $y=-\dfrac{1}{4}x^2+\dfrac{1}{2}x+2$ 得点 A 的坐标为 $(0,2)$．

设直线 AB 的解析式为 $y=kx+b$，

$\therefore \begin{cases}b=2\\4k+b=0\end{cases}$，解得 $\begin{cases}k=-\dfrac{1}{2}\\b=2\end{cases}$，

$\therefore$ 直线 AB 的解析式为 $y=-\dfrac{1}{2}x+2$．

设 F 点的坐标为 $(x,-\dfrac{1}{2}x+2)$，则 D 点的坐标为 $(x,-\dfrac{1}{4}x^2+\dfrac{1}{2}x+2)$．

$\because G$ 点与 D 点关于 F 点对称，

$\therefore G$ 点的坐标为 $(x,\dfrac{1}{4}x^2-\dfrac{3}{2}x+2)$．

若以 G 为圆心，GD 长为半径作圆，使得⊙G 与其中一条坐标轴相切．

①若⊙G 与 x 轴相切，则必有 $DG=GE$，

即 $-\dfrac{1}{4}x^2+\dfrac{1}{2}x+2-(\dfrac{1}{4}x^2-\dfrac{3}{2}x+2)=\dfrac{1}{4}x^2-\dfrac{3}{2}x+2$,

解得 $x=\dfrac{2}{3}$，$x=4$（舍去）；

②若⊙G 与 y 轴相切，则必有 $DG=OE$,

即 $-\dfrac{1}{4}x^2+\dfrac{1}{2}x+2-(\dfrac{1}{4}x^2-\dfrac{3}{2}x+2)=x$,

解得 $x=2$，$x=0$（舍去）.

综上所述，以 G 为圆心，GD 长为半径作圆，当⊙G 与其中一条坐标轴相切时，G 点的横坐标为 2 或 $\dfrac{2}{3}$.

(3) M 点的横坐标为 $2\pm 2\sqrt{2}$，N 点的横坐标为 $\dfrac{8}{3}\pm 2\sqrt{2}$.

【方法总结】 在探究函数中的几何动态问题时，首先要对运动过程做一个全面的分析，弄清楚运动过程中的变量和常量，变量反映了运动变化关系，常量则是问题求解的重要依据. 其次，要分清运动过程中的不同情况，时刻注意分类讨论，不同的情况下解答可能不同.

链接中考 真题演练，小试身手

考点1 抛物线与三角形

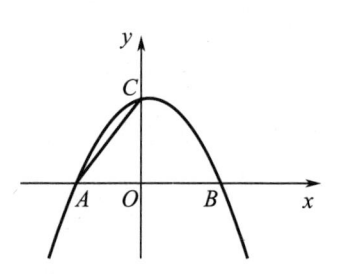

例1 如右图所示，在平面直角坐标系中，抛物线 $y=ax^2+bx+c$ 与 x 轴交于 $A(-3,0)$、$B(4,0)$ 两点，与 y 轴交于点 $C(0,4)$.

(1) 求此抛物线的解析式.

(2) 已知抛物线上有一点 $P(x_0,y_0)$，其中 $y_0<0$，若 $\angle CAO+\angle ABP=90°$，求 x_0 的值.

(3) 若点 D、E 分别是线段 AC、AB 上的动点，且 $AE=2CD$，求 $CE+2BD$ 的最小值.

【解析】（1）设抛物线的解析式为 $y=a(x+3)(x-4)=a(x^2-x-12)$，将 C 点坐标代入，则 $a=-\dfrac{1}{3}$，

故抛物线的解析式为 $y=-\dfrac{1}{3}x^2+\dfrac{1}{3}x+4$ ……………① .

(2) 在 Rt$\triangle AOC$ 中，$\tan\angle CAO=\dfrac{CO}{AO}=\dfrac{4}{3}$，

∵ $\angle CAO+\angle ABP=90°$，则 $\tan\angle ABP=\dfrac{3}{4}$，

故设直线 BP 的解析式为 $y=\dfrac{3}{4}(x-4)$ …………② ，

联立①②，得 $-\dfrac{1}{3}x^2+\dfrac{1}{3}x+4=\dfrac{3}{4}(x-4)$，

解得 $x=-\dfrac{21}{4}=x_0$（不合题意的值已舍去）.

(3) 如右图所示，作 $\angle EAG=\angle BCD$，

设 $AG=2BC=2\times 4\sqrt{2}=8\sqrt{2}$，

∵ $AE=2CD$，∴ $\triangle BCD\sim\triangle GAE$ 且相似比为 $1:2$，

∴ $EG=2BD$，

故当 C、E、G 共线时，$CE+2BD=CE+EG=CG$ 为最小.

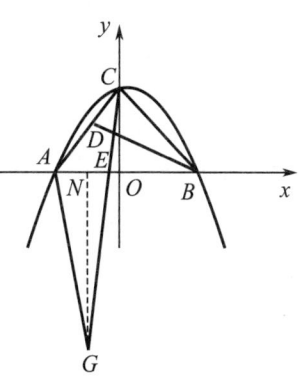

在 $\triangle ABC$ 中，设 AC 边上的高为 h，

则 $S_{\triangle ABC}=\dfrac{1}{2}\times AC\cdot h=\dfrac{1}{2}\times AB\times CO$，即 $5h=4\times 7$，解得 $h=\dfrac{28}{5}$，

则 $\sin\angle ACB=\dfrac{h}{BC}=\dfrac{\frac{28}{5}}{4\sqrt{2}}=\dfrac{\sqrt{98}}{10}=\sin\angle EAG$，则 $\tan\angle EAG=7$.

过点 G 作 $GN\perp x$ 轴于点 N，则 $NG=AG\cdot\sin\angle EAG=\dfrac{56}{5}$，

即点 G 的纵坐标为 $-\dfrac{56}{5}$.

同理可得，点 G 的横坐标为 $-\dfrac{7}{5}$，即点 $G\left(-\dfrac{7}{5},-\dfrac{56}{5}\right)$.

由点 C、G 的坐标得 $CG=\sqrt{(0+\frac{7}{5})^2+(4+\frac{56}{5})^2}=\sqrt{233}$,

即 $CE+2BD$ 的最小值为 $\sqrt{233}$.

【点评】 本题主要考查了二次函数解析式的求法和与几何图形结合的综合能力. 要会利用数形结合的思想把代数和几何图形结合起来,利用点的坐标意义表示线段的长度,从而求出线段之间的关系.

考点2 抛物线与四边形

例2 在平面直角坐标系 xOy 中,已知点 A 在 y 轴的正半轴上.

(1)如果四个点 (0,0)、(0,2)、(1,1)、(-1,1) 中恰有三个点在二次函数 $y=ax^2$（a 为常数,且 $a\neq 0$) 的图象上.

① $a=$ _____ ;

② 如图1所示,已知菱形 $ABCD$ 的顶点 B、C、D 在该二次函数的图象上,且 $AD\perp y$ 轴,求菱形的边长;

③ 如图2所示,已知正方形 $ABCD$ 的顶点 B、D 在该二次函数的图象上,点 B、D 在 y 轴的同侧,且点 B 在点 D 的左侧,设点 B、D 的横坐标分别为 m、n,试探究 $n-m$ 是否为定值. 如果是,求出这个值;如果不是,请说明理由.

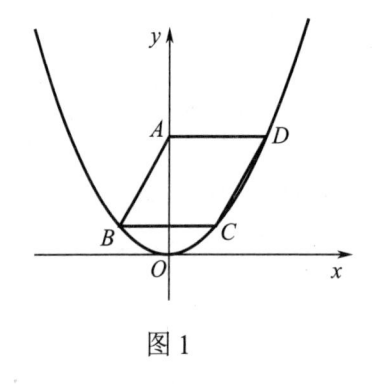

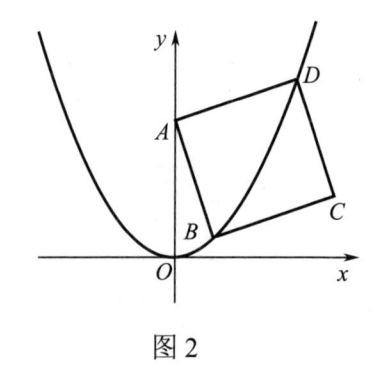

图1

图2

(2)已知正方形 $ABCD$ 的顶点 B、D 在二次函数 $y=ax^2$（a 为常数,且 $a>0$) 的图象上,点 B 在点 D 的左侧,设点 B、D 的横坐标分别为 m、

n，直接写出 m、n 满足的等量关系式．

【解析】（1）①在 $y=ax^2$ 中，令 $x=0$ 得 $y=0$，

∴（0,0）在二次函数 $y=ax^2$（a 为常数，且 $a\neq 0$）的图象上，（0,2）不在二次函数 $y=ax^2$（a 为常数，且 $a\neq 0$）的图象上．

∵ 四个点（0,0）、（0,2）、（1,1）、（$-1,1$）中恰有三个点在二次函数 $y=ax^2$（a 为常数，且 $a\neq 0$）的图象上，

∴ 在二次函数 $y=ax^2$（a 为常数，且 $a\neq 0$）的图象上的三个点是（0,0）、（1,1）、（$-1,1$），把（1,1）代入 $y=ax^2$ 得 $a=1$，故答案 1；

②设 BC 交 y 轴于点 E，如右图所示．

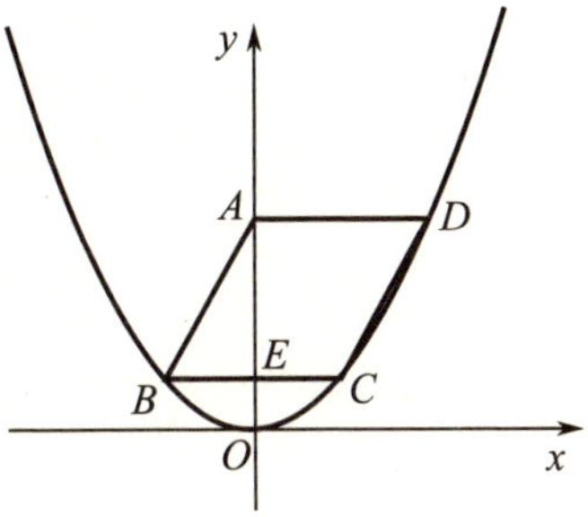

设菱形的边长为 $2b$，则 $AB=BC=CD=AD=2b$，

∵ B、C 关于 y 轴对称，∴ $BE=CE=b$，

∴ $B(-b,b^2)$，∴ $OE=b^2$．

∵ $AE=\sqrt{AB^2-BE^2}=\sqrt{3}\,b$，∴ $OA=OE+AE=b^2+\sqrt{3}\,b$，$D(2b,b^2+\sqrt{3}\,b)$．

把 $D(2b,b^2+\sqrt{3}\,b)$ 代入 $y=x^2$ 得 $b^2+\sqrt{3}\,b=4b^2$，

解得 $b=\dfrac{\sqrt{3}}{3}$ 或 $b=0$（舍去），∴ 菱形的边长为 $\dfrac{2\sqrt{3}}{3}$；

③$n-m$ 是为定值，理由如下：

过 B 作 $BF\perp y$ 轴于点 F，过 D 作 $DE\perp y$ 轴于点 E，如下图所示．

∵ 点 B、D 的横坐标分别为 m、n，

∴ $B(m,m^2)$，$D(n,n^2)$，

∴ $BF=m$，$OF=m^2$，$DE=n$，$OE=n^2$．

∵ 四边形 $ABCD$ 是正方形，∴ $\angle DAB=90°$，$AD=AB$，

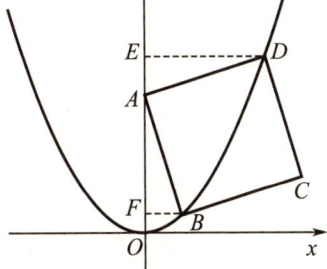

∴ $\angle FAB=90°-\angle EAD=\angle EDA$．

∵ $\angle AFB=\angle DEA=90°$，∴ △$ABF\cong$△$DAE$（AAS），∴ $BF=AE$，

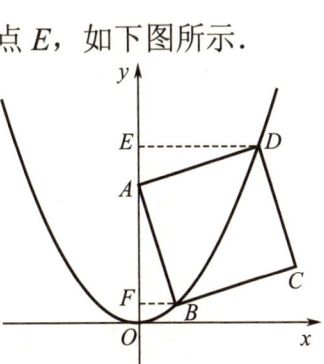

$AF=DE$,

$\therefore AE=n^2-AF=m^2$, $AF=n$, $\therefore m=n^2-n-m^2$, $\therefore m+n=(n-m)(n+m)$.

$\because$ 点 B、D 在 y 轴的同侧, $\therefore m+n\neq 0$, $\therefore n-m=1$.

（2）过点 B 作 $BF\perp y$ 轴于点 F，过点 D 作 $DE\perp y$ 轴于点 E.

$\because$ 点 B、D 的横坐标分别为 m、n,

$\therefore B(m,am^2)$, $D(n,an^2)$.

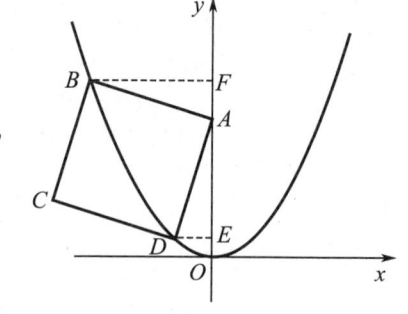

① 当点 B、D 在 y 轴左侧时，如右图所示，

$\therefore BF=-m$, $OF=am^2$, $DE=-n$, $OE=n^2$,

同理可得 $\triangle ABF\cong\triangle DAE$（AAS），

$\therefore BF=AE$, $AF=DE$, $\therefore AE=-m=am^2-AF-an^2$, $AF=-n$,

$\therefore -m=am^2+n-an^2$, $\therefore m+n=a(n-m)(n+m)$, $\because m+n\neq 0$,

$\therefore n-m=\dfrac{1}{a}$;

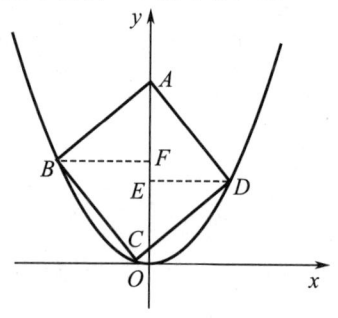

② 当点 B 在 y 轴左侧，点 D 在 y 轴右侧时，如右图所示，

$\therefore BF=-m$, $OF=am^2$, $DE=n$, $OE=an^2$,

同理可得 $\triangle ABF\cong\triangle DAE$（AAS），

$\therefore BF=AE$, $AF=DE$, $\therefore AE=-m=am^2+AF-an^2$, $AF=n$,

$\therefore -m=am^2+n-an^2$, $\therefore m+n=a(n+m)(n-m)$, $\therefore m+n=0$ 或 $n-m=\dfrac{1}{a}$;

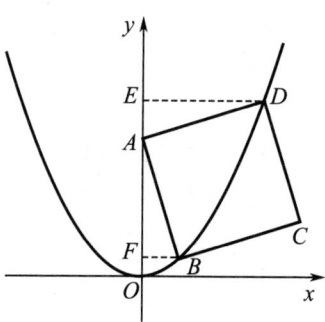

③ 当点 B、D 在 y 轴右侧时，如右图所示，

$\therefore BF=m$, $OF=am^2$, $DE=n$, $OE=an^2$,

同理可得 $\triangle ABF\cong\triangle DAE$（AAS），

$\therefore BF=AE$, $AF=DE$, $\therefore AE=m=an^2-AF-am^2$, $AF=n$,

∴ $m = an^2 - n - am^2$，∴ $m + n = a(n+m)(n-m)$，

∵ $m + n \neq 0$，∴ $n - m = \dfrac{1}{a}$.

综上所述，m、n 满足的等量关系式为 $m + n = 0$ 或 $n - m = \dfrac{1}{a}$.

【点评】 本题考查二次函数的应用，涉及待定系数法、三角形全等的判定与性质，解题的关键是分类讨论思想的应用.

拓展训练 再接再厉，提高能力

1．如右图所示，在矩形 $OABC$ 中，$OA = 3$，$OC = 2$，F 是 AB 上的一个动点（F 不与 A、B 重合）. 过点 F 的反比例函数 $y = \dfrac{k}{x}$（$k > 0$）的图象与 BC 边交于点 E.

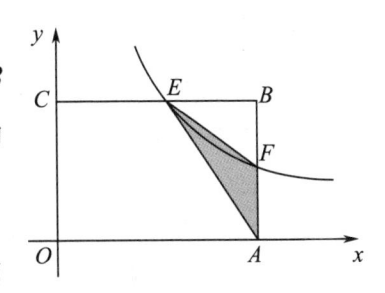

（1）当 F 为 AB 的中点时，求该反比例函数的解析式.

（2）当 k 为何值时，△EFA 的面积最大，最大面积是多少？

2．如下图所示，在平面直角坐标系 xOy 中，抛物线 $y = -\dfrac{1}{6}x^2 + bx + c$ 过点 $A(0,4)$ 和 $C(8,0)$，$P(t,0)$ 是 x 轴正半轴上的一个动点，M 是线段 AP 的中点，将线段 MP 绕点 P 顺时针旋转 $90°$ 得线段 PB. 过点 B 作 x 轴的垂线，过点 A 作 y 轴的垂线，两直线相交于点 D.

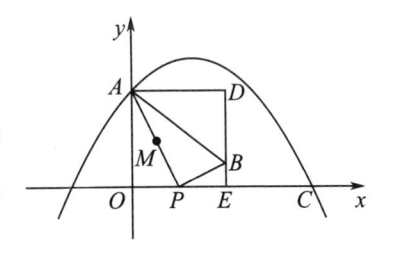

（1）求 b、c 的值.

（2）当 t 为何值时，点 D 落在抛物线上？

（3）是否存在 t，使得以 A、B、D 为顶点的三角形与△AOP 相似？若存在，求此时 t 的值；若不存在，请说明理由.

3. 如右图所示，经过点 $C(0,-4)$ 的抛物线 $y=ax^2+bx+c(a\neq 0)$ 与 x 轴相交于 $A(-2,0)$、B 两点.

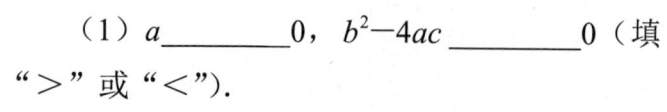

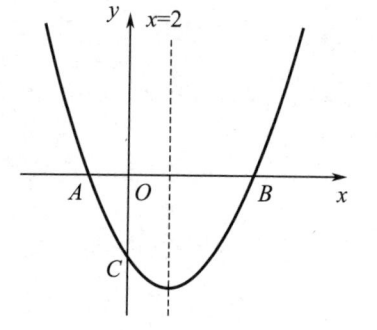

（1）a_____0，b^2-4ac_____0（填">"或"<"）.

（2）若该抛物线关于直线 $x=2$ 对称，求抛物线的函数解析式.

（3）在（2）的条件下，连接 AC，E 是抛物线上一动点，过点 E 作 AC 的平行线，交 x 轴于点 F，是否存在这样的点 E，使得以 A、C、E、F 为顶点的四边形是平行四边形？若存在，求出满足条件的点 E 的坐标；若不存在，请说明理由.

4. 在平面直角坐标系 xOy 中，正方形 $ABCD$ 的顶点 A、B 在 x 轴上，$C(2,3)$，$D(-1,3)$. 抛物线 $y=ax^2-2ax+c$（$a<0$）与 x 轴交于点 $E(-2,0)$ 和点 F.

（1）如图 1 所示，若抛物线过点 C，求抛物线的解析式和点 F 的坐标.

（2）如图 2 所示，在（1）的条件下，连接 CF，作直线 CE，平移线段 CF，使点 C 的对应点 P 落在直线 CE 上，点 F 的对应点 Q 落在抛物线上，求点 Q 的坐标.

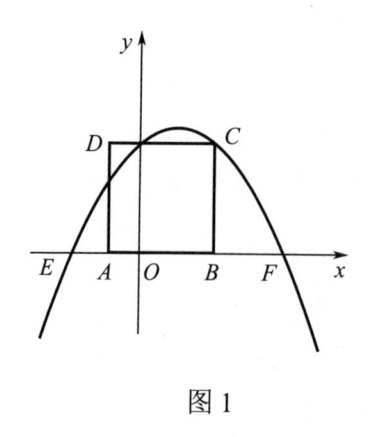

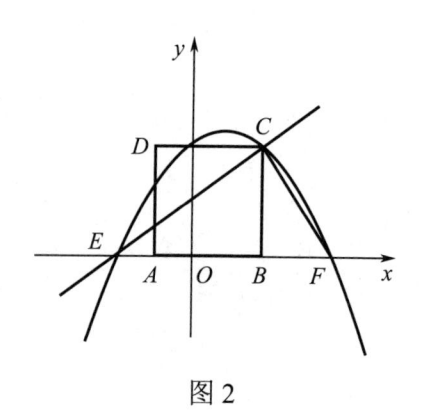

图 1

图 2

（3）若抛物线 $y=ax^2-2ax+c$（$a<0$）与正方形 $ABCD$ 恰有两个交点，求 a 的取值范围.

5. 已知二次函数图象的顶点坐标为 $A(1,4)$，且与 x 轴交于点 $B(-1,0)$.

（1）求二次函数的解析式.

（2）如下图所示，将二次函数图象绕 x 轴正半轴上的一点 $P(m,0)$ 旋转 $180°$，此时点 A、B 的对应点分别为点 C、D.

①连接 AB、BC、CD、DA，当四边形 $ABCD$ 为矩形时，求 m 的值.

②在①的条件下，若点 M 是直线 $x=m$ 上一点，原二次函数图象上是否存在一点 Q，使得以点 B、C、M、Q 为顶点的四边形为平行四边形，若存在，求出点 Q 的坐标；若不存在，请说明理由.

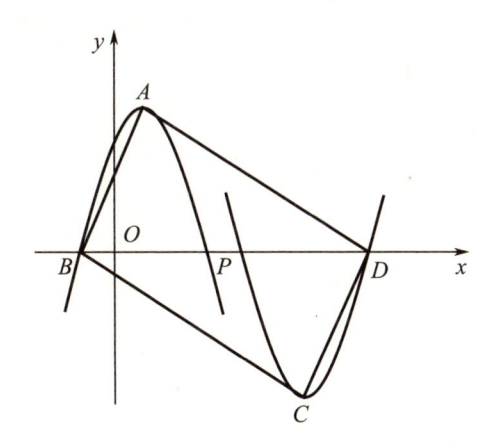

参 考 答 案

1.（1）∵在矩形 $OABC$ 中，$OA=3$，$OC=2$，∴$B(3,2)$.

∵F 为 AB 的中点，∴$F(3,1)$.

∵点 F 在反比例函数 $y=\dfrac{k}{x}$（$k>0$）的图象上，∴$k=3$，

∴该反比例函数的解析式为 $y=\dfrac{3}{x}$（$x>0$）.

(2) 由题意知 E、F 两点的坐标分别为 $E\left(\dfrac{k}{2}, 2\right)$, $F\left(3, \dfrac{k}{3}\right)$,

$\therefore S_{\triangle EFA} = \dfrac{1}{2} AF \cdot BE = \dfrac{1}{2} \times \dfrac{k}{3}\left(3 - \dfrac{k}{2}\right) = \dfrac{1}{2}k - \dfrac{1}{12}k^2 = -\dfrac{1}{12}(k^2 - 6k + 9 - 9) = -\dfrac{1}{12}(k-3)^2 + \dfrac{3}{4}$.

当 $k = 3$ 时,S 有最大值,$S_{最大值} = \dfrac{3}{4}$.

2. (1) 由抛物线 $y = -\dfrac{1}{6}x^2 + bx + c$ 过点 $A(0, 4)$ 和 $C(8, 0)$,得

$\begin{cases} c = 4 \\ -\dfrac{1}{6} \times 64 + 8b + c = 0 \end{cases}$,解得 $\begin{cases} c = 4 \\ b = \dfrac{5}{6} \end{cases}$.

(2) $\because \angle AOP = \angle PEB = 90°$,$\angle OAP = 90° - \angle APO = \angle EPB$,

$\therefore \triangle AOP \sim \triangle PEB$,且相似比为 $\dfrac{AO}{PE} = \dfrac{AP}{PB} = 2$.

$\because AO = 4$,$\therefore PE = 2$,$OE = OP + PE = t + 2$.

又 $\because DE = OA = 4$,

$\therefore$ 点 D 的坐标为 $(t+2, 4)$,

$\therefore$ 点 D 落在抛物线上时,有 $-\dfrac{1}{6}(t+2)^2 + \dfrac{5}{6}(t+2) + 4 = 4$,

解得 $t = 3$ 或 $t = -2$.

$\because t > 0$,$\therefore t = 3$.

故当 t 为 3 时,点 D 落在抛物线上.

(3) 存在 t,能够使以 A、B、D 为顶点的三角形与 $\triangle AOP$ 相似,理由如下:

① 当 $0 < t < 8$ 时,若 $\triangle POA \sim \triangle ADB$,则 $\dfrac{PO}{AD} = \dfrac{AO}{BD}$,即 $\dfrac{t}{t+2} = \dfrac{4}{4 - \dfrac{1}{2}t}$,

整理得 $t^2 + 16 = 0$,所以 t 无解.

若 $\triangle POA \sim \triangle BDA$,同理,解得 $t = -2 + 2\sqrt{5}$(已舍去负值);

② 当 $t>8$ 时，若 $\triangle POA \backsim \triangle ADB$，则 $\dfrac{PO}{AD}=\dfrac{AO}{BD}$，即 $\dfrac{t}{t+2}=\dfrac{4}{\dfrac{1}{2}t-4}$，

解得 $t=8+4\sqrt{5}$（已舍去负值）.

若 $\triangle POA \backsim \triangle BDA$，同理，$t$ 无解.

综上所述，当 $t=-2+2\sqrt{5}$ 或 $t=8+4\sqrt{5}$ 时，以 A、B、D 为顶点的三角形与 $\triangle AOP$ 相似.

3.（1）由抛物线开口向上，可知 $a>0$；由抛物线与 x 轴有两个不同的交点，可知 $b^2-4ac>0$.

（2）由题意得 $\begin{cases} -\dfrac{b}{2a}=2 \\ c=-4 \\ 4a-2b+c=0 \end{cases}$，解得 $\begin{cases} a=\dfrac{1}{3} \\ b=-\dfrac{4}{3} \\ c=-4 \end{cases}$.

∴抛物线的函数解析式是 $y=\dfrac{1}{3}x^2-\dfrac{4}{3}x-4$.

（3）存在.

① 当点 E 在 x 轴下方时，过点 E 作 AC 的平行线，交 x 轴于点 F，如图 1 所示.

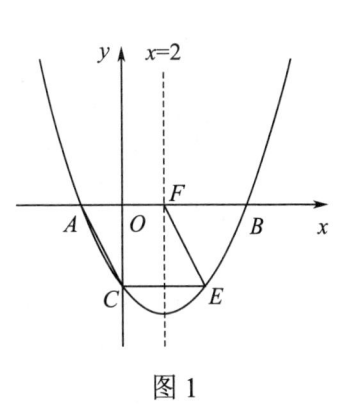

∵四边形 $ACEF$ 是平行四边形，

∴$CE \parallel AF$，这时点 E 的纵坐标为 -4，则 $\dfrac{1}{3}x^2-\dfrac{4}{3}x-4=-4$，解得 $x=0$ 或 $x=4$，

故 E 点的坐标是 $(4,-4)$.

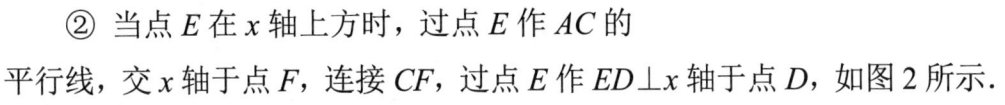

图 1

② 当点 E 在 x 轴上方时，过点 E 作 AC 的平行线，交 x 轴于点 F，连接 CF，过点 E 作 $ED\perp x$ 轴于点 D，如图 2 所示.

∵四边形 $ACFE$ 是平行四边形，

∴$EF=AC$，由 $\triangle ACO \cong \triangle FED$，得到 $ED=OC$，

这时点 E 的纵坐标为 4，则 $\dfrac{1}{3}x^2-\dfrac{4}{3}x-4=4$，解得 $x=2\pm 2\sqrt{7}$，

∴ E 点的坐标是（$2+2\sqrt{7}$,4）或（$2-2\sqrt{7}$,4）.

综上所述，E 点的坐标为（4,-4）、（$2+2\sqrt{7}$,4）或（$2-2\sqrt{7}$,4）.

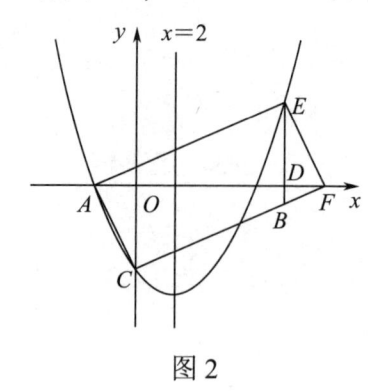

图 2

4.（1）∵ 抛物线 $y=ax^2-2ax+c$ 过点 C（2,3），E（-2,0），

∴ $\begin{cases} 3=4a-4a+c \\ 0=4a+4a+c \end{cases}$，解得 $\begin{cases} a=-\dfrac{3}{8} \\ c=3 \end{cases}$，

∴ 抛物线的解析式为 $y=-\dfrac{3}{8}x^2+\dfrac{3}{4}x+3$.

当 $y=0$ 时，$-\dfrac{3}{8}x^2+\dfrac{3}{4}x+3=0$，解得 $x_1=-2$（舍去），$x_2=4$，∴ F（4,0）.

（2）设直线 CE 的解析式为 $y=kx+b$，

∵ 直线过点 C（2,3）、E（-2,0），

∴ $\begin{cases} 3=2k+b \\ 0=-2k+b \end{cases}$，解得 $\begin{cases} k=\dfrac{3}{4} \\ b=\dfrac{3}{2} \end{cases}$，∴ 直线 CE 的解析式为 $y=\dfrac{3}{4}x+\dfrac{3}{2}$.

设点 $Q(t,-\dfrac{3}{8}t^2+\dfrac{3}{4}t+3)$，则点 Q 向左平移 2 个单位长度，向上平移 3 个单位长度得到点 $P(t-2,-\dfrac{3}{8}t^2+\dfrac{3}{4}t+6)$，将 $P(t-2,-\dfrac{3}{8}t^2+\dfrac{3}{4}t+6)$ 代入 $y=\dfrac{3}{4}x+\dfrac{3}{2}$，

解得 $t_1=-4$，$t_2=4$（舍去），∴ Q 点的坐标为（-4,-6）.

函数与几何综合 第19节

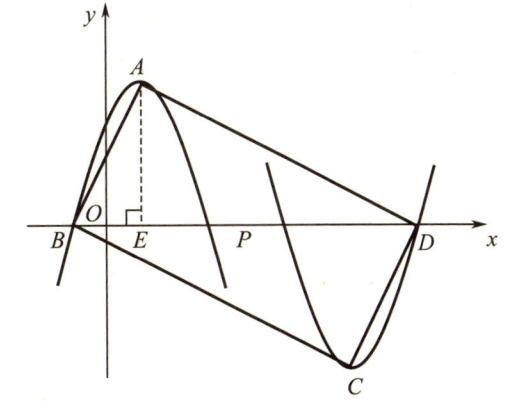

(3) 将 $E(-2,0)$ 代入 $y=ax^2-2ax+c$，得 $c=-8a$，

∴$y=ax^2-2ax-8a=a(x-1)^2-9a$，∴顶点坐标为 $(1,-9a)$．

①当抛物线顶点在正方形内部时，与正方形 $ABCD$ 有两个交点，

∴$0<-9a<3$，解得 $-\frac{1}{3}<a<0$，

②当抛物线与直线 BC 的交点在点 C 上方，且与直线 AD 的交点在点 D 下方时，与正方形有两个交点，

$\begin{cases}a+2a-8a<3\\a\times 2^2-2a\times 2-8a>3\end{cases}$，解得 $-\frac{3}{5}<a<-\frac{3}{8}$，

综上所述，a 的取值范围为 $-\frac{1}{3}<a<0$ 或 $-\frac{3}{5}<a<-\frac{3}{8}$．

5．(1) ∵二次函数的图象的顶点坐标为 $A(1,4)$，

∴设二次函数的解析式为 $y=a(x-1)^2+4$．

又∵$B(-1,0)$，∴$0=a(-1-1)^2+4$，解得 $a=-1$，

∴$y=-(x-1)^2+4$（或 $y=-x^2+2x+3$）．

(2) ①∵点 P 在 x 轴的正半轴上，

∴$m>0$，∴$BP=m+1$．

由旋转可得 $BD=2BP$，∴$BD=2(m+1)$．

过点 $A(1,4)$ 作 $AE\perp x$ 轴于点 E，如下图所示，

∴$BE=2$，$AE=4$，

在 Rt$\triangle ABE$ 中，$AB^2=BE^2+AE^2=2^2+4^2=20$．

当四边形 $ABCD$ 为矩形时，$AD\perp AB$，

∴$\angle BAD=\angle BEA=90°$，

又∵$\angle ABE=\angle DBA$，∴$\triangle BAE\sim\triangle BDA$，

∴$AB^2=BE\cdot BD$，∴$4(m+1)=20$，解得 $m=4$．

211

②由题意可得点 $A(1,4)$ 与点 C 关于点 $P(4,0)$ 成中心对称，∴$C(7,-4)$，

∵点 M 在直线 $x=4$ 上，∴点 M 的横坐标为 4.

情况1：当以 BC 为边时，平行四边形为 $BCMQ$，点 C 向左平移 8 个单位长度，与点 B 的横坐标相同，

∴将点 M 向左平移 8 个单位长度后，与点 Q 的横坐标相同，

∴将 $Q(-4,y_1)$ 代入 $y=-x^2+2x+3$，

解得 $y_1=-21$，∴$Q(-4,-21)$，

情况2：当以 BC 为边时，平行四边形为 $BCQM$，点 B 向右平移 8 个单位长度，与点 C 的横坐标相同，

∴将 M 向右平移 8 个单位长度后，与点 Q 的横坐标相同，

∴将 $Q(12,y_2)$ 代入 $y=-x^2+2x+3$，

解得 $y_2=-117$，∴$Q(12,-117)$.

情况3：当以 BC 为对角线时，点 M 向左平移 5 个单位长度，与点 B 的横坐标相同，

∴点 C 向左平移 5 个单位长度后，与点 Q 的横坐标相同，

∴将 $Q(2,y_3)$ 代入 $y=-x^2+2x+3$，得 $y_3=3$，∴$Q(2,3)$.

综上所述，存在符合条件的点 Q，其坐标为 $(-4,-21)$、$(12,-117)$ 或 $(2,3)$.

以函数为载体的压轴题

第 20 节

名师语要 名师点拨，轻松掌握

> 函数压轴题一般情境新颖，寓创新意识于其中，更关注学生的综合能力．这些富有时代气息的试题，在突出对"四基"的考查的同时，增大思考量和计算量，能较好地考查考生的思维品质、创新能力和学习潜能．

知识全解 归纳知识，深刻认识

指挥战争要讲究战略战术，解答压轴题也应有策略指导．解题策略是指导行动的方针，同时也是增强效果、提高效率的艺术，是为了实现解题目标而采取的方针，它体现了选择的机智和组合的艺术．具体操作如下：在审题思考中，要把握好"三性"，①目的性，明确解题结果的终极目的和每一步骤的目的；②准确性，提高概念把握的准确性和运算的准确性；③隐含性，注意题设条件的隐含性．慢中有快地审题、明确解题方向、运用合理解题手段是提高解题速度和准确性的前提和保证．

"三化"：①问题具体化（包括抽象函数用具有相同性质的具体函数作为代表来研究，字母用常数来代表），即把题目中所涉及的各种概念或概念之间的关系明确出来，有时可画表格或图形，以便把一般原理、一般规律应用到具体的解题过程中去；②问题简单化，即把复杂的形式转化为简单的形式；③问题和谐化，即强调变换问题的条件或结论，使其表现形式符合数或形内部固有的和谐统一的特点，或者突出所涉及的各种数学对象之间的知识联系．

"三转"：①语言转换能力，每个数学压轴题都是由一些特定的文字语言、符号语言、图形语言所组成的，解压轴题往往需要较强的语言转换能力，还需要有把普通语言转换成数学语言的能力；②概念转换能力，压轴题的转译常常需要较强的数学概念的转换能力；③数形转换能力，解题中的数形结合，就是既分析题目的条件和结论的代数含义，又分析其几何意义，力图在代数与几何的结合上找出解题思路，运用数形转换策略时要注意特殊性，否则解题时会出现漏洞．

"三思"：①思路，由于压轴题知识容量大，解题方法多，因此，审题时应尝试多种思路解题；②思想，中考压轴题的设置往往突出考查数学思想方法，解题时应注意数学思想方法的运用；③思辨，即在解压轴题时注意思路和运算方法的选择．

温馨提示

我们可利用以下的解题思想：从条件入手，分析条件，化繁为简，注重隐含条件的挖掘；从结论入手，执果索因，搭好联系条件的桥梁；回到定义和图形中来；以简单的、特殊的情况为突破口；构造辅助问题（函数、方程、图形等），换一个角度去思考；通过横向沟通和转化，将各数学分支中不同的知识点串联起来；连续性问题——承上启下，层层递进，充分利用已得出的结论；差异分析，缩小问题空间；模式识别，寻找固着点，激发灵感；审题要慢，做题要快．

学法指导 经典例题，点拨方法

类型 1 以一次函数为载体的压轴题

例1 已知一次函数 $y=2x-4$ 的图象与 x 轴、y 轴分别相交于点 A、B（见右图），点 P 在该函数的图象上，P 到 x 轴、y 轴的距离分别为 d_1、d_2.

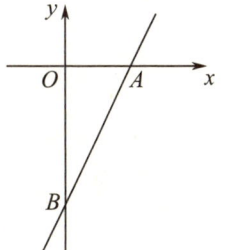

（1）当点 P 为线段 AB 的中点时，求 d_1+d_2 的值和点 P 的坐标.

（2）直接写出 d_1+d_2 的范围，并求当 $d_1+d_2=3$ 时点 P 的坐标.

（3）若在线段 AB 上存在无数个 P 点，使 $d_1+ad_2=4$（a 为常数），求 a 的值.

【分析】（1）求出点 A、B 的坐标，利用相似三角形可求得点 P 的坐标.（2）根据点的位置不同，可得 $d_1+d_2 \geqslant 2$，然后设点 P 的坐标为 $(x, 2x-4)$，则 P 到 x 轴、y 轴的距离分别为 $d_1=|2x-4|$，$d_2=|x|$. 根据点 P 的横坐标的变化或点 P 在直线 AB 上的不同位置进行分类，去掉绝对值，得到关于 x 的方程，验证解的合理性.（3）由点 P 在线段 AB 上，得 $d_1+ad_2=(4-2x)+ax$，令 $(4-2x)+ax=4$，得 $(a-2)x=0$，从而得 $a=2$.

【解答】（1）令 $2x-4=0$，得 $x=2$，∴点 A 的坐标为 $(2,0)$.

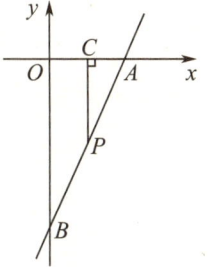

令 $x=0$，得 $y=-4$，∴点 B 的坐标为 $(0,-4)$.

过点 P 作 $PC \perp x$ 轴，垂足为点 C（见上图），则 $PC /\!/ BO$，∴△APC∽△ABO，∴ $\dfrac{PC}{BO}=\dfrac{AC}{AO}=\dfrac{AP}{AB}=\dfrac{1}{2}$.

∵ 点 P 为线段 AB 的中点，∴ $PC=\dfrac{1}{2}BO=2$，$AC=\dfrac{1}{2}AO=1$，∴ $d_1+d_2=3$，$P(1,-2)$.

(2) $d_1+d_2\geqslant 2$.

设点 P 的坐标为 $(x,2x-4)$，则点 P 到 x 轴、y 轴的距离分别为 $d_1=|2x-4|$，$d_2=|x|$.

① 当 $x<0$ 时，点 P 在第三象限，$d_1=4-2x$，$d_2=-x$，令 $(4-2x)+(-x)=3$，得 $x=\dfrac{1}{3}$（舍去）；

② 当 $0\leqslant x\leqslant 2$ 时，点 P 在坐标轴上或第四象限，$d_1=4-2x$，$d_2=x$，$(4-2x)+x=3$，得 $x=1$，此时点 P 的坐标为 $(1,-2)$；

③ 当 $x>0$ 时，点 P 在第一象限，$d_1=2x-4$，$d_2=x$，$(2x-4)+x=3$，得 $x=\dfrac{7}{3}$，此时点 P 的坐标为 $\left(\dfrac{7}{3},\dfrac{2}{3}\right)$.

综上所述，得点 P 的坐标为 $(1,-2)$ 或 $\left(\dfrac{7}{3},\dfrac{2}{3}\right)$.

(3) 设点 P 的坐标为 $(x,2x-4)$.

∵ 点 P 在线段 AB 上，∴ $0\leqslant x\leqslant 2$，

∴ $d_1+ad_2=4$ 化为 $(4-2x)+ax=4$，即 $(a-2)x=0$.

∵ 在线段 AB 上存在无数个 P 点，使 $d_1+ad_2=4$（a 为常数），

∴ 此方程在 $0\leqslant x\leqslant 2$ 范围内有无数个解，

∴ $a=2$.

【方法总结】(1) 点 $P(x,y)$ 到 x 轴的距离为 $|y|$，到 y 轴的距离为 $|x|$，去绝对值时，先找界点，然后分类. (2) 关于 x 的一元一次方程 $ax+b=0$，① 当 $a\neq 0$ 时，方程有唯一解；② 当 $a=b=0$ 时，方程有无数解；③ 当 $a=0$，$b\neq 0$ 时，方程无解.

类型 2 以反比例函数为载体的压轴题

例 2 已知一次函数 $y=-2x+10$ 的图象与反比例函数 $y=\dfrac{k}{x}$（$k>0$）的

图象相交于 A、B 两点（A 点在 B 点的右侧，见图 1）.

（1）当 A 点坐标为 $(4,2)$ 时，求反比例函数的解析式及 B 点的坐标.

（2）在（1）的条件下，反比例函数图象的另一支上是否存在一点 P，使 $\triangle PAB$ 是以 AB 为直角边的直角三角形？若存在，求出所有符合条件的点 P 的坐标；若不存在，请说明理由.

（3）当 A 点坐标为 $(a, -2a+10)$，B 点坐标为 $(b, -2b+10)$ 时，直线 OA 与此反比例函数图象的另一支交于点 C，连接 BC，交 y 轴于点 D（见图 2），若 $\dfrac{BC}{BD} = \dfrac{5}{2}$，求 $\triangle ABC$ 的面积.

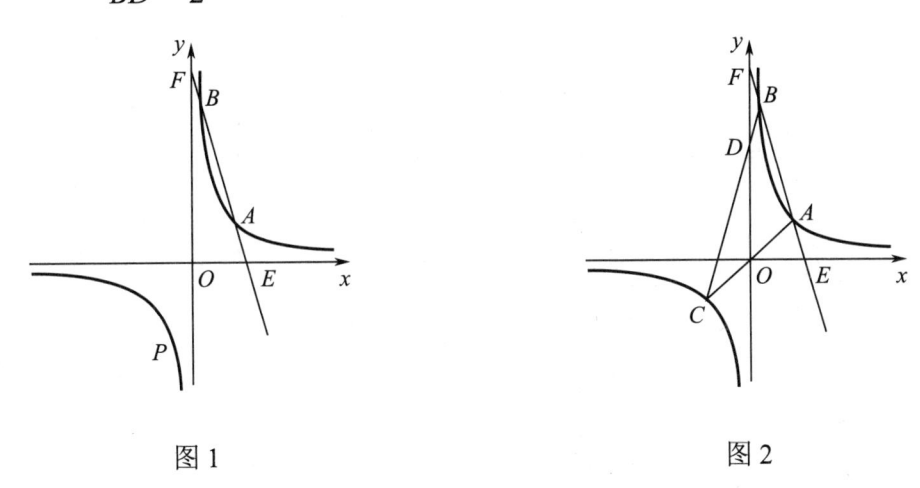

图 1 图 2

【分析】（1）先将点 A $(4,2)$ 代入反比例函数的解析式 $y = \dfrac{k}{x}$ 求出 k 的值，即可求出其解析式，再将一次函数和反比例函数的解析式联立方程组，解方程组即可得到点 B 的坐标.（2）当 $\triangle PAB$ 是以 AB 为直角边的直角三角形时，应分 $\angle BAP = 90°$ 和 $\angle ABP = 90°$ 两种情况进行分析求解. 当 $\angle BAP = 90°$ 时，求出直线 AP 的解析式，再将其解析式与反比例函数的解析式联立方程组，就可求出点 P 的坐标；当 $\angle ABP = 90°$ 时，求出直线 BP 的解析式，再将其解析式与反比例函数的解析式联立方程组，就可求出点 P 的坐标.（3）由条件 $\dfrac{BC}{BD} = \dfrac{5}{2}$ 及点 A、B 在反比例函数图象上，转化得方程组，求出点 A 和点 B 的坐标，再利用对称性得点 C 的坐标，最后利用割补法求出 $\triangle ABC$ 的面积．

【解答】（1）把点 $A(4,2)$ 代入 $y=\dfrac{k}{x}$，得 $k=8$，$\therefore$ 反比例函数的解析式为 $y=\dfrac{8}{x}$．

联立方程组 $\begin{cases} y=-2x+10 \\ y=\dfrac{8}{x} \end{cases}$，解得 $\begin{cases} x=1 \\ y=8 \end{cases}$ 或 $\begin{cases} x=4 \\ y=2 \end{cases}$，$\therefore B(1,8)$．

（2）①若 $\angle BAP_1=90°$，过点 A 作 $AH\perp OE$ 于点 H，设 AP_1 与 x 轴的交点为 M，如图 3 所示．

对于 $y=-2x+10$，当 $y=0$ 时，$-2x+10=0$，解得 $x=5$，$\therefore E(5,0)$，$OE=5$．

$\because A(4,2)$，$\therefore OH=4$，$AH=2$，$\therefore HE=5-4=1$．

$\because AH\perp OE$，$\therefore \angle AHM=\angle AHE=90°$．

图 3

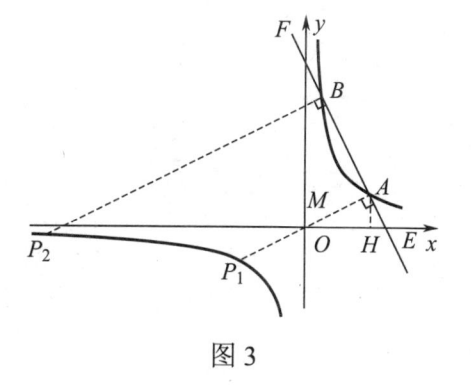

又 $\because \angle BAP_1=90°$，$\therefore \angle AME+\angle AEM=90°$，$\angle AME+\angle MAH=90°$，$\therefore \angle MAH=\angle AEM$，

$\therefore \triangle AHM\backsim\triangle EHA$，$\therefore \dfrac{AH}{EH}=\dfrac{MH}{AH}$，即 $\dfrac{2}{1}=\dfrac{MH}{2}$，$\therefore MH=4$，$\therefore M(0,0)$．

设直线 AP_1 的解析式为 $y=mx$，则 $4m=2$，解得 $m=\dfrac{1}{2}$，

$\therefore$ 直线 AP_1 的解析式为 $y=\dfrac{1}{2}x$．

联立直线 AP_1 的解析式和反比例函数，得 $\begin{cases} y=\dfrac{1}{2}x \\ y=\dfrac{8}{x} \end{cases}$，解得 $\begin{cases} x=4 \\ y=2 \end{cases}$ 或

$\begin{cases} x=-4 \\ y=-2 \end{cases}$, ∴点 P_1 的坐标为（-4,-2）.

② 若∠ABP_2=90°，同①可求得直线 P_2B 的解析式为 $y=\frac{1}{2}x+\frac{15}{2}$，

联立直线 P_2B 的解析式和反比例函数，得 $\begin{cases} y=\frac{1}{2}x+\frac{15}{2} \\ y=\frac{8}{x} \end{cases}$，解得 $\begin{cases} x=1 \\ y=8 \end{cases}$ 或

$\begin{cases} x=-16 \\ y=-\frac{1}{2} \end{cases}$，∴点 P_2 的坐标为 $\left(-16,-\frac{1}{2}\right)$.

因此在(1)的条件下，反比例函数图象的另一支上存在一点 P，使△PAB 是以 AB 为直角边的直角三角形，点 P 的坐标为（-4,-2）或 $\left(-16,-\frac{1}{2}\right)$.

（3）过点 B 作 x 轴的垂线，过点 C 作 y 轴的垂线，两垂线相交于点 N，过点 A 作 $AG⊥CN$ 于点 G，过点 D 作 $DM⊥BN$ 于点 M（见图 4），则 DM∥CN，

∴△BCN∽△BDM，

∴$\frac{BC}{BD}=\frac{CN}{DM}$.

又∵$\frac{BC}{BD}=\frac{5}{2}$，∴$\frac{a+b}{b}=\frac{5}{2}$，

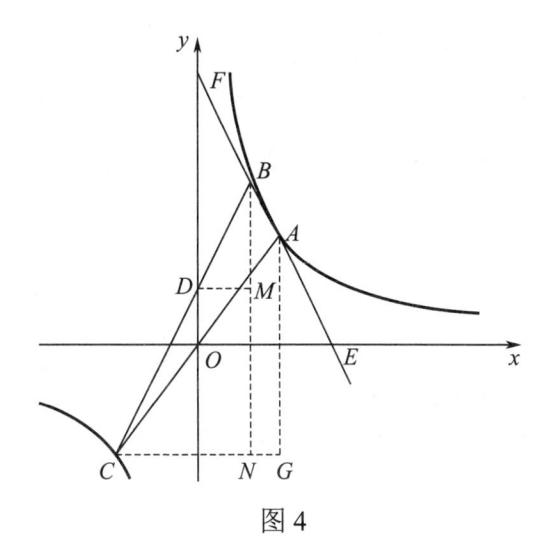

∴$2a=3b$ ①.

∵$A(a,-2a+10)$，$B(b,-2b+10)$ 都在反比例函数图象上，

∴$a×(-2a+10)=b×(-2b+10)$，整理得，$a^2-b^2=5a-5b$，即 $(a+b)(a-b)=5(a-b)$，∵$a≠b$，∴$a+b=5$ ②，联立①②解得 $a=3$，$b=2$，

∴$A(3,4)$，$B(2,6)$.

∵A、C 关于原点对称，∴$C(-3,-4)$.

图 4

$$\therefore S_{\triangle ABC} = S_{\triangle NCB} + S_{\text{梯形}AGNB} - S_{\triangle AGC}$$
$$= \frac{1}{2} CN \cdot BN + \frac{1}{2}(BN+AG) \cdot NG - \frac{1}{2} AG \cdot CG$$
$$= \frac{1}{2} \times 5 \times 10 + \frac{1}{2}(10+8) \times 1 - \frac{1}{2} \times 8 \times 6$$
$$= 10.$$

∴△ABC 的面积为 10.

【方法总结】在解决平面直角坐标系中的图形问题时，实现点的坐标和线段的长度转化是解题的关键，而实现转化的常用方法是作出垂直或平行于坐标轴的辅助线；求平面直角坐标系中的三角形面积通常用割补法，将其转化为易求的规则图形面积的和或差.

类型3 以二次函数为载体的压轴题

例3 已知抛物线 $y = \frac{1}{2}x^2 + c$ 与 x 轴交于 $A(-1,0)$、B 两点，交 y 轴于点 C.

（1）求抛物线的解析式.

（2）点 $E(m,n)$ 是第二象限内的一点，过点 E 作 $EF \perp x$ 轴，交抛物线于点 F，过点 F 作 $FG \perp y$ 轴于点 G，连接 CE、CF，若 $\angle CEF = \angle CFG$，求 n 的值并直接写出 m 的取值范围（利用图1完成你的探究）.

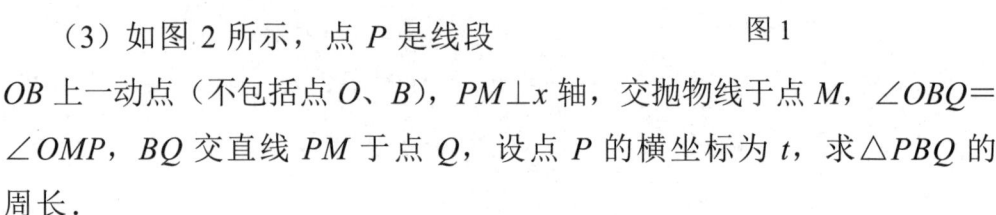

图1

（3）如图2所示，点 P 是线段 OB 上一动点（不包括点 O、B），$PM \perp x$ 轴，交抛物线于点 M，$\angle OBQ = \angle OMP$，BQ 交直线 PM 于点 Q，设点 P 的横坐标为 t，求△PBQ 的周长.

【分析】(1) 将抛物线上点 A 的坐标代入抛物线解析式即可. (2) 过点 C 作 $CH\perp EF$ 于点 H, 通过等角代换可得 $\angle CFG=\angle FCH$, 借助 $\triangle CEH\sim \triangle FCH$ 得到 $CH^2=HF\cdot HE$, 代入相关数据即可求出 n 的值, 最后将 n 的值代入抛物线解析式, 求得 x 的值, 从而得出 m 的取值范围. (3) 先用 t 的代数式表示点 P、M, 再由 $\triangle OPM\sim \triangle QPB$ 得到 $\dfrac{OP}{PM}=\dfrac{PQ}{PB}$, 用 t 的代数式表示 PQ、PB、BQ, 最后相加即得结论.

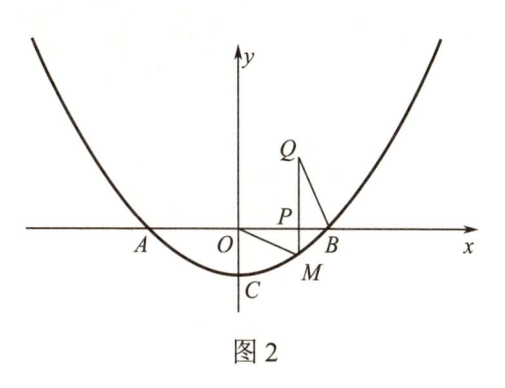

图 2

【解答】(1) $\because y=\dfrac{1}{2}x^2+c$ 过 $A(-1,0)$, $\therefore c=-\dfrac{1}{2}$, $\therefore y=\dfrac{1}{2}x^2-\dfrac{1}{2}$.

(2) 如下图所示, 过点 C 作 $CH\perp EF$ 于点 H,

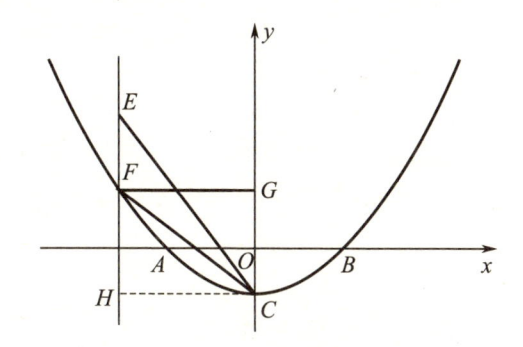

$\because GO\perp x$ 轴, $EF\perp x$ 轴, $\therefore GO /\!/ EF$.

$\because FG\perp y$ 轴, $\therefore FG\perp EF$. 又 $\because CH\perp EF$, $\therefore FG /\!/ CH$, $\therefore \angle CFG=\angle FCH$.

$\because \angle CEF=\angle CFG$, $\therefore \angle CEF=\angle FCH$. 又 $\because \angle CHE=\angle FHC$,

$\therefore \triangle CEH\sim \triangle FCH$, $\therefore \dfrac{CH}{HF}=\dfrac{HE}{CH}$, $\therefore CH^2=HF\cdot HE$.

$\because CH=-m$, $HE=n+\dfrac{1}{2}$, $HF=\dfrac{1}{2}m^2$,

∴ $(-m)^2 = \frac{1}{2}m^2 \times (n+\frac{1}{2})$,

∴ $n = \frac{3}{2}$.

∵ 当 $\frac{1}{2}x^2 - \frac{1}{2} = \frac{3}{2}$ 时，$x = \pm 2$. 又 ∵ 点 F 在点 E 下方且点 E 位于第二象限，∴ $-2 < m < 0$.

（3）依题意得 $P(t, 0)$，$M(t, \frac{1}{2}t^2 - \frac{1}{2})$.

∵ $\angle OMP = \angle OBQ$，$\angle OPM = \angle QPB$，

∴ $\triangle OPM \sim \triangle QPB$，∴ $\frac{OP}{PM} = \frac{PQ}{PB}$，即 $\frac{t}{-(\frac{1}{2}t^2 - \frac{1}{2})} = \frac{PQ}{1-t}$，

∴ $PQ = \frac{2t}{1+t}$，$PB = 1-t$.

∵ $PM \perp x$ 轴，∴ $BQ = \sqrt{PQ^2 + PB^2} = \sqrt{\left(\frac{2t}{1+t}\right)^2 + (1-t)^2} = \frac{t^2+1}{1+t}$，

$PQ + BQ + PB = \frac{2t}{1+t} + \frac{t^2+1}{1+t} + 1 - t = 2$.

【方法总结】二次函数与几何结合的综合题常常按照"解析式→坐标→距离（线段长度）→几何图形性质及应用"的思路思考，解题关键在于能够借助数形结合思想，充分利用几何图形的有关性质、定理及二次函数等知识，将函数问题转化为方程问题来解决；解决此类问题中的几何定值问题，往往采用数形结合思想和"设而不求"策略，用代数方法加以证明.

链接中考 真题演练，小试身手

考点1 条件探究型函数压轴题

例1 如右图所示，抛物线 $y = ax^2 + bx + c (a \neq 0)$ 经过坐标原点 O，且顶点为 $A(2, -4)$.

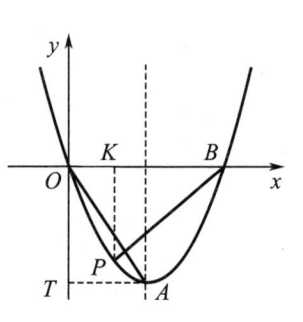

（1）求抛物线的解析式.

（2）设抛物线与 x 轴正半轴的交点为 B，点 P 位于抛物线上且在 x 轴下方，连接 OA、PB，若 $\angle AOB+\angle PBO=90°$，求点 P 的坐标.

【解析】（1）设抛物线的解析式为 $y=a(x-2)^2-4$，

将 $O(0,0)$ 代入得 $4a-4=0$，解得 $a=1$，

∴ $y=(x-2)^2-4=x^2-4x$.

（2）过点 A 作 $AT \perp y$ 轴于点 T，过点 P 作 $PK \perp x$ 轴于点 K，如上图所示.

设 $P(m, m^2-4m)$，在 $y=x^2-4x$ 中，令 $y=0$ 得 $x=0$ 或 $x=4$，∴ $B(4,0)$.

∵ $\angle AOB+\angle AOT=90°$，$\angle AOB+\angle PBO=90°$，∴ $\angle AOT=\angle PBO$.

∵ $\angle ATO=90°=\angle PKB$，∴ △$AOT \sim$ △PBK，∴ $\dfrac{AT}{PK}=\dfrac{OT}{BK}$.

∵ $A(2,-4)$，∴ $\dfrac{2}{-m^2+4m}=\dfrac{4}{4-m}$，

解得 $m=\dfrac{1}{2}$，∴ $P\left(\dfrac{1}{2},-\dfrac{7}{4}\right)$.

【点评】本题考查二次函数综合应用，涉及待定系数法，三角形相似的判定与性质，解题的关键是证明△$AOT \sim$ △PBK，用对应边成比例列式求出 m 的值.

考点2 结论探究型函数压轴题

例2 已知抛物线经过 $A(-3,0)$、$B(1,0)$、$C\left(2,\dfrac{5}{2}\right)$ 三点，其对称轴交 x 轴于点 H. 一次函数 $y=kx+b$ $(k \neq 0)$ 的图象经过点 C，与抛物线交于另一点 D（点 D 在点 C 的左边），与抛物线的对称轴交于点 E.

（1）求该抛物线的解析式.

（2）如图 1 所示，当 $S_{\triangle EOC}=S_{\triangle EAB}$ 时，求一次函数的解析式.

（3）如图 2 所示，设 $\angle CEH=\alpha$，$\angle EAH=\beta$，当 $\alpha > \beta$ 时，直接写出 k

的取值范围.

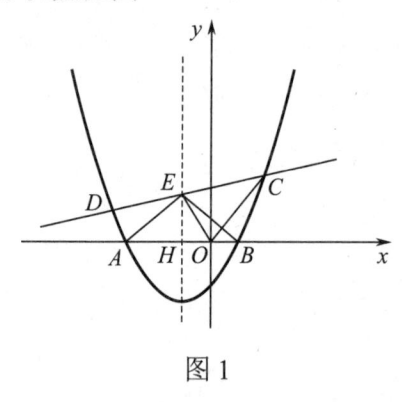

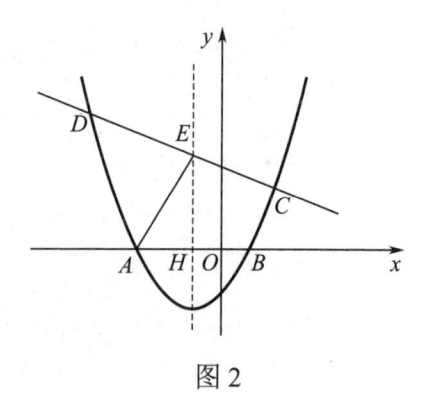

图1

图2

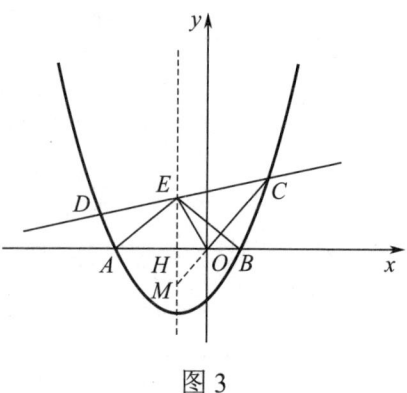

【解析】(1) 设抛物线的解析式为 $y=ax^2+bx+c$, 由已知条件得

$\begin{cases} 9a-3b+c=0 \\ a+b+c=0 \\ 4a+2b+c=\dfrac{5}{2} \end{cases}$, 解得 $\begin{cases} a=\dfrac{1}{2} \\ b=1 \\ c=-\dfrac{3}{2} \end{cases}$, ∴ $y=\dfrac{1}{2}x^2+x-\dfrac{3}{2}$.

(2) ∵ 抛物线 $y=\dfrac{1}{2}x^2+x-\dfrac{3}{2}$ 的对称轴为 $x=-1$, 设点 E 的坐标为 $(-1,m)$.

$S_{\triangle EAB}=\dfrac{1}{2}\cdot AB\cdot EH=\dfrac{1}{2}\times 4|m|=2|m|$.

过点 C、O 的直线为 $y=\dfrac{5}{4}x$, 与直线 $x=-1$ 的交点为 $M(-1,-\dfrac{5}{4})$(见图3).

$S_{\triangle EOC}=S_{\triangle EMC}-S_{\triangle EMO}=\dfrac{1}{2}\times 3\times \left|m+\dfrac{5}{4}\right|-\dfrac{1}{2}\times 1\times \left|m+\dfrac{5}{4}\right|=\left|m+\dfrac{5}{4}\right|$.

当 $S_{\triangle EOC}=S_{\triangle EAB}$ 时, $2|m|=\left|m+\dfrac{5}{4}\right|$, 解得 $m=\dfrac{5}{4}$ 或 $m=-\dfrac{5}{12}$.

图3

224

当 $m=\dfrac{5}{4}$ 时，点 E 的坐标为 $\left(-1,\dfrac{5}{4}\right)$，则 $\begin{cases}2k+b=\dfrac{5}{2}\\-k+b=\dfrac{5}{4}\end{cases}$，解得 $\begin{cases}k=\dfrac{5}{12}\\b=\dfrac{5}{3}\end{cases}$，

一次函数的解析式为 $y=\dfrac{5}{12}x+\dfrac{5}{3}$。

当 $m=-\dfrac{5}{12}$ 时，点 E 的坐标为 $\left(-1,-\dfrac{5}{12}\right)$，则 $\begin{cases}2k+b=\dfrac{5}{2}\\-k+b=-\dfrac{5}{12}\end{cases}$，解得

$\begin{cases}k=\dfrac{35}{36}\\b=\dfrac{5}{9}\end{cases}$，一次函数的解析式为 $y=\dfrac{35}{36}x+\dfrac{5}{9}$。

所以，一次函数的解析式为 $y=\dfrac{5}{12}x+\dfrac{5}{3}$ 或 $y=\dfrac{35}{36}x+\dfrac{5}{9}$。

（3）k 的取值范围为 $-\dfrac{1}{2}<k<\dfrac{4}{3}$，且 $k\neq 0$，$k\neq\dfrac{5}{6}$。

首先考虑特殊情形。当 $\alpha=\beta$ 时，过点 C 作 $CF\perp EH$ 于点 F（见图 4），

则有 $Rt\triangle EAH\sim Rt\triangle CEF$，$\dfrac{EH}{CF}=\dfrac{AH}{EF}$。

设点 E 的坐标为 $(-1,n)$，$AH=2$，$EH=|n|$，$CF=3$，$EF=\left|n-\dfrac{5}{2}\right|$，

$\therefore \dfrac{|n|}{3}=\dfrac{2}{\left|n-\dfrac{5}{2}\right|}$，解得 $n=4$ 或 $n=-\dfrac{3}{2}$。

图 4

当点 E 与点 H 重合时，$k=\dfrac{5}{6}$，此时 $\angle CEH$ 不存在，故 $k\neq\dfrac{5}{6}$。

当 $n=4$ 时，点 E 的坐标为 $(-1,4)$，此时 $k=-\dfrac{1}{2}$，$\alpha=\beta$。若点 E 向

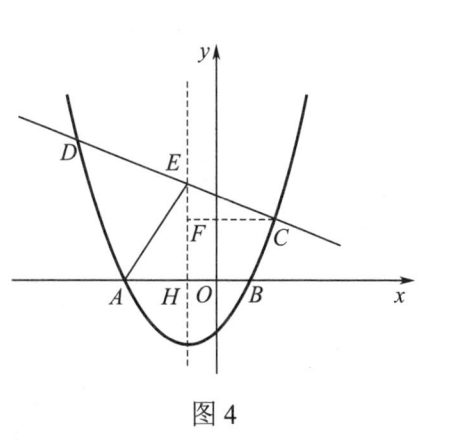

上移动，k 变小，α 变小，β 变大，即 $k<-\dfrac{1}{2}$ 时，$\alpha<\beta$；若点 E 向下移动趋近点 H，k 变大，α 变大，β 变小，即 $-\dfrac{1}{2}<k<\dfrac{5}{6}$ 时，$\alpha>\beta$.

当 $n=-\dfrac{3}{2}$ 时，点 E 的坐标为 $\left(-1,-\dfrac{3}{2}\right)$，此时 $k=\dfrac{4}{3}$，$\alpha=\beta$. 若点 E 向上移动趋近点 H，k 变小，α 变大，β 变小，即 $\dfrac{5}{6}<k<\dfrac{4}{3}$ 时，$\alpha>\beta$；若点 E 向下移动，k 变大，α 变小，β 变大，即 $k>\dfrac{4}{3}$ 时，$\alpha<\beta$. 又由题意知一次函数 $y=kx+b$ 中 $k\neq 0$.

所以，k 的取值范围为 $-\dfrac{1}{2}<k<\dfrac{4}{3}$，且 $k\neq 0$，$k\neq \dfrac{5}{6}$.

【点评】解答这类问题的关键是对二次函数解析式的求法、平面直角坐标系中面积的求法以及一次函数的变化规律有所掌握.

考点3　存在探究型函数压轴题

例3　如下图所示，抛物线 $y=ax^2+bx+5$（$a\neq 0$）与 x 轴交于 A、B 两点，与 y 轴交于点 C，$AB=4$. 抛物线的对称轴 $x=3$ 与经过点 A 的直线 $y=kx-1$（$k\neq 0$）交于点 D，与 x 轴交于点 E.

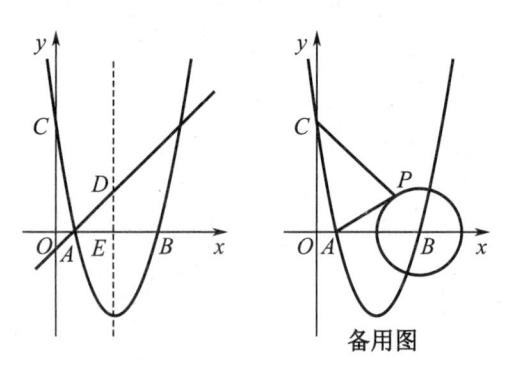

备用图

（1）求直线 AD 及抛物线的解析式.

（2）在抛物线上是否存在点 M，使得 $\triangle ADM$ 是以 AD 为直角边的直角三角形？若存在，求出所有点 M 的坐标；若不存在，请说明理由.

（3）以点 B 为圆心，画半径为 2 的圆，点 P 为 $\odot B$ 上的一个动点，请求出 $PC+\dfrac{1}{2}PA$ 的最小值．

【解析】（1）∵抛物线的对称轴为 $x=3$，$AB=4$，∴$A(1,0)$，$B(5,0)$，

将 $A(1,0)$ 代入直线 $y=kx-1$，得 $k-1=0$，解得 $k=1$，

∴直线 AD 的解析式为 $y=x-1$.

将 $A(1,0)$、$B(5,0)$ 代入 $y=ax^2+bx+5$，得

$\begin{cases}a+b+5=0\\25a+5b+5=0\end{cases}$，解得 $\begin{cases}a=1\\b=-6\end{cases}$，

∴抛物线的解析式为 $y=x^2-6x+5$.

（2）存在点 M.

∵直线 AD 的解析式为 $y=x-1$，抛物线的对称轴 $x=3$ 与 x 轴交于点 E.

∴当 $x=3$ 时，$y=x-1=2$，∴$D(3,2)$.

①当 $\angle DAM=90°$ 时，

设直线 AM 的解析式为 $y=-x+c$，将点 A 的坐标代入，

得 $-1+c=0$，解得 $c=1$，

∴直线 AM 的解析式为 $y=-x+1$.

解方程组 $\begin{cases}y=-x+1\\y=x^2-6x+5\end{cases}$，得 $\begin{cases}x=1\\y=0\end{cases}$ 或 $\begin{cases}x=4\\y=-3\end{cases}$，

∴点 M 的坐标为 $(4,-3)$；

②当 $\angle ADM=90°$ 时，设直线 DM 的解析式为 $y=-x+d$，将 $D(3,2)$ 代入，

得 $-3+d=2$，解得 $d=5$，

∴直线 DM 的解析式为 $y=-x+5$.

解方程组 $\begin{cases}y=-x+5\\y=x^2-6x+5\end{cases}$，解得 $\begin{cases}x=0\\y=5\end{cases}$ 或 $\begin{cases}x=5\\y=0\end{cases}$，

∴点 M 的坐标为 $(0,5)$ 或 $(5,0)$．

综上，点 M 的坐标为 $(4,-3)$、$(0,5)$ 或 $(5,0)$．

（3）如下图所示，在 AB 上取点 F，使 $BF=1$，连接 CF.

∵ $PB=2$，∴ $\dfrac{BF}{PB}=\dfrac{1}{2}$.

∴ $\dfrac{PB}{AB}=\dfrac{2}{4}=\dfrac{1}{2}$，∴ $\dfrac{BF}{PB}=\dfrac{PB}{AB}$.

又∵ $\angle PBF=\angle ABP$，

∴ $\triangle PBF \sim \triangle ABP$，∴ $\dfrac{PF}{PA}=\dfrac{BF}{PB}=\dfrac{1}{2}$，即 $PF=\dfrac{1}{2}PA$，

∴ $PC+\dfrac{1}{2}PA=PC+PF \geqslant CF$，

∴ 当点 C、P、F 三点共线时，$PC+\dfrac{1}{2}PA$ 的值最小，即为线段 CF 的长.

∵ $OC=5$，$OF=OB-1=5-1=4$，

∴ $CF=\sqrt{OC^2+OF^2}=\sqrt{5^2+4^2}=\sqrt{41}$，

∴ $PC+\dfrac{1}{2}PA$ 的最小值为 $\sqrt{41}$.

【点评】（1）此题是二次函数及圆的综合题，掌握待定系数法求函数解析式、直角三角形的性质、勾股定理、相似三角形的判定和性质、求两图象的交点坐标等知识点是解题的关键.（2）对于存在性探究题，解答此类问题可先假设结论存在，然后根据题设及所学寻求存在的条件.

拓展训练 再接再厉，提高能力

1. 如右图所示，已知抛物线 $y=-x^2+bx+c$ 的图象过点 $A(-3,0)$、$C(0,3)$.

（1）求抛物线的解析式.

（2）探究：在抛物线的对称轴 DE 上是否存在点 P，使得点 P 到直线 AD 和到 x 轴的距离相等？若存在，求出点 P 的坐标；若不存在，说明理由.

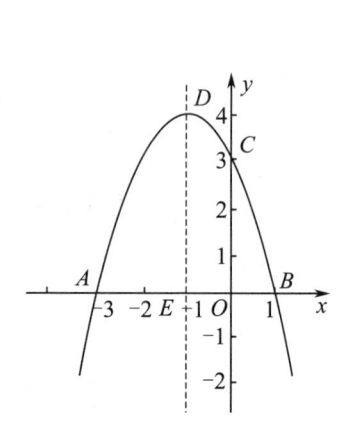

（3）探究：在对称轴 DE 左侧的抛物线上是否存在点 F，使得 $2S_{\triangle FBC}=3S_{\triangle EBC}$？若存在，求出点 F 的坐标；若不存在，说明理由.

2. 如下图所示，边长为 8 的正方形 OABC 的两边在坐标轴上，以点 C 为顶点的抛物线经过点 A，点 P 是抛物线上点 A、C 间的一个动点（含端点），过点 P 作 PF⊥BC 于点 F. 点 D、E 的坐标分别为（0,6）、（-4,0），连接 PD、PE、DE.

（1）请直接写出抛物线的解析式.

（2）小明探究点 P 的位置发现：当点 P 与点 A 或点 C 重合时，PD 与 PF 的差为定值. 进而猜想：对于任意一点 P，PD 与 PF 的差为定值. 请你判断该猜想是否正确，并说明理由.

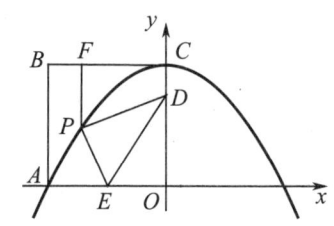

（3）小明进一步探究得出结论：若将"使△PDE 的面积为整数"的点 P 记作"好点"，则存在多个"好点"，且使△PDE 的周长最小的点 P 也是一个"好点".

请直接写出所有"好点"的个数，并求出△PDE 周长最小时"好点"的坐标.

3. 如图 1 所示，已知直线 $y=x+3$ 与 x 轴交于点 A，与 y 轴交于点 B，将直线在 x 轴下方的部分沿 x 轴翻折，得到一个新函数的图象（图中的"V"形折线）.

（1）类比研究函数图象的方法，请列举新函数的两条性质，并求新函数的解析式.

（2）如图 2 所示，双曲线 $y=\dfrac{k}{x}$（$k\neq 0$）与新函数的图象交于点 $C(1,a)$，点 D 是线段 AC 上一动点（不包括端点），过点 D 作 x 轴的平行线，与新函数的图象交于另一点 E，与双曲线交于点 P.

① 试求△PAD 的面积的最大值；

② 探索：在点 D 运动的过程中，四边形 PAEC 能否为平行四边形？若

能，求出此时点 D 的坐标；若不能，请说明理由．

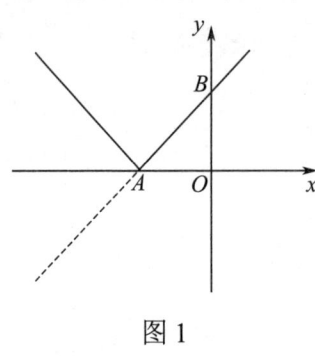

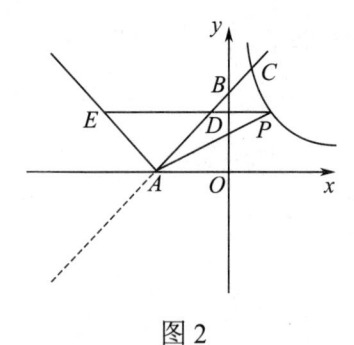

图1

图2

4．如下图所示，抛物线 $y=-\dfrac{4}{3}x^2+bx+4$ 与 x 轴交于 $A(-3,0)$、B 两点，与 y 轴交于点 C.

（1）求抛物线的解析式及 B、C 两点坐标．

（2）以 A、B、C、D 为顶点的四边形是平行四边形，求点 D 的坐标．

（3）该抛物线的对称轴上是否存在点 E，使得 $\angle ACE=45°$，若存在，求出点 E 的坐标；若不存在，请说明理由．

5．定义：若一次函数的图象与二次函数的图象有两个交点，并且都在坐标轴上，则称二次函数为一次函数的轴点函数．

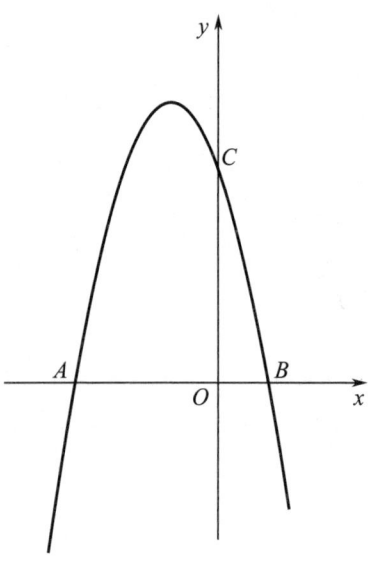

【初步理解】

（1）现有以下两个函数：①$y=x^2-1$；②$y=x^2-x$，其中，_____为函数 $y=x-1$ 的轴点函数．（填序号）

【尝试应用】

（2）函数 $y=x+c$（c 为常数，$c>0$）的图象与 x 轴交于点 A，其轴点函数 $y=ax^2+bx+c$（$a\neq 0$）与 x 轴的另一交点为点 B. 若 $OB=\dfrac{1}{4}OA$，求 b 的值．

【拓展延伸】

（3）如右图所示，函数 $y=\dfrac{1}{2}x+t$（t 为常数，$t>0$）的图象与 x 轴、y 轴分别交于 M、C 两点，在 x 轴的正半轴上取一点 N，使得 $ON=OC$. 以线段 MN 的长度为长、线段 MO 的长度为宽，在 x 轴的上方作矩形 $MNDE$. 若函数 $y=\dfrac{1}{2}x+t$（t 为常数，$t>0$）的轴点函数 $y=mx^2+nx+t$ 的顶点 P 在矩形 $MNDE$ 的边上，求 n 的值.

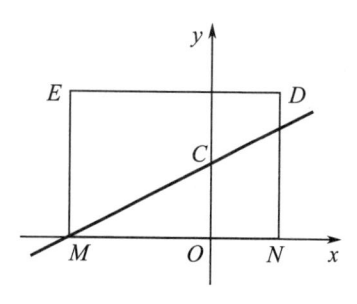

参 考 答 案

1．（1）将 $A(-3,0)$、$C(0,3)$ 代入 $y=-x^2+bx+c$，

得 $\begin{cases} c=3 \\ -9-3b+c=0 \end{cases}$，解得 $\begin{cases} b=-2 \\ c=3 \end{cases}$，$\therefore y=-x^2-2x+3$.

（2）解法一：

① 当点 P 在 $\angle DAB$ 的角平分线上时，如图 1 所示，作 $PM\perp AD$，设 $P(-1,y_0)$，

则 $PM=PD\cdot \sin\angle ADE=\dfrac{\sqrt{5}}{5}(4-y_0)$，$PE=y_0$.

$\because PM=PE$，

$\therefore \dfrac{\sqrt{5}}{5}(4-y_0)=y_0$，解得 $y_0=\sqrt{5}-1$，$P(-1,\sqrt{5}-1)$.

② 当点 P 在 $\angle DAB$ 的外角角平分线上时，如图 2 所示，

作 $PN\perp AD$，设 $P(-1,y_0)$，

则 $PN=PD\cdot \sin\angle ADE=\dfrac{\sqrt{5}}{5}(4-y_0)$，$PE=-y_0$，

$\because PN=PE$，

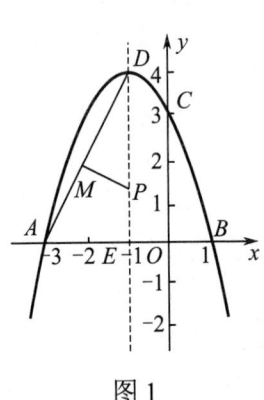

图1

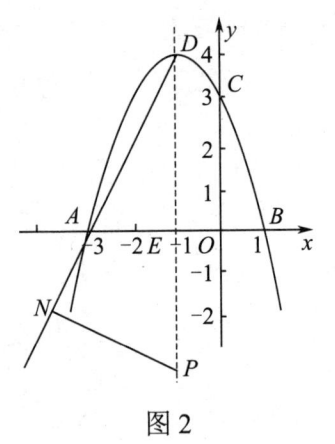

图2

$\therefore \dfrac{\sqrt{5}}{5}(4-y_0)=-y_0$，解得 $y_0=-\sqrt{5}-1$，$P(-1,-\sqrt{5}-1)$.

综上所述，P 点的坐标为 $(-1,\sqrt{5}-1)$ 或 $(-1,-\sqrt{5}-1)$.

解法二：存在，设 $P(-1,y_0)$，

易知 AD 的解析式为 $y=2x+6$，

则 $|y_0|=\dfrac{|-2+6-y_0|}{\sqrt{5}}$（利用点到直线的距离公式），

解得 $y_0=\sqrt{5}-1$ 或 $y_0=-\sqrt{5}-1$，

$\therefore P$ 的坐标为 $(-1,\sqrt{5}-1)$ 或 $(-1,-\sqrt{5}-1)$.

(3) 解法一：易知 $S_{\triangle EBC}=3$，又 $\because 2S_{\triangle FBC}=3S_{\triangle EBC}$，

$\therefore S_{\triangle FBC}=\dfrac{9}{2}$.

如图3所示，过 F 作 $FQ\perp x$ 轴，垂足为 H，交 BC 的延长线于点 Q，

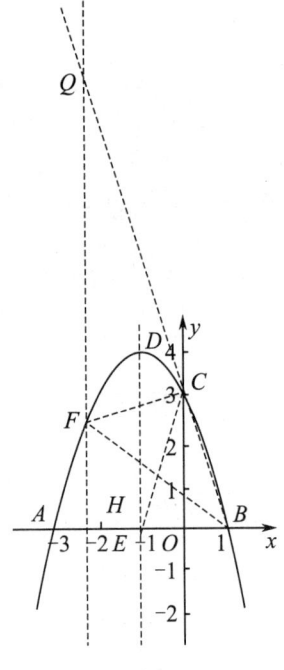

则 $S_{\triangle FBC}=S_{\triangle FQB}-S_{\triangle FQC}=\dfrac{1}{2}FQ\times BH-\dfrac{1}{2}FQ\times OH=\dfrac{1}{2}FQ\times(BH-OH)=\dfrac{1}{2}FQ\times OB=\dfrac{1}{2}FQ=\dfrac{9}{2}$，即 $FQ=9$.

图3

易知 BC 的解析式为 $y=-3x+3$,

设 $F(x_0, -x_0^2-2x_0+3)$, 则 $Q(x_0, -3x_0+3)$,

∴ $(-3x_0+3)-(-x_0^2-2x_0+3)=9$,

∴ $x_0^2-x_0-9=0$,

∴ $x_0=\dfrac{1-\sqrt{37}}{2}$ (舍去 $\dfrac{1+\sqrt{37}}{2}$),

∴ $F\left(\dfrac{1-\sqrt{37}}{2}, \dfrac{3\sqrt{37}-15}{2}\right)$.

解法二：易知 $S_{\triangle EBC}=3$, BC 的解析式为 $y=-3x+3$, 又 ∵ $2S_{\triangle FBC}=3S_{\triangle EBC}$,

∴ $S_{\triangle FBC}=\dfrac{9}{2}$.

如图 4 所示, 过 F 点作 $FG // BC$, 交 x 轴于 G 点, 显然 $S_{\triangle FBC}=S_{\triangle GBC}=\dfrac{9}{2}$.

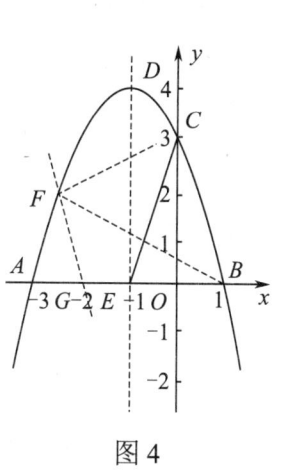

则 $GB=\dfrac{2S_{\triangle GBC}}{OC}=3$, 可得 $G(-2,0)$.

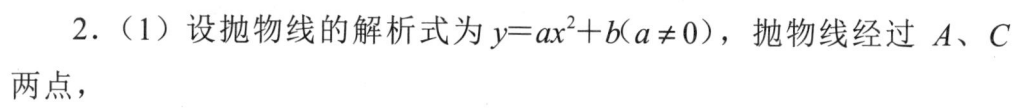

∵ $k_{GF}=k_{BC}=-3$,

∴ GF 的解析式为 $y=-3x-6$,

联立 $\begin{cases} y=-x^2-2x+3 \\ y=-3x-6 \end{cases}$,

解得 $x_1=\dfrac{1-\sqrt{37}}{2}$, $x_2=\dfrac{1+\sqrt{37}}{2}$ (舍去),

∴ $F\left(\dfrac{1-\sqrt{37}}{2}, \dfrac{3\sqrt{37}-15}{2}\right)$.

图 4

2.（1）设抛物线的解析式为 $y=ax^2+b(a\neq 0)$, 抛物线经过 A、C 两点,

由正方形性质可得 $A(-8,0)$, $C(0,8)$, 代入解析式得

$\begin{cases} a(-8)^2+b=0 \\ b=8 \end{cases}$, ∴ $\begin{cases} a=-\dfrac{1}{8} \\ b=8 \end{cases}$.

即抛物线的解析式为 $y=-\dfrac{1}{8}x^2+8$.

（2）正确. 理由：设 P 点的坐标为 $\left(m,-\dfrac{1}{8}m^2+8\right)$.

$\because PF\perp BC$，$\therefore F(m,8)$，$\therefore PF=8-\left(-\dfrac{1}{8}m^2+8\right)=\dfrac{1}{8}m^2$.

过 P 作 $PQ\perp y$ 轴于点 Q（见右图），则 $Q\left(0,-\dfrac{1}{8}m^2+8\right)$，

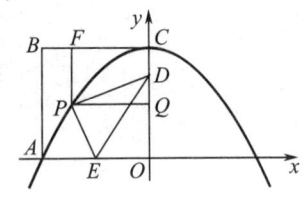

在 Rt$\triangle PDQ$ 中，

$PD=\sqrt{m^2+\left[6-\left(-\dfrac{1}{8}m^2+8\right)\right]^2}=\sqrt{\left(\dfrac{1}{8}m^2+2\right)^2}=\dfrac{1}{8}m^2+2$，

$\therefore PD-PF=\dfrac{1}{8}m^2+2-\dfrac{1}{8}m^2=2$.

（3）"好点"共 11 个.

在点 P 运动时，DE 的大小不变，$\therefore PE$ 与 PD 的和最小时，$\triangle PDE$ 的周长最小.

$\because PD-PF=2$，$\therefore PD=PF+2$，$\therefore PE+PD=PE+PF+2$.

当 P、E、F 三点共线时，$PE+PF$ 最小，

此时，点 P、E 的横坐标都为 -4，将 $x=-4$ 代入 $y=-\dfrac{1}{8}x^2+8$，得 $y=6$，

$\therefore P(-4,6)$，此时$\triangle PDE$ 的周长最小，且$\triangle PDE$ 的面积为 12，点 P 恰为"好点".

$\therefore \triangle PDE$ 周长最小时点 P 的坐标为 $(-4,6)$.

提示：$\triangle PDE$ 的面积 $S=-\dfrac{1}{4}x^2-3x+4=-\dfrac{1}{4}(x+6)^2+13$.

由于 $-8\leqslant x\leqslant 0$，可得 $4\leqslant S\leqslant 13$，所以 S 的整数值有 10 个.

由图象可知，当 $S=12$ 时，对应的"好点"有 2 个，所以"好点"共有 11 个.

3.（1）如图1所示，新函数的两条性质：

①函数的最小值为0；

②函数图象的对称轴为直线 $x=-3$.

由题意得 A 点坐标为 $(-3,0)$.

$x \geqslant -3$ 时，显然 $y=x+3$；

当 $x<-3$ 时，设其解析式为 $y=k_1x+b$ $(k_1 \neq 0)$.

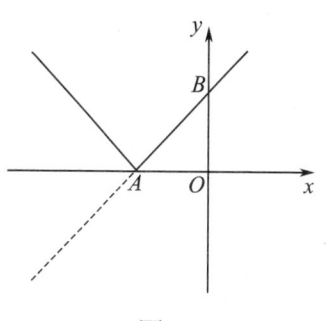

图1

在直线 $y=x+3$ 中，当 $x=-4$ 时，$y=-1$，

则点 $(-4,-1)$ 关于 x 轴的对称点为 $(-4,1)$.

把 $(-4,1)$、$(-3,0)$ 代入 $y=k_1x+b$，

得 $\begin{cases} -4k_1+b=1 \\ -3k_1+b=0 \end{cases}$，解得 $\begin{cases} k_1=-1 \\ b=-3 \end{cases}$，

$\therefore y=-x-3$.

综上所述，新函数的解析式为 $y=\begin{cases} x+3, & x \geqslant -3 \\ -x-3, & x<-3 \end{cases}$.

（2）如图2所示，

① $\because$ 点 $C(1,a)$ 在直线 $y=x+3$ 上，

$\therefore a=1+3=4$.

$\because$ 点 $C(1,4)$ 在双曲线 $y=\dfrac{k}{x}$ 上，

$\therefore k=1 \times 4=4$，$\therefore y=\dfrac{4}{x}$ $(x>0)$.

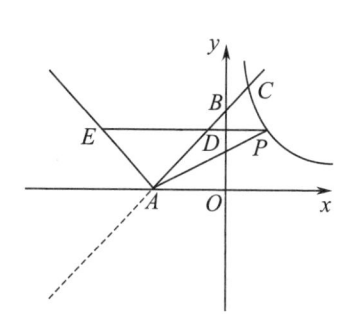

$\because$ 点 D 是线段 AC 上一动点（不包括端点），

$\therefore$ 可设点 D 的坐标为 $(m,m+3)$，且 $-3<m<1$.

图2

$\because DP \parallel x$ 轴，且点 P 在双曲线上，

$\therefore P\left(\dfrac{4}{m+3},m+3\right)$.

$\therefore PD=\dfrac{4}{m+3}-m$，

∴△PAD 的面积为 $S_{\triangle PAD}=\dfrac{1}{2}\left(\dfrac{4}{m+3}-m\right)\times(m+3)=-\dfrac{1}{2}m^2-\dfrac{3}{2}m+2=$
$-\dfrac{1}{2}\left(m+\dfrac{3}{2}\right)^2+\dfrac{25}{8}$.

∵ $a=-\dfrac{1}{2}<0$,

∴当 $m=-\dfrac{3}{2}$ 时, S 有最大值, 为 $\dfrac{25}{8}$.

又∵ $-3<-\dfrac{3}{2}<1$,

∴△PAD 的面积的最大值为 $\dfrac{25}{8}$.

② 在点 D 运动的过程中, 四边形 PAEC 不能为平行四边形.

理由如下:

当点 D 为 AC 的中点时, 其坐标为 $(-1,2)$, 此时 P 点的坐标为 $(2,2)$, E 点的坐标为 $(-5,2)$,

∵ $DP=3$, $DE=4$,

∴EP 与 AC 不能互相平分,

∴四边形 PAEC 不能为平行四边形.

4.(1)把点 A 的坐标代入解析式得 $b=-\dfrac{8}{3}$,

∴抛物线的解析式为 $y=-\dfrac{4}{3}x^2-\dfrac{8}{3}x+4$,

∴点 C 的坐标为 $(0,4)$, 点 B 的坐标为 $(1,0)$.

(2)以 A、B、C、D 为顶点的四边形是平行四边形, 分三种情况:

①若 AC 为对角线, 设 AC 的中点为 F, 则根据中点坐标公式可得点 F 的坐标为 $\left(-\dfrac{3}{2},2\right)$.

设点 D 的坐标为 (a,b), 则有 $\begin{cases}\dfrac{1+a}{2}=-\dfrac{3}{2},\\ \dfrac{0+b}{2}=2\end{cases}$

解得 $a=-4$，$b=4$，此时点 D 的坐标为（$-4,4$）；

②若以 AB 为对角线，设 AB 的中点为 F，则点 F 的坐标为（$-1,0$），

设点 D 的坐标为（a,b），则有 $\begin{cases} \dfrac{0+a}{2}=-1 \\ \dfrac{4+b}{2}=0 \end{cases}$，

解得 $a=-2$，$b=-4$，此时点 D 的坐标为（$-2,-4$）；

③若以 BC 为对角线，设 BC 的中点为 F，则点 F 的坐标为（$\dfrac{1}{2},2$），

设点 D 的坐标为（a,b），则有 $\begin{cases} \dfrac{-3+a}{2}=\dfrac{1}{2} \\ \dfrac{0+b}{2}=2 \end{cases}$，

解得 $a=4$，$b=4$，此时点 D 的坐标为（$4,4$）.

综上所述，点 D 的坐标为（$-4,4$）、（$-2,-4$）或（$4,4$）.

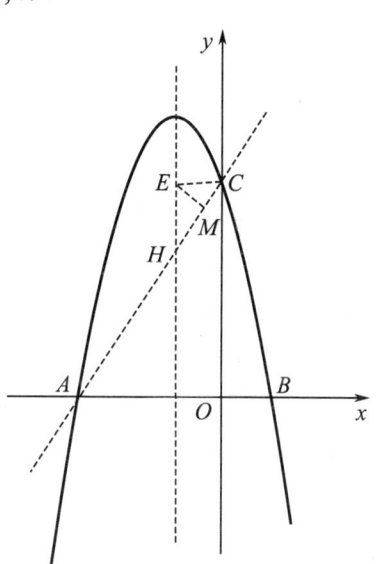

（3）存在，理由如下：

$\tan\angle ACO=\dfrac{AO}{CO}=\dfrac{3}{4}<1$，$\therefore \angle ACO<45°$，

$\therefore E$ 不可能出现在直线 AC 的下方，也不可能在直线 AC 上.

当点 E 在直线 AC 的上方时，$\angle ACE=45°$，过点 E 作 $EM\perp AC$，如右图所示.

根据点 A（$-3,0$）和点 C（$0,4$）可得直线 AC 的解析式为 $y=\dfrac{4}{3}x+4$，设直线 AC 与对称轴交于点 H，$\therefore$ 点 H（$-1,\dfrac{8}{3}$），$HC=\dfrac{5}{3}$.

$\because EH/\!/y$ 轴，$\therefore \angle EHM=\angle HCO$，

$\therefore \tan\angle EHM=\tan\angle HCO=\dfrac{3}{4}=\dfrac{EM}{HM}$，

∴ $EM = \dfrac{3}{4}HM$.

∵ $\angle ACE = 45°$，∴ $EM = CM$，

∴ $HC = HM + CM$，即 $\dfrac{5}{3} = HM + \dfrac{3}{4}HM$，解得 $HM = \dfrac{20}{21}$，∴ $EM = \dfrac{5}{7}$．

在 Rt△EMH 中，$EH = \sqrt{EM^2 + HM^2}$，解得 $EH = \dfrac{25}{21}$，

∴ 点 E 的纵坐标为 $\dfrac{8}{3} + \dfrac{25}{21} = \dfrac{27}{7}$，∴ 点 E 的坐标为 $(-1, \dfrac{27}{7})$．

5．(1) ∵ 函数 $y = x - 1$ 与 x 轴的交点坐标为 $(1, 0)$，与 y 轴的交点坐标为 $(0, -1)$，

函数 $y = x^2 - 1$ 与 x 轴的交点坐标为 $(1, 0)$、$(-1, 0)$，与 y 轴的交点坐标为 $(0, -1)$，

函数 $y = x^2 - x$ 与 x 轴的交点坐标为 $(1, 0)$，与 y 轴的交点坐标为 $(0, 0)$，

∴ 函数 $y = x^2 - 1$ 为函数 $y = x - 1$ 的轴点函数，函数 $y = x^2 - x$ 不是函数 $y = x - 1$ 的轴点函数，

故答案为①．

(2) 令 $y = 0$，得 $x + c = 0$，解得 $x = -c$，∴ $A(-c, 0)$．

令 $x = 0$，得 $y = c$，∴ 函数 $y = x + c$（c 为常数，$c > 0$）的图象与 y 轴交于点 $(0, c)$．

∵ 其轴点函数 $y = ax^2 + bx + c$ 经过点 $A(-c, 0)$，

∴ $ac^2 - bc + c = 0$，且 $c > 0$，∴ $ac - b + 1 = 0$，即 $b = ac + 1$，∴ $y = ax^2 + (ac + 1)x + c$．

设 $B(x', 0)$，则 $x' \cdot (-c) = \dfrac{c}{a}$，

∴ $x' = -\dfrac{1}{a}$，∴ $B(-\dfrac{1}{a}, 0)$，∴ $OB = \left|\dfrac{1}{a}\right|$，$OA = c$．

∵ $OB = \dfrac{1}{4}OA$，∴ $\left|\dfrac{1}{a}\right| = \dfrac{1}{4}c$，∴ $ac = \pm 4$，∴ $b = 5$ 或 -3．

(3) 由题意得 $M(-2t,0)$, $C(0,t)$, $N(t,0)$,

∵ 四边形 MNDE 是矩形，$ME=OM=2t$，∴ $D(t,2t)$, $E(-2t,2t)$.

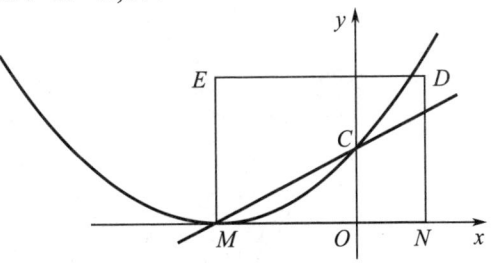

当 $m>0$ 时，轴点函数 $y=mx^2+nx+t$ 的顶点 P 与点 M 重合，即 $P(-2t,0)$，如右图所示，

∴ $\begin{cases} n^2-4mt=0 \\ -\dfrac{n}{2m}=-2t \end{cases}$, ∴ $n^2-n=0$, 且 $n\neq 0$, ∴ $n=1$；

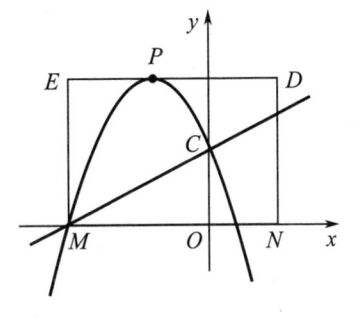

当 $m<0$ 时，轴点函数 $y=mx^2+nx+t$ 的顶点 P 在 DE 边上，即 $P(x,2t)$，如右图所示，

∴ $\begin{cases} 4mt^2-2nt+t=0 \\ \dfrac{4mt-n^2}{4m}=2t \end{cases}$,

消去 m、t，得 $n^2+2n-1=0$, 解得 $n_1=\sqrt{2}-1$, $n_2=-\sqrt{2}-1$.

∵ 函数 $y=mx^2+nx+t$ 的对称轴在 y 轴左侧，∴ n 与 m 同号，即 $n<0$,

∴ $n=-\sqrt{2}-1$.

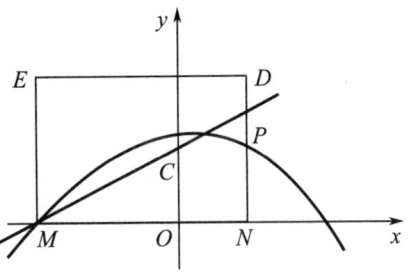

当 $m<0$ 时，轴点函数 $y=mx^2+nx+t$ 的顶点 P 在 DN 边上，即 $P(t,s)$，如右图所示，

∴ $\begin{cases} 4mt^2-2nt+t=0 \\ -\dfrac{n}{2m}=t \end{cases}$, ∴ $n=\dfrac{1}{4}$.

综上所述，n 的值为 1、$-\sqrt{2}-1$ 或 $\dfrac{1}{4}$.

方法篇

第21节 一次函数中 k、b 的作用

我们学习了一次函数的知识后,知道一次函数 $y=kx+b$（$k\neq 0$）的图象是一条直线,这条直线的位置由 k 与 b 的符号决定,具体情况如图1至图4所示.

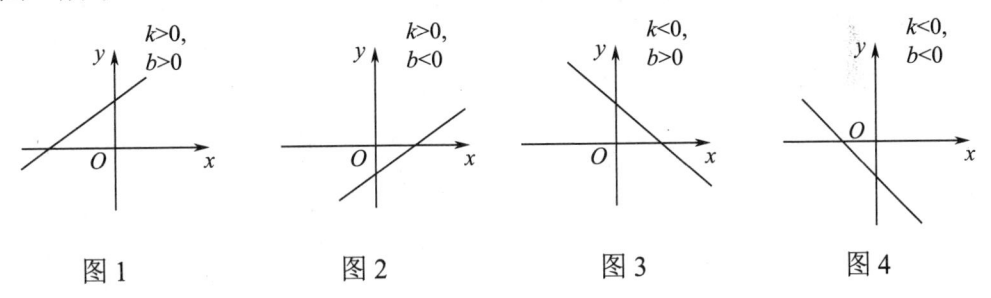

图1　$k>0$，$b>0$

图2　$k>0$，$b<0$

图3　$k<0$，$b>0$

图4　$k<0$，$b<0$

由图可知,当 $k>0$ 时,直线 $y=kx+b$ 经过第一、第三象限,y 随 x 的增大而增大;当 $k<0$ 时,直线 $y=kx+b$ 经过第二、第四象限,y 随 x 的增大而减小. b 决定直线 $y=kx+b$ 与 y 轴的交点的位置,$b>0$,直线 $y=kx+b$ 交 y 轴于正半轴;$b<0$,直线 $y=kx+b$ 交 y 轴于负半轴. 利用这些性质可以解决诸多问题.

一、确定字母的正负

例1 如果直线 $y=ax+b$（$a\neq 0$）经过第一、第二、第三象限,那么 ab_____0（填"$>$""$<$"或"$=$"）.

【解答】 已知直线 $y=ax+b$ 经过第一、第二、第三象限,可先画出草图,由图可知 $a>0$,$b>0$. 所以 $ab>0$,故填"$>$".

二、比较函数值的大小

例2 点 $P_1(x_1,y_1)$ 和点 $P_2(x_2,y_2)$ 是一次函数 $y=-4x+3$ 图象上的

两个点，且 $x_1 < x_2$，则 y_1 与 y_2 的大小关系是（   ）.

  A．$y_1 > y_2$ B．$y_1 > y_2 > 0$

  C．$y_1 < y_2$ D．$y_1 = y_2$

【解答】 由一次函数 $y = -4x + 3$ 可知，$k = -4 < 0$，且 $x_1 < x_2$，根据一次函数 $y = kx + b$（$k \neq 0$）的性质：当 $k < 0$ 时，y 随 x 的增大而减小，得 $y_1 > y_2$．故选 A．

三、确定函数的大致图象

例3 在下列图象中，表示一次函数 $y = mx + n$ 与正比例函数 $y = mnx$（m、n 是常数且 $mn \neq 0$）图象的是（   ）.

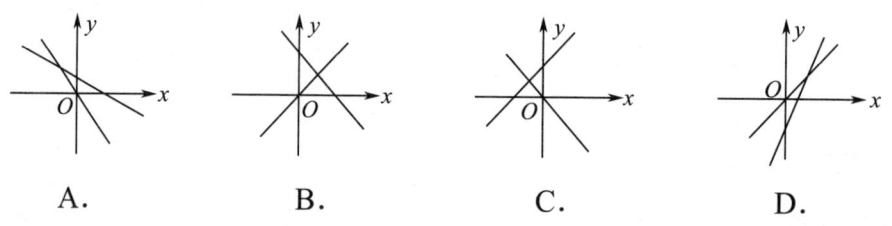

A.   B.   C.   D.

【解答】 对于两个不同函数图象共存在同一平面直角坐标系的问题，常假设某一图象正确后根据字母系数的正负来判断另一图象是否正确．对于此题，假设选项 B 中的直线 $y = mx + n$ 正确，则 $m < 0$，$n > 0$，$mn < 0$，则正比例函数 $y = mnx$ 应过第二、第四象限，所以选项 B 错误；同理可得选项 C、D 错误，只有选项 A 正确，故选 A．

跟 踪 训 练

1．已知一次函数 $y = kx + k$（$k \neq 0$），且 y 随着 x 的增大而减小，则该函数图象不经过（   ）.

  A．第一象限   B．第二象限

  C．第三象限   D．第四象限

2. 如果一次函数 $y=kx+(k-1)(k\neq 0)$ 的图象经过第一、第三、第四象限，则 k 的取值范围是（   ）.

   A. $k<1$　　　B. $k<0$　　　C. $0<k<1$　　　D. $k>1$

3．下列图象中，不可能是关于 x 的函数 $y=mx-(m-3)$ 的图象的是（   ）.

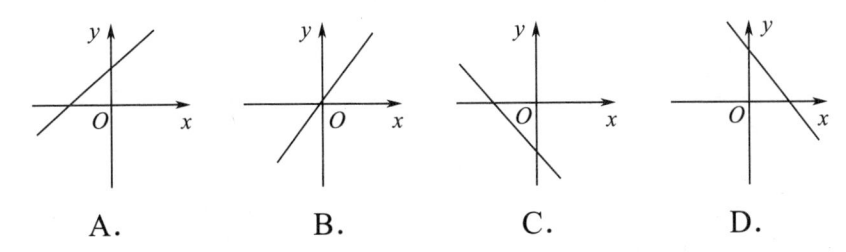

A.　　　　B.　　　　C.　　　　D.

4．已知一次函数 $y=-2x+b$ 过点 $A(-1,y_1)$ 和点 $B(3,y_2)$，则 y_1 与 y_2 的大小关系是（   ）.

   A. $y_1<y_2$　　B. $y_1>y_2$　　C. $y_1=y_2$　　D. $y_1\leqslant y_2$

5．关于一次函数 $y=x+1$，下列说法正确的是（   ）.

   A. 图象经过第一、第三、第四象限

   B. 图象与 y 轴交于点 $(0,1)$

   C. 函数值 y 随自变量 x 的增大而减小

   D. 当 $x>-1$ 时，$y<0$

6．已知一次函数 $y=kx+b(k\neq 0)$ 中自变量的取值范围是 $-2\leqslant x\leqslant 6$，相应的函数值的范围为 $-11\leqslant x\leqslant 9$，求此函数的解析式．

参 考 答 案

1．A．2．C．3．C．4．B．5．B．

6．① 当 $k>0$ 时，根据题意，得 $\begin{cases}-2k+b=-11,\\ 6k+b=9\end{cases}$，

解得 $\begin{cases} k=\dfrac{5}{2}, \\ b=-6 \end{cases}$

所求一次函数的解析式为 $y=\dfrac{5}{2}x-6$；

② 当 $k<0$ 时，根据题意，得 $\begin{cases} -2k+b=9 \\ 6k+b=-11 \end{cases}$,

解得 $\begin{cases} k=-\dfrac{5}{2}, \\ b=4 \end{cases}$

所求一次函数的解析式为 $y=-\dfrac{5}{2}x+4$.

一次函数与二元一次方程组的几种题型

第 22 节

一次函数与二元一次方程组密切相关，已知一次函数图象的交点，可以求得相应的二元一次方程的解，也可以确定一次函数的解析式，进而确定二元一次方程组．请看以下几种常见类型．

一、确定方程组的解

例1 如右图所示，已知函数 $y=ax+b$ 和 $y=kx$ 的图象交于点 P，则根据图象可得，关于 x、y 的二元一次方程组 $\begin{cases} y=ax+b \\ y=kx \end{cases}$ 的解是_____．

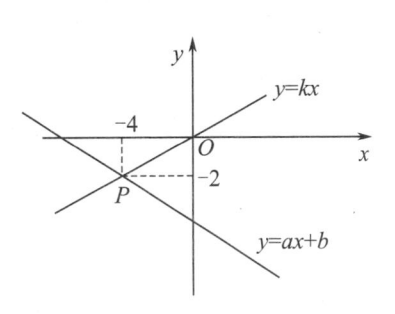

【分析】观察图象可知直线 $y=ax+b$ 与 $y=kx$ 的交点 P 的坐标为 $(-4,-2)$，这说明 $x=-4$，$y=-2$ 既满足方程 $y=ax+b$，又满足方程 $y=kx$．

【解答】观察图象可知方程组 $\begin{cases} y=ax+b \\ y=kx \end{cases}$ 的解为 $\begin{cases} x=-4 \\ y=-2 \end{cases}$．

【点评】两条直线的交点坐标对应的值是两条直线构成的二元一次方程组的解，从图象上观察到交点坐标，可直接写出方程组的解．

二、确定方程组

例2 请根据右图所提供的信息，解答下面的问题：

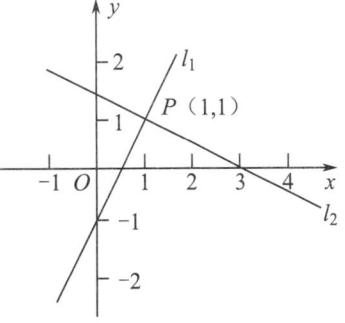

（1）分别写出 l_1、l_2 中变量 y 随 x 的变化而变化的情况．

（2）求出一个二元一次方程组，使它满足图象中的条件．

【分析】本题是一道已知函数图象求二元一次方程组的问题．要求满足图象的二元一次方程组，则只需求出两条直线的解析式，然后组成方程组．观察图象可知直线 l_1 经过点 $P(1,1)$ 和 $(0,-1)$；直线 l_2 经过点 $P(1,1)$ 和 $(3,0)$，只要设出 l_1、l_2 的解析式，然后通过待定系数法求解即可．

【解答】（1）l_1：y 的值随 x 的增大而增大；l_2：y 的值随 x 的增大而减小．

（2）设直线 l_1、l_2 的函数解析式分别为 $y=a_1x+b_1$，$y=a_2x+b_2$，

由题意得 $\begin{cases} a_1+b_1=1 \\ b_1=-1 \end{cases}$，$\begin{cases} a_2+b_2=1 \\ 3a_2+b_2=0 \end{cases}$，

解得 $\begin{cases} a_1=2 \\ b_1=-1 \end{cases}$，$\begin{cases} a_2=-\dfrac{1}{2} \\ b_2=\dfrac{3}{2} \end{cases}$，

所以直线 l_1、l_2 的函数解析式分别为 $y=2x-1$，$y=-\dfrac{1}{2}x+\dfrac{3}{2}$．

所以所求的方程组为 $\begin{cases} y=2x-1 \\ y=-\dfrac{1}{2}x+\dfrac{3}{2} \end{cases}$ 或 $\begin{cases} 2x-y=1 \\ x+2y=3 \end{cases}$．

【点评】根据一次函数的图象确定相应的二元一次方程组，实质上是根据图象所经过的点的坐标，利用待定系数法，确定两直线的函数解析式．

三、确定函数解析式

例3 如右图所示，直线 l_1 与 l_2 相交于点 P，l_1 的函数解析式为 $y=2x+3$，点 P 的横坐标为 -1，且 l_2 交 y 轴于点 $A(0,-1)$．求直线 l_2 的函数解析式．

【分析】设直线 l_2 的解析式为 $y=kx+b$，根据已知的直线 l_1：$y=2x+3$ 与直线 l_2：$y=kx+b$

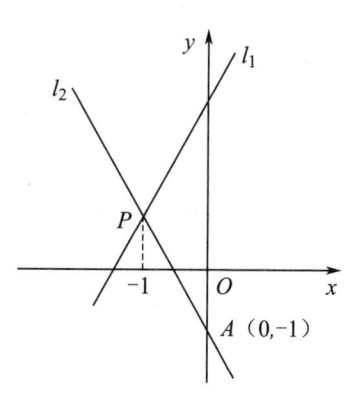

246

的交点 P 的横坐标为 -1，可以设 P 点的坐标为 $(-1,n)$，则 $x=-1$，$y=n$ 是 $y=2x+3$ 和 $y=kx+b$ 组成的方程组的解．将 $x=-1$，$y=n$ 代入 $y=2x+3$ 可确定 $n=1$，则直线 $y=kx+b$ 经过点 $(-1,1)$ 和点 $(0,-1)$，利用待定系数法可以求得直线 l_2 的解析式．

【解答】设点 P 的坐标为 $(-1,n)$，因为点 P 在直线 $y=2x+3$ 上，

所以 $n=2\times(-1)+3=1$.

设直线 l_2 的函数解析式为 $y=kx+b$，因为其经过点 $P(-1,1)$ 和点 $A(0,-1)$，

所以 $\begin{cases} -k+b=1 \\ b=-1 \end{cases}$，

解得 $\begin{cases} k=-2 \\ b=-1 \end{cases}$.

所以直线 l_2 的函数解析式为 $y=-2x-1$.

【点评】本题实际是通过列方程组的方法求直线的函数解析式，其关键是确定直线上两个点的坐标，然后利用待定系数法求解.

跟踪训练

1. 如右图所示，直线 l_1 与 l_2 的交点坐标可以看作下列哪个方程组的解？（　　）

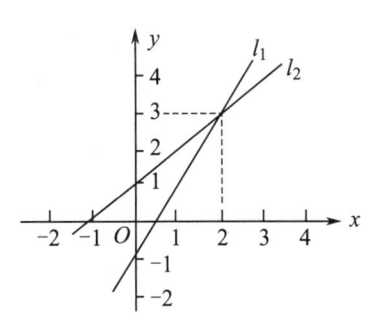

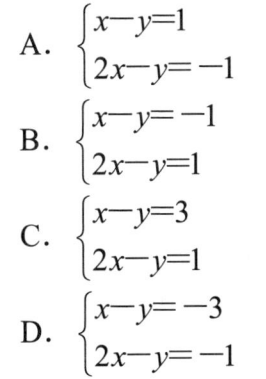

A. $\begin{cases} x-y=1 \\ 2x-y=-1 \end{cases}$

B. $\begin{cases} x-y=-1 \\ 2x-y=1 \end{cases}$

C. $\begin{cases} x-y=3 \\ 2x-y=1 \end{cases}$

D. $\begin{cases} x-y=-3 \\ 2x-y=-1 \end{cases}$

2. 如右图所示，直线 l_1 和 l_2 的交点坐标为（　）．

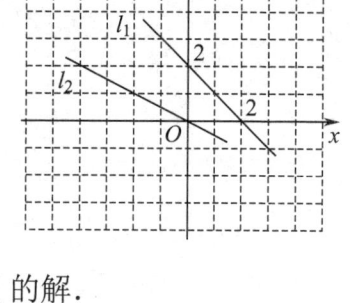

  A．（4，-2） B．（2，-4）

  C．（-4，2） D．（3，-1）

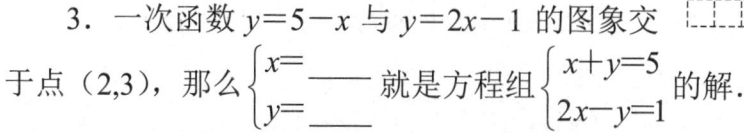

3. 一次函数 $y=5-x$ 与 $y=2x-1$ 的图象交于点（2，3），那么 $\begin{cases} x= \underline{\ \ \ } \\ y= \underline{\ \ \ } \end{cases}$ 就是方程组 $\begin{cases} x+y=5 \\ 2x-y=1 \end{cases}$ 的解．

4. 如右图所示，已知一次函数 $y=ax+b$（$a\neq 0$）和正比例函数 $y=kx$（$k\neq 0$）的图象交于点 P，则根据图象可得二元一次方程组 $\begin{cases} y=ax+b \\ y=kx \end{cases}$ 的解是 ＿＿＿＿．

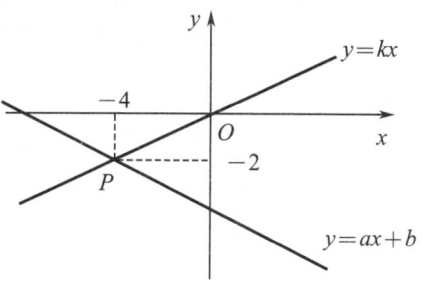

5. 已知一次函数 $y=kx+b$（$k\neq 0$）的图象经过点（1，3）和（-1，2），则 $k^2-b^2=$ ＿＿＿＿．

6. 如右图所示，已知一次函数 $y=2x+3$ 与 $y=-2x-1$ 的图象与 y 轴分别交于点 A、B．

（1）求点 A、点 B 的坐标．

（2）求两个一次函数图象的交点 C 的坐标．

（3）求 $\triangle ABC$ 的面积．

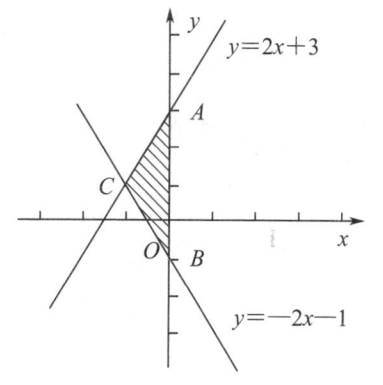

参 考 答 案

1. B． 2. A． 3. 2，3． 4. $\begin{cases} x=-4 \\ y=-2 \end{cases}$． 5. -6．

6. （1）A（0，3），B（0，-1）．（2）C（-1，1）．（3）2．

第23节 与反比例函数图象有关的面积问题

同学们在练习中经常会遇到与反比例函数图象有关的面积问题,这类问题的解决方法是有技巧的.其实,反比例函数中的"k"对函数的图象、性质影响巨大,请同学们通过下列例题感受一下.

一、问题分析

例1 问题:在一个反比例函数图象上任取两点 P、Q,过点 P 分别作 x 轴、y 轴的平行线,与坐标轴围成的矩形面积为 S_1;过点 Q 分别作 x 轴、y 轴的平行线,与坐标轴围成的矩形面积为 S_2. S_1 与 S_2 有什么关系?为什么?

【分析】如右图所示,设 $P(x_1,y_1)$、$Q(x_2,y_2)$ 是反比例函数 $y=\dfrac{k}{x}$($k \neq 0$)上的两点,则将 P、Q 的坐标分别代入解析式,可发现 $x_1y_1=k=x_2y_2$. 再由矩形的面积公式便可得出 $S_1=S_2$.

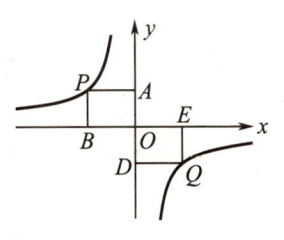

【解答】过点 P 分别作 x 轴、y 轴的平行线,交 y 轴、x 轴于点 A、B,过点 Q 分别作 x 轴、y 轴的平行线,交 y 轴、x 轴于点 D、E. 设点 P 的坐标为 (x_1,y_1),点 Q 的坐标为 (x_2,y_2).

$\because$ 点 P、Q 都在反比例函数 $y=\dfrac{k}{x}$($k \neq 0$)的图象上,

$\therefore x_1y_1=k$, $x_2y_2=k$.

作图可知四边形 $PAOB$ 及四边形 $QDOE$ 都是矩形,

$\therefore$ 矩形 $PAOB$ 的面积 $S_1=PA \cdot PB = |x_1| \cdot |y_1| = |x_1y_1| = |k|$,

矩形 $QDOE$ 的面积 $S_2=QD \cdot QE = |x_2| \cdot |y_2| = |x_2y_2| = |k|$.

∴ $S_1 = S_2$.

【点评】 由此，我们得出系数 k 的几何意义：过双曲线上任意一点 $P(x,y)$ 分别作 x 轴、y 轴的垂线，两垂线与坐标轴所围成的矩形的面积为 $|k|$.

二、知识运用

例2 如右图所示，点 P 在反比例函数的图象上，过点 P 作 $PA \perp x$ 轴于点 A，过点 P 作 $PB \perp y$ 轴于点 B，矩形 $OAPB$ 的面积为 9，则反比例函数的解析式为_____.

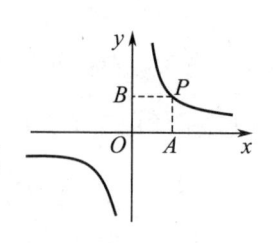

【解答】 由题意得 $|k| = 9$，

又 ∵ 双曲线的两支分布在第一、第三象限，

∴ $k > 0$，故 $k = 9$.

∴ 所求反比例函数的解析式为 $y = \dfrac{9}{x}$.

三、巧妙求解

例3 如右图所示，如果函数 $y = -x$ 与 $y = -\dfrac{4}{x}$ 的图象交于 A、B 两点，过点 A 作 AC 垂直于 y 轴，垂足为点 C，则 $\triangle BOC$ 的面积为_____.

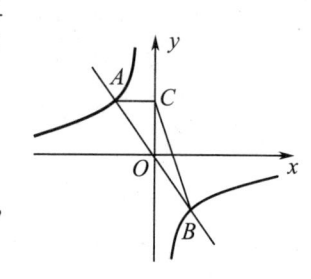

【解答】 由 $y = -x$ 与 $y = -\dfrac{4}{x}$ 相交，得 $-x = -\dfrac{4}{x}$，

即 $x^2 = 4$，

∴ $x = \pm 2$，所以 A 点的坐标为 $(-2, 2)$.

∴ $\triangle AOC$ 的面积 $S = \dfrac{1}{2}|k| = 2$.

又 ∵ 点 A 与点 B 关于原点对称，

∴ $OA = OB$，即 $\triangle BOC$ 的面积等于 $\triangle AOC$ 的面积，

∴ $\triangle BOC$ 的面积为 2.

【点评】 灵活运用 k 的几何意义可以帮助我们解决很多问题,希望同学们能够掌握这一知识.

跟踪训练

1. 如右图所示,点 P 是反比例函数 $y = -\dfrac{2}{x}$ 图象上的一点,PD 垂直于 x 轴于点 D,则 $\triangle POD$ 的面积为( ).

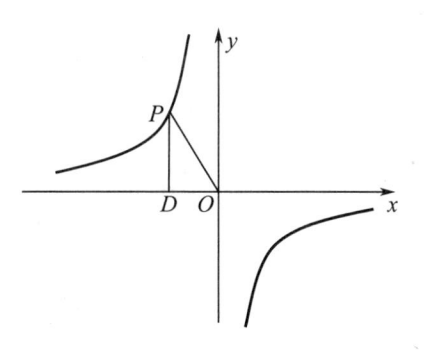

  A. 1   B. 2   C. 3   D. 4

2. 如右图所示,正比例函数 $y = x$ 与反比例函数 $y = \dfrac{1}{x}$ 的图象相交于 A、C 两点,$AB \perp x$ 轴于点 B,$CD \perp x$ 轴于点 D,则四边形 $ABCD$ 的面积为( ).

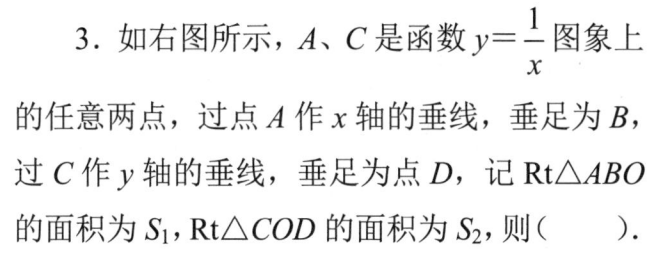

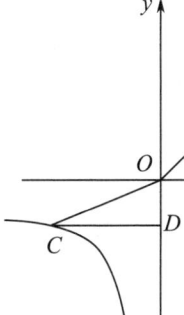

  A. 1   B. $\dfrac{3}{2}$

  C. 2   D. $\dfrac{5}{2}$

3. 如右图所示,A、C 是函数 $y = \dfrac{1}{x}$ 图象上的任意两点,过点 A 作 x 轴的垂线,垂足为 B,过 C 作 y 轴的垂线,垂足为点 D,记 $\text{Rt}\triangle ABO$ 的面积为 S_1,$\text{Rt}\triangle COD$ 的面积为 S_2,则( ).

  A. $S_1 > S_2$

  B. $S_1 = S_2$

  C. $S_1 < S_2$

  D. S_1 和 S_2 的大小关系不能确定

4. 如右图所示，点 A 是反比例函数 $y=\dfrac{12}{x}$（$x>0$）的图象上的一点，过点 A 作 $AC\perp x$ 轴于点 C，AC 交反比例函数 $y=\dfrac{k}{x}$（$k\neq 0$）（$x>0$）的图象于点 B，点 P 是 y 轴正半轴上的一点．若 $\triangle PAB$ 的面积为 2，则 k 的值为_____．

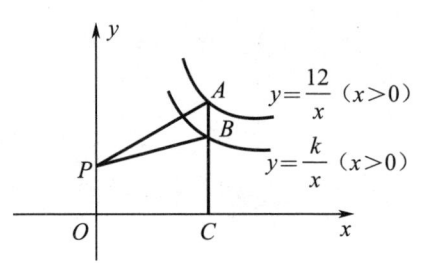

5. 如右图所示，反比例函数 $y=\dfrac{k}{x}$（$k\neq 0$）的图象经过矩形 $ABCD$ 对角线的交点 E 和点 A，点 B、C 在 x 轴上，$\triangle OCE$ 的面积为 6，则 $k=$_____．

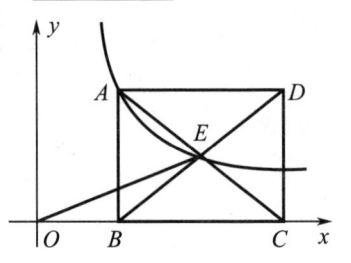

6. 如右图所示，已知双曲线 $y=\dfrac{k}{x}$（$k\neq 0$，$x>0$）经过矩形 $OABC$ 的边 AB、BC 的中点 F、E，且四边形 $OEBF$ 的面积为 2，求 k 的值．

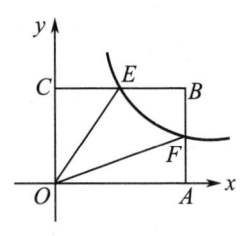

参 考 答 案

1. A． 2. C． 3. B． 4. 8． 5. 8．

6. 设点 B 的坐标为 $(2a,2b)$，则点 E 的坐标为 $(a,2b)$，点 F 的坐标为 $(2a,b)$，$\therefore k=2ab$．

$\because 4ab-\dfrac{1}{2}\times 2ab\times 2=2$，

$\therefore 2ab=2$，即 $k=2$．

第24节 系数符号确定法

二次函数 $y=ax^2+bx+c$（$a\neq 0$）中，有关系数 a、b、c 的符号确定问题，是初学者感到比较难的问题．其实，一般情况下，我们可以把二次函数的性质和图象有效地结合起来，请看下面的方法．

一、用坐标

例1 已知 $P(m,a)$ 是抛物线 $y=ax^2+m^2x$（$a\neq 0$）上的点，且抛物线开口向上，则 $Q(a+m, m^2)$ 在第几象限？

【解答】因为点 P 在抛物线上，所以 $a=am^2+m^3$（$m\neq 0$）．于是，$a=(a+m)m^2$，而抛物线开口向上，则 $a>0$，从而 $a+m>0$，$m^2>0$，所以 $P(a+m, m^2)$ 在第一象限．

【点评】本题的解题方法是，把已知点的坐标代入二次函数解析式中，得出一个方程，再由抛物线的开口方向，得出 $a>0$，求得点所在的象限，体现了转化思想的灵活运用．

二、用图象

例2 已知二次函数 $y=ax^2+bx+c$（$a\neq 0$）的图象如右图所示，有下列 4 个结论：①$abc>0$；②$a+c>b$；③$4a+2b+c>0$；④$a+b>m(am+b)$（$m\neq 1$），其中正确的结论有（　　）．

A. 1个　　B. 2个
C. 3个　　D. 4个

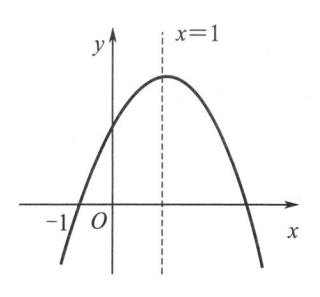

【解答】先观察图象确定 a、b、c 的符号：抛物线的开口向下，所以 $a<0$；抛物线的对称轴在 y 轴的右侧，得 $-\dfrac{b}{2a}>0$，则有 $b>0$；抛物线与 y 轴交于正半轴，所以 $c>0$，所以 $abc<0$.

结合图象，$x=-1$ 时，$y=a-b+c<0$，即 $a+c<b$；

$x=2$ 时，$y=4a+2b+c>0$.

当 $x=1$ 时，y 的值最大，为 $a+b+c$. 当 $x=m$ 时，$y=am^2+bm+c$（$m\neq 1$）.

所以有 $a+b+c>am^2+bm+c$（$m\neq 1$），即 $a+b>m(am+b)$（$m\neq 1$）.

综上所述，所有正确结论的序号是③④，应选 B.

【点评】本题通过观察图象，从中发现开口方向、顶点位置，并运用图中所给出的数值综合分析，充分显示了数形结合思想的巨大威力.

三、用表格

例3 二次函数 $y=ax^2+bx+c$（$a\neq 0$，a，b，c 是常数）中，自变量 x 与函数 y 的对应值如下表所示：

x	-1	$-\dfrac{1}{2}$	0	$\dfrac{1}{2}$	1	$\dfrac{3}{2}$	2	$\dfrac{5}{2}$	3
y	-2	$-\dfrac{1}{4}$	1	$\dfrac{7}{4}$	2	$\dfrac{7}{4}$	1	$-\dfrac{1}{4}$	-2

有下列 4 个结论：① $a>0$；② $b<a+c$；③ $4a+2b+c>0$；④ $c<0$，其中正确的结论有（   ）.

A. 1 个   B. 2 个   C. 3 个   D. 4 个

【解答】解读给出的表格信息，分别以 x、y 所对应的数值为横坐标与纵坐标，从点的变化规律可知，二次函数的图象开口向下.

观察表格里特殊点的坐标可知，

当 $x=-1$ 时，$y=-2<0$，则 $a-b+c<0$，即 $a+c<b$；

当 $x=2$ 时，$y=1>0$，则 $4a+2b+c>0$；

当 $x=0$ 时，$y=1>0$，则 $c>0$.

所以正确的只有③，选 A.

【点评】用表格所给的对应数值构造点的坐标，并从中发现点的变化趋势，得知抛物线的开口方向，再借助表格，从函数值的角度判别各个式子的符号，这是一道新颖别致的考题.

跟踪训练

1. 二次函数 $y=ax^2+bx+c$（$a\neq 0$）的图象如右图所示，给出以下结论：①$a>0$；②$b>0$；③$c<0$；④$b^2-4ac>0$，其中所有正确结论的序号是（　　）.

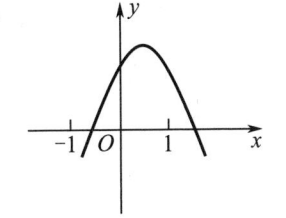

　　A．②④　　　B．①③
　　C．③④　　　D．①②③

2. 小明从右图的二次函数 $y=ax^2+bx+c$（$a\neq 0$）图象中，观察得出了下面的 5 条信息：①$4a+b=0$；②$c=0$；③$0<x<4$ 时，$y<0$；④$y>0$ 时，$x<0$；⑤二次函数的解析式为 $y=\dfrac{3}{4}(x-2)^2-3$．你认为其中正确的个数为（　　）.

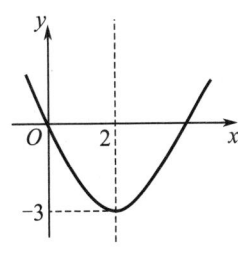

　　A．2　　　B．3　　　C．4　　　D．5

3. 如右图所示，二次函数 $y=ax^2+bx+c$（$a\neq 0$）的图象的顶点在第一象限，且过点 $(0,1)$ 和 $(-1,0)$．下列结论：①$ab<0$；②$b^2>4a$；③$0<a+b+c<2$；④$0<b<1$；⑤当 $x>-1$ 时，$y>0$，其中正确结论的个数是（　　）.

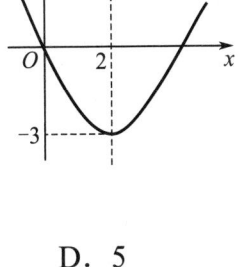

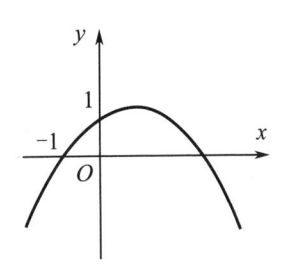

　　A．5　　　　　B．4
　　C．3　　　　　D．2

4. 二次函数 $y=ax^2+bx+c(a\neq 0)$ 的图象如右图所示，下列结论：①$2a+b=0$；②$a+c>b$；③抛物线与 x 轴的另一个交点为 $(3,0)$；④$abc>0$，其中正确的结论是_____．（填写序号）

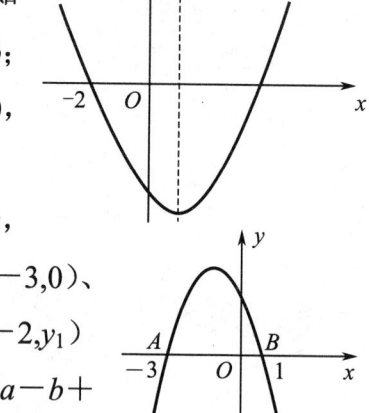

5. 如右图所示，二次函数 $y=ax^2+bx+c(a,b,c$ 为常数，$a\neq 0)$ 的图象与 x 轴交于点 $A(-3,0)$、$B(1,0)$．有下列结论：①$abc>0$；②若点 $(-2,y_1)$ 和 $(-0.5,y_2)$ 均在抛物线上，则 $y_1<y_2$；③$5a-b+c=0$；④$4a+c>0$．其中正确的有_____．（填写序号）

6. 观察表格：

x	0	1	2
ax^2		1	
ax^2+bx+c	3		3

（1）求 a、b、c 的值，并在表内的空格中填上正确的数．

（2）是否存在实数 x，使二次三项式 ax^2+bx+c 的值等于零，为什么？

参 考 答 案

1．A．2．C．3．B．4．①④．5．①②③．

6．

（1）$a=1$，$b=-2$，$c=3$．

x	0	1	2
ax^2	0	1	4
ax^2+bx+c	3	2	3

（2）不存在．理由：由（1）知 $ax^2+bx+c=x^2-2x+3=(x-1)^2+2>0$，所以 ax^2+bx+c 的值不可能为 0．

二次函数应用题

第25节

二次函数的应用题是各省市中考的重点内容之一，也是初、高中数学的衔接点．二次函数的应用很广，既有求什么时候面积最大的，也有求什么时候用料最省的．那么我们怎样把握呢？若以是否必须建立"平面直角坐标系"来划分，本书认为二次函数的应用题的题目可分为以下两种类型．

一、不用建立平面直角坐标系

例1 某宾馆有 50 个房间供游客居住，当每个房间的定价为每天 180 元时，房间会全部住满．当每个房间每天的定价每增加 10 元，就会有一个房间空闲．如果游客居住房间，宾馆需对每个房间每天支付 20 元的各种费用．房价定为多少时，宾馆利润最大？

【分析】 首先建立每天的总利润与每天每个房间的定价之间的函数解析式，再利用函数的性质求解即可．

【解答】 设房价定为 x 元，每天的总利润为 y 元，则

$$y=(x-20)\left(50-\frac{x-180}{10}\right).$$

配方后得 $y=-\frac{1}{10}(x-350)^2+10890$.

$\because a=-\frac{1}{10}<0$，$\therefore$ 当 $x=350$ 时，y 有最大值，最大值是 10890.

$\therefore$ 房价定为 350 元时，宾馆利润最大．

【点评】 此题可以建立一个与二次函数有关的最优化问题的基本模型，此类问题的一般解题步骤是：①根据题意列出二次函数解析式；②把二次函数解析式进行配方，化为顶点式；③根据题意和二次函数的性质回答问题．

二、建立平面直角坐标系

1. 需要用到平面直角坐标系，题目中已经给出

例2 "中山桥"是位于兰州市中心、横跨黄河之上的一座百年老桥. 桥上有5个拱形桥架紧密相连，每个桥架的内部有一水平横梁和8个垂直于横梁的立柱，如右图所示，一个拱形桥架可以近似地看作由等腰梯形 ABD_8D_1 和其上方的抛物线 D_1OD_8 组成，建立平面直角坐标系，已知 $AB=44$m，$\angle A=45°$，$AC_1=4$m，$C_1C_2=5$m，立柱 $C_2D_2=5.55$m.

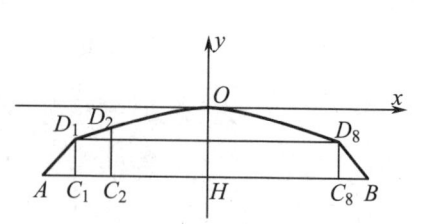

（1）立柱 $C_1D_1=$ _____ m，横梁 $D_1D_8=$ _____ m.

（2）求抛物线 D_1OD_8 的解析式和桥架的拱高 OH.

【分析】本题已经建立了平面直角坐标系，由图可知，抛物线的顶点为坐标原点，故可设其解析式为 $y=ax^2$，再由已知条件结合图象即可求解.

【解答】（1）$\because \angle A=45°$，$AC_1=4$m，$C_1D_1 \perp AC_1$，$\therefore C_1D_1=4$m．

$\because AB=44$m，由等腰梯形的性质知，$D_1D_8=AB-2AC_1=36$m．

（2）设抛物线 D_1OD_8 的解析式为 $y=ax^2$．

易知 $D_1(-18, 4-OH)$，$D_2(-13, 5.55-OH)$，$\therefore 4-OH=a \cdot (-18)^2$，$5.55-OH=a \cdot (-13)^2$，

解得 $a=-\dfrac{1}{100}$，$OH=7.24$.

$\therefore$ 抛物线 D_1OD_8 的解析式为 $y=-\dfrac{1}{100}x^2$，桥架的拱高 $OH=7.24$m．

【点评】本题是关于二次函数的实际模型的应用性问题，该类问题也是二次函数中考查的热点．其特点就是题目中有关于二次函数的基本模型，即生产和生活中的实际情境为二次函数图象，如抛出物体所走过的路线、喷泉、为抛物线的隧道、桥梁等．解决这类问题的关键首先要从已知和图象中获得求二次函数解析式所需要的条件，进而利用待定系数法求出函数

解析式，最后利用所求解析式解决相关问题．

2. 需要用到平面直角坐标系，题目中没有给出

例3 如右图所示，一座高塔 AB 的塔顶 A 处有一条信号传输线被临时固定在旁边的一根电线杆 CD 上的 E 处，在 A、E 两个固定点之间的信号传输线自然下垂为抛物线形．根据实地测量的结果，高塔 AB 的塔底中心点 B 到电线杆 CD 的底部 D 处的距离是 100m，电线杆上的 E 处距地面 2m．小明想弄清楚这座塔到底有多高，请帮助他设计一种测量方案，并说明计算方法．要求：

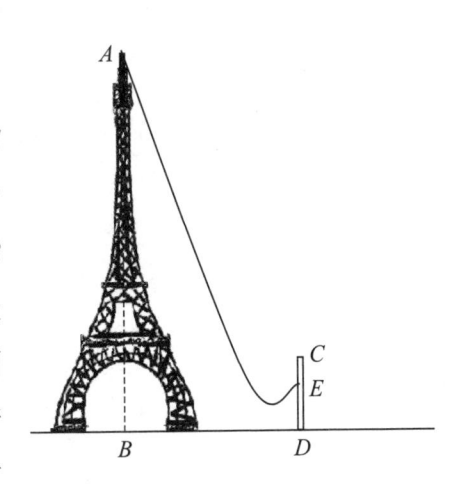

① 根据现有条件，测量高度不能超过 2m，地面水平距离不能超过 100m；

② 测量次数不超过 2 次，测量的数据用字母 m、n、p、q 表示；

③ 得出计算塔高的解析式．

【分析】把抛物线放到平面直角坐标系中，确定其函数解析式，进一步求出塔高．根据题意，确定二次函数解析式，还需要通过测量补充条件．考虑到限制条件，可以测量出高度低于 E 处且介于 AB 和 CD 之间的抛物线的顶点坐标．

【解答】如右图所示，设抛物线的顶点（信号传输线的最低点）为点 M，作 $MN \perp BD$，测得 $MN = m$m，$ND = n$m．

以 BD 所在直线为 x 轴，以 AB 所在直线为 y 轴建立平面直角坐标系．

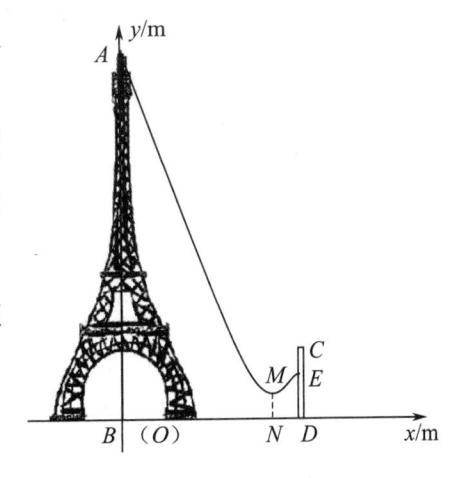

由题意，得点 E 的坐标为 (100, 2)，

顶点 M 的坐标为 $(100-n, m)$.

设抛物线的解析式为 $y=a[x-(100-n)]^2+m=a(x-100+n)^2+m$，则 $a(100-100+n)^2+m=2$，即 $an^2+m=2$. 解得 $a=\dfrac{2-m}{n^2}$.

所以抛物线的解析式为 $y=\dfrac{2-m}{n^2}(x-100+n)^2+m$.

当 $x=0$ 时，$y=\dfrac{2-m}{n^2}(100-n)^2+m$.

所以塔高为 $\left[\dfrac{2-m}{n^2}(100-n)^2+m\right]$ m.

【点评】 此题关注学生课题实践活动，立足实际背景，具有一定的开放性，设计的方案是不唯一的. 题目设计跳出了以往利用函数设计方案时过多注重营销等数量关系问题的局限，弥补了函数方案设计型试题在测量方面很少命题的不足.

跟 踪 训 练

1. 某大型超市购进一款热销的消毒洗衣液，由于原材料价格上涨，今年每瓶洗衣液的进价比去年每瓶洗衣液的进价上涨 4 元，今年用 1440 元购进这款洗衣液的数量与去年用 1200 元购进这款洗衣液的数量相同，当每瓶洗衣液的售价为 36 元时，每周可卖出 600 瓶，为了能薄利多销，该超市决定降价销售，经市场调查发现，这种洗衣液的售价每降价 1 元，每周的销量可增加 100 瓶，规定这种消毒洗衣液每瓶的售价不低于进价.

（1）求今年这款消毒洗衣液每瓶的进价是多少元.

（2）当这款消毒洗衣液每瓶的售价定为多少元时，这款洗衣液每周的销售利润最大？最大利润是多少元？

2. 如下页图所示，一座抛物线形拱桥，桥下水位到达 AB 时，水面宽度为 20m，水位上升 3m 就达到警戒线 CD，这时水面宽度为 10m.

（1）按图中方式建立平面直角坐标系，求抛物线的解析式．

（2）若洪水到来时，水位以 0.2m/h 的速度上升，从警戒线开始，水位再持续多少小时会达到拱桥顶？

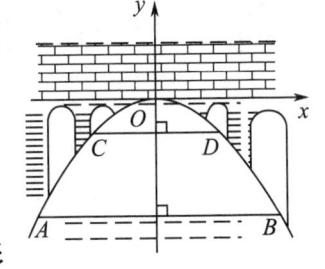

3．如下图所示，隧道的截面由抛物线和长方形构成，长方形的长是 12m，宽是 4m．按照图中所示的平面直角坐标系，抛物线可以用 $y=-\dfrac{1}{6}x^2+bx+c$ 表示，且抛物线上的点 C 到墙面 OB 的水平距离为 3m，到地面 OA 的距离为 $\dfrac{17}{2}$m．

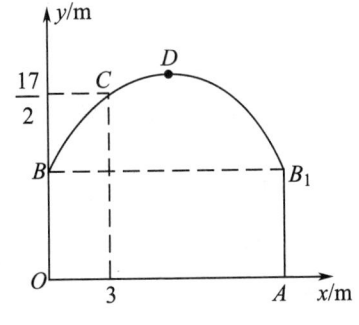

（1）求该抛物线的函数解析式，并计算出拱顶 D 到地面 OA 的距离．

（2）一辆货运汽车载一长方体集装箱后高为 6m，宽为 4m，如果隧道内设双向行车道，那么这辆货车能否安全通过？

（3）抛物线形拱壁上需要安装两排灯，使它们离地面的高度相等．如果灯离地面的高度不超过 8m，那么两排灯的水平距离最小是多少米？

参 考 答 案

1．（1）设今年这款消毒洗衣液每瓶的进价是 m 元，

根据题意得 $\dfrac{1440}{m}=\dfrac{1200}{m-4}$，解得 $m=24$．

经检验，$m=24$ 是原方程的解，也符合题意，

∴今年这款消毒洗衣液每瓶的进价是 24 元．

（2）设消毒洗衣液每瓶的售价为 x 元，每周的销售利润为 w 元，

根据题意得 $w=(x-24)[600+100(36-x)]=-100x^2+6600x-$

$100800 = -100(x-33)^2 + 8100$,

∵ $-100 < 0$, ∴ 当 $x=33$ 时，w 取最小值 8100，

∴ 当这款消毒洗衣液每瓶的售价定为 33 元时，这款洗衣液每周的销售利润最大，最大利润是 8100 元.

2.（1）设抛物线的解析式为 $y=ax^2$（$a\neq 0$），

由已知得，若 $B(10,n)$，则 $D(5,n+3)$.

所以 $\begin{cases} 100a=n \\ 25a=n+3 \end{cases}$，解得 $\begin{cases} a=-\dfrac{1}{25} \\ n=-4 \end{cases}$，于是 $y=-\dfrac{1}{25}x^2$.

（2）由（1）知 $D(5,-1)$，∴ $\dfrac{1}{0.2}=5$，即水位再持续 5 小时会到达拱桥顶.

3.（1）由题意得点 B 的坐标为 $(0,4)$，点 C 的坐标为 $(3,\dfrac{17}{2})$，

∴ $\begin{cases} 4=-\dfrac{1}{6}\times 0^2+b\times 0+c \\ \dfrac{17}{2}=-\dfrac{1}{6}\times 3^2+b\times 3+c \end{cases}$，解得 $\begin{cases} b=2 \\ c=4 \end{cases}$.

∴ 该抛物线的函数解析式为 $y=-\dfrac{1}{6}x^2+2x+4$.

∵ $y=-\dfrac{1}{6}x^2+2x+4=-\dfrac{1}{6}(x-6)^2+10$,

∴ 拱顶 D 到地面 OA 的距离为 10 m.

（2）当 $x=6+4=10$ 时，$y=-\dfrac{1}{6}x^2+2x+4=-\dfrac{1}{6}\times 10^2+2\times 10+4=\dfrac{22}{3}>6$，

∴ 这辆货车能安全通过.

（3）当 $y=8$ 时，$-\dfrac{1}{6}x^2+2x+4=8$，即 $x^2-12x+24=0$，

∴ $x_1+x_2=12$，$x_1x_2=24$，

∴ 两排灯的水平距离的最小值是

$|x_1-x_2|=\sqrt{(x_1-x_2)^2}=\sqrt{(x_1+x_2)^2-4x_1x_2}=\sqrt{12^2-4\times 24}=\sqrt{144-96}=4\sqrt{3}$ m.